(par l'abbé ~~Sauvage~~ Adrien Salvan)
à conserver

# HISTOIRE
## DE
# SAINT SATURNIN.

**PROPRIÉTÉ.**

# HISTOIRE

DE

# SAINT SATURNIN,

Martyr et premier Évêque de Toulouse ;

OU

RECHERCHES HISTORIQUES ET CRITIQUES SUR L'APOSTOLAT ET LE MARTYRE DE CE SAINT, LA BASILIQUE DE SON NOM ET LES RELIQUES QU'ELLE RENFERME ; SUIVIES DES ANNALES DE LA BASILIQUE ET DE L'ABBAYE DEPUIS LEUR FONDATION JUSQU'A NOS JOURS ; AVEC LES PIÉCES JUSTIFICATIVES

PAR M. L'ABBÉ A.... S......,

Chanoine honoraire de la Métropole de Toulouse,

## TOULOUSE.

IMPRIMERIE DE Phe MONTAUBIN,
PETITE RUE SAINT-ROME, 1.

M. DCCC XL.

# INDICATION

### DES SOURCES
## OU L'AUTEUR A PUISÉ
### POUR
### LA COMPOSITION DE CET OUVRAGE.

---

1º Acta primorum Martyrum sincera et selecta opera et studio Theoderici Ruinart presbiteri.

Cette précieuse collection renferme les actes authentiques de Saint-Saturnin, collationnés par Ruinart sur trois manuscrits originaux de l'abbaye de Conques, de St-Germain-des-Prés et de St-Maur-des-Fossés. Nous donnons aux pièces justificatives la préface de Ruinart à ces actes que nous avons traduits au commencement de l'ouvrage.

2º De celeri propagatione evangelii, auctore Josepho Maceda presbytero Pompelonensi.

Cet ouvrage est très-remarquable par les savantes recherches qu'il renferme. C'est là qu'on trouve certains actes de saint Saturnin, extraits de la bibliothèque *Riccardini*, de Florence. Nous montrons que ces actes, en contradiction manifeste avec ceux de Ruinart, ne possèdent aucune autorité historique. On trouve dans ces actes un très-long détail sur le voyage de saint Saturnin à Pampelune, la mission du saint prêtre Honest, et la conversion de Firminus. C'est sur ces actes que se trouve appuyée l'opinion qui place l'apostolat de saint Saturnin au premier siècle.

3º Vie, Martyre et merveilles du glorieux Martyr St-Sernin apôtre et premier évêque de Toulouse, par le père Ode de Gissey.

Cet opuscule, dédié à M. de Montchal, archevêque de Toulouse, fut imprimé en cette ville l'an 1638. Le Père Ode de Gissey, qui l'a composé, n'était pas un très-habile critique. Cette courte histoire n'est qu'une suite de fictions, surtout en ce qui regarde l'arrivée de saint Saturnin à Toulouse. L'auteur a réuni dans son livre les passages des anciens écrivains sur le saint Apôtre de Toulouse.

4º L'histoire de St.-Sernin ou l'incomparable trésor de son église abatiale de Tolose, par Raymond Daydé.

Ce livre n'est qu'une amplification de l'ouvrage précédent. Quoiqu'il renferme beaucoup de faits inexacts que la crédulité de l'auteur adoptait sans examen, il y a cependant dans cette histoire des documents précieux qu'on ne trouve point ailleurs, particulièrement sur les confréries érigées dans la basilique, les diverses indulgences, l'élévation de plusieurs reliques, la description de l'église.

5° Le triomphe du glorieux St-Sernin premier évêque, Martyr et patron tutélaire des Tolosains.

Ce discours, composé par Raymond Daydé, renferme un éloge du premier évêque de Toulouse. On y trouve quelques descriptions oratoires de plusieurs parties de la basilique.

6° Les monuments précieux de l'église St-Sernin de Toulouse par Charles de Lancelot, avocat au parlement.

Cet opuscule n'est autre chose qu'une Ode composée sur la basilique de Saint-Saturnin. Il renferme l'histoire de la fondation de l'église, la description de toutes les reliques qu'elle possède. La poésie de Lancelot n'est que de la prose rimée; mais cette Ode est accompagnée de notes historiques assez curieuses.

7° Philippi Berterii in senatu Tolosano præsidis, iconum libri duo

Cet ouvrage composé par Philippe de Berthier, premier président au Parlement de Toulouse, est divisé en deux parties. Dans la première, l'auteur chante les Saints dont les reliques reposent dans la basilique. Dans la seconde, l'auteur célèbre les saints évêques de Toulouse. La poésie de M. de Berthier est souvent pleine d'harmonie et toujours noble ; sa muse, abondante et facile, a su vaincre les difficultés du sujet.

8º Nicolaï Bertrandi utriusque juris professoris celeberrimum ac prestantissimum opus de gestis Tolosanorum ab urbe conditâ.

On trouve dans cet auteur une vie assez détaillée de saint Exupère, et une histoire de saint Saturnin, dans lesquelles quelques vérités se trouvent confondues avec beaucoup de fables. Nous donnons à l'article de sainte Suzanne un abrégé de la relation que Bertrandi nous a conservée de l'invention des reliques de cette Sainte dans la basilique. Il faut lire cet auteur avec beaucoup de précaution, car sa critique, très-peu sûre, inspire une juste défiance.

9º Acta sanctorum collecta digesta et distributa à Gaudefrido Henschenio et Daniele papeprochio.

C'est dans cette précieuse collection que nous avons trouvé plusieurs faits intéressants sur les Saints dont les reliques reposent dans la basilique. L'article que nous publions sur saint Exupère, n'est qu'un abrégé des savantes notes de ces illustres auteurs sur ce Pontife. Ils ont aussi publié une vie de saint Raymond très-curieuse, dont nous donnons également un abrégé.

10° Joannis Zonaræ Monachi Annales à D. Du Cange illustratæ; in collectione Bysantinâ.

Nous avons consulté cet ouvrage pour l'authenticité de la relique de la robe de la Vierge, qui est conservée dans la basilique. Tout ce que nous rapportons sur cette fameuse relique, n'est qu'une traduction fidèle des observations de l'auteur.

11° Mémoires sur l'Histoire Ecclésiastique, par M. de Tillemont.

Cet excellent ouvrage nous a fourni des documents précieux sur les Saints dont les corps sont gardés à Saint-Saturnin. Nous en dirons autant de la vie des Saints par Godescard.

12° Annalistes et Historiens de la ville de Toulouse et du Languedoc.

Ces auteurs ont tous parlé dans leurs ouvrages de la basilique de Saint-Saturnin et de l'abbaye. A l'exception de Catel, qui, dans ses *Mémoires du Languedoc* et dans son *Histoire des Comtes de Toulouse*, est entré dans d'assez grands détails sur la basilique, tous les autres historiens n'en ont parlé que par occasion. Dom Vaissète nous a été très-utile pour la partie des Annales.

13° Dyonisii Sammarthani Gallia christiana.

Cet auteur a donné la chronologie des abbés

de Saint-Saturnin, précédée d'une préface sur l'abbaye. C'est dans cette préface qu'on trouve rapportée la destruction de la basilique au huitième siècle. La chronologie de M. de S<sup>te</sup>-Marthe est conforme à celle que nous avons trouvée aux archives.

14º Monumenta conventus Tolosani ordinis prædicatorum.

On trouve dans cet ouvrage une histoire très-détaillée de la translation du corps de saint Thomas à Toulouse, composée par Raymond Hugonis, dominicain. Nous donnons à l'article de saint Thomas un abrégé fidèle de cette histoire. On trouvera aux pièces justificatives un acte remarquable par lequel il conste que nous possédons à Toulouse la tête du saint Docteur.

15º Mémoires archéologiques.

Ces précieux mémoires, composés par plusieurs membres de la société archéologique du Midi, nous ont été très-utiles pour la partie descriptive de cet ouvrage.

16º Archives de la basilique.

Les annales de la basilique et de l'abbaye que nous donnons au public, ont été composées presque tout entières, sur les documents originaux. Nous avons entrepris seul l'examen détaillé de ces vastes archives. Les chartes des Rois, les bulles des Pontifes, les titres des donations et des fiefs se sont déroulés sous nos yeux; l'ordre a été établi dans un véritable chaos, et nous donnons aux pièces justificatives le relevé général de tous les actes qui composent cette riche collection.

Nous n'avons donc eu d'autre mérite dans la composition de cet ouvrage, que celui de réunir des matériaux épars pour en former un corps d'histoire, mérite cependant qui peut avoir quelque prix aux yeux du lecteur éclairé qui sait apprécier de longues et consciencieuses recherches.

Il faut peu s'arrêter au style dans un ouvrage de la nature de celui que nous publions; car il est bien difficile de donner de la grâce et de l'harmonie à l'expression de la pensée, lorsque la plume est souvent arrêtée par un nom barbare, une date exigeante, ou de minutieux détails.

Ce livre est divisé en deux parties : dans la première, on trouvera l'histoire de l'apostolat et du martyre de saint Saturnin, l'invention de ses reliques; la fondation de la basilique, sa description, les légendes et les chroniques de tous les Saints dont les ossements reposent dans son enceinte; la fondation de l'abbaye et la chronologie des abbés.

La seconde est consacrée aux annales de la

basilique et de l'abbaye, et c'est là que se trouvent classés, année par année, les principaux événements qui ont marqué l'existence de l'une et de l'autre pendant dix-sept siècles.

Il y a lieu de s'étonner que notre antique Basilique n'ait point rencontré dans la durée des siècles un seul historien qui ait cherché à recueillir tous les souvenirs qui se rattachent à son existence. Nous avons voulu, en composant cet ouvrage, remplir autant qu'il était en nous un vide qui nous paraissait assez grand dans la belle collection des annales de notre patrie. Il faut dire aussi que nous avons désiré, pour notre part, entrer dans cette croisade littéraire qui, de nos jours, s'en va dans le passé à la recherche des chroniques et légendes, chartes et diplomes, et nous venons offrir à nos lecteurs les fruits de notre pacifique conquête.

# HISTOIRE

DE

# SAINT SATURNIN,

PREMIER ÉVÊQUE DE TOULOUSE.

## CHAPITRE PREMIER.

Authenticité des actes du Saint. — Auteurs qui l'ont célébré dans leurs écrits.

Saint Saturnin, dont j'entreprends d'écrire l'histoire, a toujours été regardé comme l'un des plus illustres martyrs des Gaules. Il doit être compté parmi ces hommes vénérables qui, dans les premiers siècles du christianisme, luttèrent avec courage contre les derniers efforts de l'idolâtrie et eurent le bonheur de sceller de leur sang la foi dont ils étaient les apôtres. Les actes de son martyre furent composés cinquante ans après sa mort, c'est-à-dire au commencement du quatrième siècle. Quelques auteurs assurent qu'ils ont été rédigés par un disciple de saint Exupère, plusieurs autres les attribuent à saint Paulin de Nole ; mais ces deux opinions ne regardent que la seconde partie de ces actes qui traite de la translation du corps de saint Saturnin dans l'église fondée par saint Sylve et terminée par saint Exupère ; car pour l'histoire du martyre qui forme la première partie, il est impossible de l'attribuer à saint Paulin. Les temps ne s'accorderaient pas.

Ces actes, précieux monuments de l'antiquité, sont écrits avec beaucoup d'élégance. On ne trouve dans le récit rien de merveilleux ou d'extraordinaire. Tout y est simple et naturel. C'est le tableau de la force de Saturnin et de la faiblesse des idoles, de la patience du martyr et de la cruauté des persécuteurs. Un homme apparaissant au milieu d'une grande cité pour annoncer le Dieu inconnu, des oracles devenus muets en présence du nouvel apôtre, son ministère couronné de quelques succès, le modeste asile de la prière élevé non loin du Capitole, la mort du pontife jurée sur l'autel des divinités impuissantes, l'exécution de cet affreux serment, un taureau qui traîne une noble victime, des membres dispersés, la fuite de quelques disciples demeurés jusqu'alors fidèles, des femmes éplorées recueillant une dépouille mortelle pour lui donner l'hospitalité du tombeau, telle est la suite des événements racontés dans cette antique histoire.

Il serait difficile de citer des actes qui eussent, en faveur de leur authenticité, des preuves plus convaincantes que ceux de saint Saturnin. Ils se trouvaient consignés dans les manuscrits des trois bibliothèques les plus anciennes des Gaules, celle de Saint-Maur des Fossés, de l'abbaye de Conques, et de Saint-Germain des Prés. Il règne un accord parfait entre ces divers manuscrits et à peine y découvre-t-on le plus léger changement. Don Ruinart les a insérés dans sa belle collection qui a pour titre : *Acta sincera et selecta martyrum*.

Saint Saturnin a eu les plus illustres auteurs pour panégyristes. Au cinquième siècle, Sidoine Appollinaire évêque de Clermont, dans son épître à Firmin, consacra quelques vers au saint évêque de Toulouse. Au sixième siècle, Fortunat évêque de Poitiers composa un poème en son honneur, il y fait l'histoire de son martyre, et loue dans un autre poème la piété de Launebolde, qui fit construire une église au lieu même où s'arrêta le taureau (c'est aujourd'hui l'église du Taur). A cette même époque Grégoire de Tours, dans son histoire des Francs et dans son livre de la gloire des martyrs, en a fait le plus bel éloge. Ces différents auteurs ont reproduit à peu de chose près tout ce qui est rapporté dans les actes du Saint. Son culte paraît avoir été très-ancien dans l'Église. Dans le missel gothique on trouve une messe particulière de saint Saturnin; la préface de cette messe retrace en abrégé son histoire. L'Espagne n'a point été étrangère aux honneurs qui lui ont été rendus dans les premiers siècles, puisque le missel mozarabique en fait encore mention ; tous les martyrologes en ont parlé. Ce n'est donc point sur des traditions incertaines que l'histoire de saint Saturnin est appuyée, mais bien sur des témoignages irrécusables. La vérité peut avoir été dénaturée par des récits fabuleux, nous l'avouons; le devoir de l'historien est alors de signaler ces erreurs, à l'aide d'une critique éclairée ; nous le ferons avec soin dans toute la suite de cet ouvrage.

## CHAPITRE II.

Patrie du Saint inconnue. — Époque précise de son entrée dans les Gaules déterminée.

Le désir naturel aux âmes religieuses de connaître jusqu'aux moindres circonstances de la vie des saints a pu quelquefois faire adopter des récits peu croyables; c'est ce qui est arrivé au sujet de la patrie de saint Saturnin. Il faut reléguer parmi les chroniques menteuses celle qui donne à ce martyr l'Achaïe pour patrie et qui raconte qu'il eut pour père un certain Ægée, roi de cette province, et pour mère Cassandre, fille de Ptolemée, roi des Ninivites. L'opinion la plus accréditée parmi les savants le fait originaire d'Italie, comme son nom (Saturninus) paraît l'indiquer. Ceux qui prétendent qu'il était Espagnol ou Navarrais ont appuyé leur sentiment sur les honneurs singuliers que l'on rend en Espagne à l'apôtre de Toulouse. La conséquence est mal déduite, et j'expliquerai plus tard l'origine de ce culte. On voit qu'il n'y a rien de certain sur la patrie de saint Saturnin. Il convient de respecter ici le silence de l'histoire ; c'est le parti le plus sage.

Si la patrie du Saint est inconnue, l'époque précise de son entrée dans les Gaules est-elle du moins bien déterminée ? A-t-il commencé son apostolat sous le consulat de Gratus et de Dèce, c'est-à-dire vers l'an 245 de l'ère chrétienne, ou bien faut-il, comme certains auteurs l'ont prétendu, placer son apostolat et son martyre au premier siècle de l'Eglise ? J'adopte le premier sentiment comme le seul conforme à la vérité de l'histoire ; il est cependant nécessaire de discuter ce point essentiel. Il ne faut pas confondre l'opinion qui place saint Saturnin au premier siècle avec ces fausses légendes qu'il suffit de rapporter pour les réfuter, et qui avancent que saint Saturnin fut disciple de saint Jean-Baptiste, qu'il assista au baptême du Sauveur pour y tenir sa robe, qu'il était présent au miracle de la multiplication des pains, au lavement des pieds, à l'institution de l'Eucharistie, qu'après l'ascension du fils de Dieu, il fut envoyé en Orient, qu'il se dirigea vers Hierapolis et de là vers Antioche où il vit saint Pierre avec lequel il se rendit à Rome, et de Rome dans les provinces méridionales des Gaules, fables ridicules qui deshonorent la majesté de l'histoire. L'opinion dont je parle est bien différente de tous ces récits inventés par une aveugle crédulité. Elle affirme que saint Saturnin est venu à Toulouse au premier siècle, et rien de plus. Parmi les partisans de cette opinion, il faut distinguer Michel-Joseph Maceda, prêtre de Pampelune, qui dans son excellent ouvrage *de celeri propagatione evangelii*, imprimé à Bologne en 1798, emploie toutes les ressources de son talent à établir la certitude de l'existence de saint Saturnin au premier siècle. Voici comment cet estimable auteur prétend prouver son opinion. Il assure qu'il a trouvé à la bibliothèque Riccardini de Florence plusieurs manuscrits qui y avaient été apportés du monastère du mont Ugon, situé auprès de cette dernière ville. Parmi ces manuscrits, il en est un marqué du numéro 223 ; ce manuscrit est un *sanctoral* dans lequel se trouvent les vies de tous les saints de l'année. C'est là que sont consignés les actes de saint Saturnin, et dans ces actes on trouve ces mots : *sub Claudio Gaii Caliculæ successore*, pour désigner l'époque de l'apostolat de saint Saturnin. C'est sur ces paroles que Maceda a bâti son système. Il faudrait maintenant établir l'authenticité des actes de Florence, et c'est ce que Maceda ne fait point. Il est inutile de répondre aux difficultés grammaticales qu'il élève contre les actes de Ruinart, qui placent l'apostolat de saint Saturnin au troisième siècle ; ces difficultés, il faut le dire, ne sont pas dignes de son talent. Tout ce système établi et soutenu avec beaucoup d'art, sert seulement à prouver que Maceda de Pampelune voulait faire honneur à son Eglise de la fondation apostolique ; car cette église ayant été établie par saint Firmin, celui-ci ayant été converti par saint Honest, ce dernier étant disciple de saint Saturnin, il a fallu nécessairement placer saint Saturnin au premier siècle afin que saint Firmin s'y trouvât aussi, et que l'église de Pampelune fût ainsi fondée à cette époque primitive. Il est sans doute bien beau d'être zélé pour la gloire de sa patrie, mais ce zèle doit avoir des bornes.

Grégoire de Tours a donné lieu à l'opinion qui place saint Saturnin au premier siècle. Il dit en effet que ce saint a été ordonné par les disciples des apôtres *ab apostolorum discipulis ordinatus*. C'est sur ces paroles, prises à la lettre, qu'on a établi le sentiment que nous combattons. Ces mots de Grégoire de Tours doivent s'entendre des hommes apostoliques qui ont vécu pendant les trois premiers siècles ; tous les historiens les désignent sous le titre de disciples des apôtres ; ainsi cette preuve n'a plus aucune autorité. Les actes apocryphes de saint Saturnin, dont nous avons rapporté plus haut quelques fables, ont été certainement composés d'après cette fausse application des paroles de Grégoire de Tours. L'auteur du manuscrit de Florence aura eu connaissance de ces actes apocryphes ; plus éclairé, il aura rejeté quelques-unes des fables renfermées dans ces actes, mais il aura conservé l'époque assignée, c'est-à-dire le premier siècle, et ne pouvant placer saint Saturnin sous Néron, il l'a placé sous Claude, successeur de Caligula.

Quelques efforts que fasse Michel Maceda pour prouver l'autorité de son manuscrit, il est obligé de convenir que celui de la bibliothèque de Saint-Maur des Fossés est plus ancien que celui de Florence. L'autorité de ce dernier est confirmée par deux autres manuscrits, ceux de Conques et de Saint-Germain des Prés, et tous les trois disent que saint Saturnin a existé au troisième siècle, sous le consulat de Dèce et de Gratus. En vain Maceda veut-il appuyer son manuscrit de deux autres, l'un de la bibliothèque des religieux Servites, l'autre de la grande bibliothèque de Florence ; ces manuscrits, comme il le dit lui-même, ne portent que les paroles de Grégoire de Tours déjà expliquées : ainsi, l'autorité du manuscrit de Florence est bien inférieure à celle des trois autres ; il faut donc s'en rapporter à ces derniers, et placer l'arrivée de saint Saturnin à Toulouse au troisième siècle.

## CHAPITRE III.

Saint Saturnin est envoyé dans les Gaules par saint Fabien. — Célèbre mission dont il fait partie.

Saint Fabien, successeur de Pontien, fut élu pape le onzième jour de janvier de l'an 236 ; son pontificat dura treize ans entiers, et il reçut la couronne du martyre l'an 250. D'après les calculs les plus exacts, saint Saturnin entra dans les Gaules l'an 245, il a donc reçu sa mission cinq années avant la mort de saint Fabien dont l'élection et le martyre furent pleins de merveilles. Pour ce qui regarde la fameuse mission des sept évêques dont saint Saturnin fait partie, je citerai ici le témoignage de Grégoire de Tours qui s'exprime ainsi au livre premier de son histoire des Francs : « En » ce temps, c'est-à-dire sous l'empire de Dèce ( *sub* » *Decio imperatore* ), sept évêques furent envoyés » pour prêcher dans les Gaules. Ces évêques sont : » Gatien de Tours, Trophime d'Arles, Paul de » Narbonne, Saturnin de Toulouse, Denis de Pa- » ris, Austremoine d'Auvergne et Martial de Li- » moges ». Ces paroles ( *sub Decio imperatore* ) justifient d'une manière éclatante l'explication que j'ai donnée plus haut de ce texte du même auteur : *ab apostolorum discipulis ordinatus*. Sans cette explication, Grégoire de Tours serait tombé dans une contradiction manifeste.

Il existe une tradition dans les églises d'Arles et de Limoges qui fait remonter l'apostolat de saint Trophime et de saint Martial au premier siècle. Quelques auteurs ont avancé que saint Trophime dont parle Grégoire de Tours doit être distingué de celui qui fut le disciple des premiers apôtres : Ce sentiment n'est point généralement admis. L'opinion qui place saint Trophime au premier siècle ne paraît pas reposer sur des preuves incontestables. Il semble qu'on pourrait concilier toutes ces époques en observant que les évêques dont parle Grégoire de Tours ne sont pas entrés dans les Gaules tous dans le même temps. On conviendra que saint Trophime y est entré le premier, quelque temps avant tous les autres, sans qu'il soit absolument possible de déterminer l'époque précise de sa mission: Grégoire de Tours écrivant son histoire d'une manière abrégée aura réuni sous sa plume, comme il arrive à d'autres historiens, des événements plus ou moins éloignés les uns des autres : ainsi, sans rejeter absolument les prétentions de l'église d'Arles, on les modifiera, et en expliquant le passage de Grégoire de Tours, on ne fera pas à cet auteur le reproche d'une ignorance véritablement inexcusable s'il était vrai que saint Trophime appartînt au premier siècle. Quant à saint Martial, l'histoire de sa vie, composée au dixième siècle, a été manifestement supposée, comme l'attestent les plus habiles critiques ; du reste ce point est étranger à notre histoire. Il est certain que saint Saturnin a reçu sa mission du pape saint Fabien, et qu'il est du nombre des évêques qui, sous l'empire de Dèce, entrèrent dans les Gaules pour y annoncer l'évangile, quoiqu'ils n'aient pas tous commencé leur apostolat précisément dans la même année. Ainsi s'exprime l'auteur déjà cité : *sub Decio imperatore septem viri episcopi ordinati, ad prædicandum in Galliam missi sunt.*

## CHAPITRE IV.

Saint Saturnin entre dans les Gaules. — Evénements qui ont précédé son arrivée à Toulouse.

C'est de Rome que saint Saturnin partit pour se rendre dans les Gaules. L'ancienne préface du missel gothique qu'on avait insérée dans celui de Toulouse comme un précieux monument de l'antiquité, le dit d'une manière expresse: *Ipse pontifex à sede Petri in has partes missus.* On croit assez communément qu'il commença son ministère dès son entrée dans la Septimanie. Venant de l'Italie, il est assez naturel qu'il prît la route des provinces méridionales pour se rendre à Toulouse. Une tradition vénérable rapporte qu'il s'arrêta quelque temps à Nîmes, ville fameuse dans ces contrées; que là il rencontra un jeune homme nommé Honest, dans lequel il reconnut les dispositions les plus heureuses, et qui devint ensuite son plus fidèle disciple. Saint Saturnin avait déjà associé à ses travaux Papulus (Papoul) qui l'avait suivi d'Italie. Ces trois ouvriers évangéliques vinrent de Nîmes à Carcassonne, autre ville de la Septimanie, et commencèrent à y annoncer le nom de Jésus-Christ. Le gouverneur de ces provinces voulut arrêter les effets de cette prédication et fit mettre dans les fers ces hommes apostoliques. La prison où ils furent jetés était une fosse humide, située au point le plus élevé de la cité. On montre encore à Carcassonne cette obscure prison dans laquelle saint Saturnin, Honest et Papoul furent placés : ils furent, dit-on, délivrés d'une manière miraculeuse. Ce fait particulier de l'emprisonnement de ces Apôtres nous est encore attesté aujourd'hui par deux monuments, interprètes plus ou moins fidèles de la tradition.

Le premier se trouve dans la basilique de Saint-Saturnin. Dans la chapelle dédiée au Saint-Esprit, on voit à droite des sculptures sur bois qui reproduisent toutes les circonstances du fait dont il est question. Saint Saturnin y est représenté évangélisant les habitants de la cité, ensuite saisi avec ses disciples et conduit dans la prison, plus loin enfin miraculeusement délivré. Le second monument qui rappelle le souvenir de cette histoire est la strophe de l'hymne que l'on chante en l'honneur du saint.

*Cæcis qui populis attulerat diem*
*Tetro, nil meritus, carcere clauditur ;*
*Sed prodest hominum quid furor impotens ?*
*Ultrò vincula concidunt.*

Sur un peuple aveuglé répandant la lumière,
D'une sombre prison il éprouva l'horreur ;
Mais que peut des mortels l'impuissante fureur ?
Libre de ses liens, il poursuit sa carrière.

Ces événements qui ont précédé l'arrivée de saint Saturnin à Toulouse ne sont, à la vérité, rapportés que par un ou deux historiens, mais les monuments dont je viens de parler donnent de l'autorité à leur témoignage.

## CHAPITRE V.

Histoire abrégée de Toulouse, depuis sa fondation jusqu'à l'établissement du christianisme dans son sein.

J'ai cru qu'il était nécessaire, avant de raconter l'apostolat du premier évêque de Toulouse, d'exposer d'une manière rapide l'histoire de cette cité. Si je parais un moment m'écarter de mon sujet c'est dans l'intérêt des événements que je raconte.

La partie des Gaules connue aujourd'hui sous le nom de Languedoc, était autrefois divisée en deux grands peuples, les Volces Tectosages et les Volces Arécomiques. Toulouse était la capitale des premiers, Nîmes celle des seconds. Il est assez difficile de déterminer l'origine des Tectosages ; le sentiment le plus universellement reçu fait descendre ces peuples comme les autres Gaulois, des Cimbres enfants de Gomer, mêlés aux colonies d'Egypte et de Phénicie qui abordèrent sur les côtes de la Méditerranée. Les Tolosates étaient la tribu la plus florissante des Volces Tectosages. Ils donnèrent leur nom à la capitale de leur empire, et la fondation de Toulouse a été placée par tous les auteurs anciens bien des années avant la fondation de Rome elle-même.

Cent soixante ans après la fondation de cette dernière ville, Ambigat, roi des Celtes, excita dans le cœur des Gaulois le désir des conquêtes et des expéditions lointaines. La terre qu'ils habitaient ne suffisait plus pour les nourrir. Les Tectosages suivirent l'exemple des autres peuples de la Gaule et quittèrent leurs foyers. Conduits par Ségovèse, ils se jetèrent sur la Germanie, pendant que les soldats de Bellovèse traversaient les Alpes et allaient s'établir sur les rivages du Pô, dans ce pays appelé depuis la Gaule Cisalpine. Vainqueurs dans l'Allemagne, les Tectosages le furent aussi dans la Hongrie, où ils s'établirent pendant quelques années. L'amour de la gloire les poussa ensuite dans l'Asie. Sosthène, général des armées du roi de Macédoine, prit la fuite devant ces redoutables ennemis qui jetèrent alors les fondements de la ville d'Ancyre devenue la capitale de la Gallo-Grèce. On dit que l'appât de l'or fit entreprendre aux Tectosages la conquête de Delphes, qu'ils pillèrent le temple d'Apollon, et que chargés de ses riches dépouilles ils revinrent dans leur antique patrie. Ce fait est contesté par plusieurs auteurs.

Pendant le cours de ces rapides conquêtes, les Tolosates, paisibles au sein de leur cité, y cultivaient les arts de la Grèce. Ils mêlèrent la religion des anciens Gaulois à celle de l'Asie; Jupiter et Minerve eurent leurs temples à Toulouse. Jouissant des douceurs d'une longue paix, occupés à rapprocher leurs habitations éparses et à entourer leur ville de murailles, ils virent les Romains entrer dans les Gaules, d'abord comme alliés et bientôt comme maîtres. Marseille appela les Romains à son secours contre les Saliens. Les premiers pénétrèrent dans les Gaules l'an 628 de la fondation de Rome. Les seconds furent vaincus. Les victoires des Romains jettent l'effroi de toute part; les Gaulois se lèvent pour les repousser, ils sont domptés par les légions, et toutes les provinces méridionales de la Gaule deviennent une vaste colonie romaine; la cité des Tectosages est soumise comme toutes les autres.

Long-temps après cette première conquête, Quintus-Cépion est envoyé à Toulouse. Toute l'avarice des oppresseurs du monde semblait s'être réfugiée dans le cœur de ce proconsul. Il existait dans la cité un temple fameux consacré à Apollon : les peuples voisins venaient consulter le Dieu et apportaient à ses pieds de riches offrandes. Ces offrandes d'or et d'argent étaient jetées dans un bassin sacré (lac ou *lacus*) fait de main d'homme et non, comme on l'a cru faussement, formé par les eaux. Les richesses amoncelées dans ce lac étaient immenses. Il faut cependant convenir que leur valeur a été exagérée, puisqu'on l'a portée jusqu'à la somme de soixante millions cent trente-cinq mille livres de notre monnaie. Ces trésors tentèrent la cupidité du proconsul, il les enleva. Depuis ce vol audacieux, sa vie ne fut qu'une longue suite d'infortunes, il fut accusé même à Rome de sacrilége, et sa fin désastreuse fit dire de tous ceux qui comme lui étaient poursuivis par le malheur : *Il a de l'or de Toulouse (habet aurum tolosanum).*

Quarante ans après cet événement, Marcus-Fonteïus fut envoyé à Toulouse. Il accabla cette ville d'impôts; ses exactions le firent encore condamner à Rome. Jules-César arriva dans les Gaules et en termina la conquête. On croit que c'est à cette époque que Toulouse devint *colonie romaine*. Quelques auteurs ont pensé qu'elle n'a jamais eu ce titre, quoique une antique médaille de Galba paraisse l'attester. On y voit d'un côté la figure de cet empereur et de l'autre ces mots : *Tolosa colonia*. L'histoire des rois que l'on prétend avoir régné dans Toulouse n'est qu'une longue suite de fables insipides. Avant la conquête, Toulouse avait, comme les autres villes des Gaules, un gouvernement fédératif; depuis la conquête elle fut gouvernée par des préteurs et des proconsuls.

## CHAPITRE VI.

Saint Saturnin à Toulouse. — Commencement de son apostolat. — Il opère quelques conversions.

Notre antique patrie se trouvait donc sous la domination romaine, lorsque Saturnin parut pour la première fois dans son sein. Il se présentait devant un peuple depuis long-temps civilisé, ami des sciences et des arts et très-attaché aux superstitions du paganisme. Un orgueil fanatique, effet naturel de la présence des démons qui avaient choisi le temple de la cité pour y rendre leurs oracles, opposait chez ce peuple à la prédication de l'évangile un obstacle difficile à vaincre. Le ciel autorisa l'apostolat du saint Evêque par un de ces prodiges dont tant de fois l'Eglise naissante avait été favorisée. La fille de l'un des principaux habitants de Toulouse se trouvait, depuis quelques années, atteinte d'une triste infirmité. Saturnin ayant obtenu un accès facile auprès d'elle, lui parla de la religion dont il était le ministre; il exposa à cette infortunée les mystères du christianisme, et lui fit espérer sa guérison dans la conversion de son coeur. Le désir d'être délivrée du mal qui l'accablait, la rendit docile aux instructions du Pontife, et la grâce acheva ce que la nature avait commencé. Elle reçut le baptême, et bientôt après, son infirmité disparut sans retour. L'histoire matérielle de cet événement a long-temps existé. La piété de nos pères l'avait attachée aux murs de la basilique. On voyait à l'une des portes extérieures [1] la statue de saint Saturnin baptisant cette jeune fille, avec cette inscription.

*La fille du prince est guérie par la loi de l'alliance nouvelle* [2].

(1) Celle du Peyrou.
(2) *Jure novæ legis, sanatur filia regis.*

Cette statue a été renversée et il est impossible d'en découvrir aujourd'hui le moindre reste. Les anciens chroniqueurs qui se plaisent à mêler à l'histoire les récits les plus incertains, ont voulu donner un nom à cette jeune fille, faire arriver saint Saturnin à sa porte en habit de mendiant, la conduire ensuite dans une maison isolée où elle passa ses jours dans l'exercice de la prière, et termina sa vie par une mort précieuse aux yeux de Dieu. On croit que la maladie dont elle fut délivrée par les prières du saint Evêque, était une lèpre hideuse qui couvrait son corps. Cette opinion paraît avoir pour fondement une inscription que l'on lisait au bas de la statue.

*A son baptême la lèpre disparut* [1].

J'ai cru découvrir une nouvelle page de l'histoire matérielle dont j'ai parlé, dans une antique peinture que l'on voit encore aujourd'hui dans la basilique [2]. Saint Saturnin s'y trouve représenté assis auprès d'une jeune fille, sur la tête de laquelle il élève sa main pour la bénir. Nous devons recueillir avec empressement tous ces monuments de la religion de nos aïeux; ils ne confiaient pas leurs souvenirs à la plume d'un historien souvent infidèle, ils les gra-

---

(1) *Cum baptisatur, mox mordax lepra fugatur.*
(2) Dans l'ancienne chapelle des Sept Dormants qui est devenue la nouvelle Sacristie.

vaient sur le marbre et les fixaient aux voûtes de leurs temples.

Cette première conversion, accompagnée d'un éclatant prodige, fut bientôt suivie de quelques autres. Le nom chrétien n'était point d'ailleurs entièrement inconnu à Toulouse. Les rapports multipliés qui devaient nécessairement exister entre les divers peuples des Gaules, ne permettaient pas aux Tolosates d'ignorer l'établissement de la religion chrétienne qui, depuis près d'un siècle, avait éclairé de sa lumière une contrée voisine; ces conversions toutefois ne furent pas très-multipliées. L'idolâtrie était toujours menaçante, et la crainte de la mort arrêtait les effets de la prédication de l'évangile. Cependant un petit troupeau se forma bientôt autour de Saturnin. Les mystères sacrés furent célébrés dans l'ombre sur cette terre qui ne devait donner de nombreux enfants à l'Eglise, qu'après avoir été fécondée par le sang d'un illustre martyr.

## CHAPITRE VII.

Histoire du voyage de Saint Saturnin à Pampelune. — Fondation de l'église d'Euse.

Les antiques traditions sur lesquelles ces faits sont établis paraissent très-incertaines. Il convient de laisser parler ici un historien [1] dont la critique est

---

(1) Catel, *Mémoires du Languedoc*, liv. v, page 814.

toujours judicieuse. On trouvera autant de sagesse dans son récit que d'aimable simplicité dans son langage.

« Ceux qui ont escrit depuis longs siècles la vie de saint Sernin, ont plustot parlé de son martyre et de sa sépulture que de ce qu'il avait fait pendant sa vie : car ils n'ont point remarqué ce qu'il fit avant qu'arriver à Tolose, ny ce qu'il y fit avant son martyre. Ce que toutefois nous pouvons apprendre des vies que j'ai de luy, lesquelles bien qu'elles soient au long escrites, ce néantmoins je ne les crois pas si certaines, solides et assurées que ce que les anciens en ont dit. Il est donc dit dans ces vies, que saint Sernin estant à Tolose se mit en chemin pour aller à la ville d'Euse qui est en Gascogne ; où allant, il passa par un bourg appelé *Villa Clara* où depuis la ville d'Aux (Auch) a été bastie, et qu'il y bastit une église sur la rivière du Gers soubs l'invocation de saint Pierre. J'ay vue estant à Auch autrefois cette petite église qui est près la porte appelée de Saint-Pé, c'est-à-dire, de Saint-Pierre, joignant ladite rivière du Gers, estant la tradition de ladite ville que c'est la plus ancienne d'icelle, et qu'elle a été bastie par saint Sernin, et l'on voit encore dans la même ville un puits qu'on nomme *Belclar*. Lesdites vies de saint Sernin adjoustent qu'estant arrivé à la ville d'Euse il y fit bastir une église à la Vierge, et y ordonna un Evêque nommé *Paternus* ; c'est pourquoy la ville d'Euse a esté métropole, et l'Evesque d'Auch suffragant d'icelle, et cette ville d'Euse est appelée *Civitas* dans le voyage de Jérusalem qui fut fait du temps de l'empereur Constantin. Mais aujourd'huy ce n'est qu'un bourg sans qu'il y aye aucun Evesque, ayant été depuis la ville d'Auch faite cité métropole.

» De la ville d'Euse saint Sernin envoya son disciple Honestus en la ville de Pampelonne en Navarre, où il travailla grandement à la conversion des Gentils, et n'ayant pu accomplir son œuvre, il vint quérir saint Sernin, tant pour lui rendre compte de ce qu'il avait fait, que le prier de vouloir venir jusques à Pampelonne pour achever ce qu'il avait esbauché, et qui ne se pouvait accomplir sans luy : ce qui fut cause que saint Sernin s'en alla avec Honestus à Pampelonne ayant laissé à Tolose saint Papoul pour tenir son lieu. C'est le sommaire et abrégé des voyages faits par saint Sernin. Mais les historiens espagnols ont bien remarqué qu'il avait été plus avant en Espagne, car ils disent qu'il fut jusques à Tolède et qu'il prêcha aussi la foi en la ville d'Huesca. »

On voit d'après ce passage qu'il n'y a rien de bien assuré sur le voyage de saint Saturnin à Pampelune, ainsi que sur la fondation de l'église d'Euse par notre Apôtre. Nous ne placerons pas sans doute ces événements au rang des fables, mais il faut convenir qu'ils n'ont pas à nos yeux une entière certitude historique. Quant à la mission de saint Honest à Pampelune, on doit la regarder comme beaucoup plus certaine, car elle repose sur les traditions réunies des églises d'Amiens et de Pampelune; j'en parlerai plus tard au sujet des reliques de ce Saint. L'opinion des Espagnols qui regardent saint Saturnin comme l'apôtre de la Navarre, explique la vénération de ces peuples pour le premier Évêque de Toulouse et les honneurs extraordinaires qui ont été rendus à sa mémoire.

## CHAPITRE VIII.

Mort de Saint Saturnin. — Actes authentiques de son martyre.

Nous reproduisons ici, par une traduction fidèle, les actes où la mort de saint Saturnin est racontée. Il y aurait de la témérité à mêler une seule parole étrangère à ce fidèle récit; n'éprouve-t-on pas d'ailleurs une émotion délicieuse à parcourir les pages encore imprégnées du sang du martyr? Écoutons cette histoire composée il y a quinze siècles au pied de son tombeau.

### I.

Si nous donnons une bien juste admiration à l'heureuse mort de ces hommes, qui séparés de notre patrie par une vaste étendue et de terres et de mers, ont été consacrés par le martyre comme l'a publié une religieuse renommée; si nous honorons par des veilles, des hymnes et des solennités saintes les jours où combattant pour le nom du Seigneur, ils ont pris dans le ciel une naissance nouvelle à la gloire de celui qui les a soutenus dans le combat, et qui les couronne après la victoire, et cela afin de solliciter et d'obtenir leur protection auprès de Dieu, avec quels transports de joie devons-nous célébrer ce jour où le très-heureux Saturnin, évêque de Toulouse, a mérité dans cette ville la double couronne et de la dignité du sacerdoce et de la gloire du martyre, la mort rendant immortel celui qu'avait déjà rendu vénérable la sainteté de sa vie.

## II.

Après l'incarnation du Sauveur Jésus, le soleil de justice se levant au sein des ténèbres, commença à éclairer l'Occident des lumières de la foi; l'Evangile se répandit insensiblement dans tout l'univers; la prédication des Apôtres parvint jusqu'à nous. Quelques églises, rares encore, élevées par la piété des fidèles, apparaissaient dans nos cités, tandis que les temples des faux dieux brillaient d'un sacrilége éclat. Tel était l'état de la Religion lorsque, il y a cinquante années, comme l'attestent et les monuments publics et les traditions fidèles, sous le consulat de Dèce et de Gratus, Toulouse reçut saint Saturnin pour son évêque. La vertu de cet homme fit cesser les oracles des démons à qui Toulouse rendait un culte public. Leurs mensonges furent dévoilés et leur puissance détruite par les progrès de la foi chrétienne. Le saint Evêque passait tous les jours devant le Capitole pour se rendre, de la maison qu'il habitait au modeste oratoire qu'il avait élevé. Bientôt les démons ne purent plus soutenir sa présence et devinrent sourds aux vœux et aux prières de leurs adorateurs, comme les vains simulacres sous lesquels ils aimaient à se cacher.

## III.

Les prêtres des idoles, étonnés de l'existence d'un fait jusqu'alors inouï, cherchaient à expliquer le silence de leurs divinités. Qui a pu donc, s'écriaient-ils, faire taire ces oracles autrefois si faciles à répondre ? Quoi ! ni les prières, ni le sang des taureaux, ni la multitude des sacrifices ne peuvent les réveiller ? les dieux sont-ils absents ou sont-ils en courroux ? Ils apprennent d'un ennemi de notre religion, qu'il s'est élevé une secte nouvelle opposée au culte établi ; elle se dit chrétienne et menace de renverser les divinités païennes. Saturnin est évêque de cette secte. Lorsqu'il passe devant le Capitole les oracles se taisent épouvantés ; ils ne feront entendre leurs voix que lorsqu'ils auront été appaisés par le sang de cet Evêque. O malheureuse erreur ! ô aveugle folie ! ils apprennent qu'un homme fait trembler leurs dieux ; que les démons à son passage quittent leurs temples ; ils le voient, ils ne peuvent s'empêcher de le croire, et cependant cet homme devenu redoutable aux idoles sans même les avoir menacées, ils préfèrent de le mettre à mort que de l'honorer; ils ne comprennent pas que celui-là seul mérite d'être adoré dont les serviteurs commandent aux idoles. Car qu'y a-t-il de plus insensé que de craindre ceux qui tremblent eux-mêmes, et de ne pas craindre celui qui fait trembler tous les autres?

## IV.

Au milieu de l'agitation publique, lorsque la multitude assemblée conduisait à l'autel un taureau pour l'immoler, espérant appaiser les dieux par un si grand sacrifice, Saturnin passe devant le Capitole. Le voilà, s'écrie-t-on, l'ennemi de notre religion, le chef d'une secte nouvelle. Il ose prêcher la destruction de nos temples, il appelle nos dieux des démons. C'est sa présence qui impose silence à nos oracles. Puisqu'il nous offre lui-même une occasion si favorable à nos desseins, vengeons notre injure et celle de nos dieux; il faut, ou qu'il les appaise par un sacrifice, ou qu'il les réjouisse par sa mort. A ces mots, une multitude furieuse environne le saint Évêque. Un Prêtre et deux Diacres qui l'accompagnaient prennent aussitôt la fuite, il est traîné seul au Capitole, et comme on le forçait de sacrifier aux idoles : « Je ne connais, s'écria-t-il, qu'un seul
» Dieu véritable, c'est à lui que j'offrirai un sacrifice
» de louange. Vos dieux sont des démons, je le
» sais. Vous les honorez bien plus, mais en vain,

» par la perte de vos âmes que par les victimes de
» vos troupeaux. Comment voulez-vous que je crai-
» gne ceux qui, d'après vous, tremblent devant
» moi »!

## V.

A ces paroles du saint Évêque, un affreux tumulte agita cette multitude sacrilége. Des liens sont jetés sur les flancs du taureau préparé pour le sacrifice. Ces liens qui s'étendent assez loin derrière l'animal devenu l'instrument d'une aveugle fureur, sont attachés aux pieds de cet homme vénérable. Le taureau pressé par l'aiguillon se précipite du haut du Capitole. Le martyr n'avait pas encore atteint les derniers degrés du temple, et déjà sa tête est presque brisée, ses membres se dispersent, il expire, et le Seigneur couronne après la victoire cette âme qui, dans l'horreur d'un affreux supplice, avait combattu avec tant de courage pour sa gloire.

Ce corps privé de vie et qu'aucune injure ne pouvait maintenant atteindre, fut traîné par le taureau jusqu'au lieu où les liens s'étant rompus, il reçut bientôt après, au milieu de l'agitation générale, les honneurs de la sépulture. Il y avait alors peu de chrétiens à Toulouse, ils n'osaient à cause des gentils confier à la terre les ossements du martyr, lorsque deux jeunes filles, s'élevant par la force que donne la foi, au-dessus de la faiblesse de leur sexe, plus courageuses que tous les hommes, excitées d'ailleurs au martyre par l'exemple de leur Pontife, placèrent son corps dans un cercueil de bois et le déposèrent au milieu des ruines, dans un lieu voisin, cherchant plutôt à cacher qu'à ensevelir ces sacrées reliques, dans la crainte que si quelque monument eût été élevé sur sa dépouille mortelle, ces hommes sacriléges n'eussent encore exercé leur fureur sur ce corps exhumé de la terre, et qu'il n'eût pu jouir de cette modeste sépulture.

Grâces au Dieu tout-puissant qui a couronné son martyr dans la paix. A lui seul soient dans tous les siècles et l'honneur et la gloire. Ainsi soit-il.

## CHAPITRE IX.

Examen de quelques passages des actes du martyre de saint Saturnin.

Le saint Évêque de Toulouse avait construit un modeste oratoire, comme on vient de le voir, et c'est dans ce secret asile qu'il réunissait les fidèles aux heures du sacrifice et de la prière. On a inutilement cherché à découvrir le lieu où, pour la première fois dans nos murs, fut élevé ce petit temple ou *sacellum*. Il serait peut-être beaucoup plus probable d'admettre que cet oratoire n'était autre chose que la maison de quelque fidèle qu'on avait choisie pour les assemblées religieuses; l'état d'obscurité dans lequel se trouvait alors le christianisme paraît donner quelque fondement à cette opinion. Ce qui est certain c'est que cet oratoire n'était pas très-éloigné du Capitole, et que Saturnin passait tous les jours devant cet édifice pour se rendre à la maison qu'il habitait. Une incertitude presqu'égale règne sur la position locale de ce Capitole. Il existe sur ce point deux opinions; la première, place le Capitole au lieu où se trouve aujourd'hui l'église de la Daurade. C'était là qu'était honoré Jupiter et Minerve, et que se trouvait le temple bâti sur l'emplacement du bassin sacré, pillé par Cépion. Les restes de ce temple furent découverts lorsqu'on entreprit les constructions de la nouvelle église. Il avait été démoli presque tout entier à l'exception de l'hémicycle qui formait le chœur de l'ancienne église. Les ruines de ce temple furent jetées dans le lit du fleuve, où plus tard elles ont été trouvées. La seconde opinion place le Capitole à peu près au même lieu où il est situé aujourd'hui, non loin de l'une des portes de la cité qu'on nommait autrefois *porta arietis*. Ce fut sur les degrés du Capitole que Saturnin fut attaché aux flancs du taureau. Cet animal furieux se dirigea vers la *porta arietis* et courut dans la campagne. Les liens qui retenaient le corps du martyr furent bientôt rompus, et le corps demeura sans vie au milieu des ronces dont la terre était couverte. L'église du Taur a été construite au lieu même où le taureau laissa sa victime. Cette seconde opinion nous paraît plus probable que la première. La position locale semble la favoriser; en effet, tous les lieux consacrés par le souvenir de saint Saturnin se trouvent placés au nord-ouest de la cité. Là, le temple bâti sur la terre qui reçut son dernier soupir; là, la basilique où ses ossements furent transportés; là, le lieu même où le taureau qui le traînait fut tué [1]. En plaçant le Capitole dans la même situation où il est aujourd'hui, toutes ces distances s'accordent. Rien n'empêche d'admettre l'existence de deux temples païens à Toulouse : l'un, consacré exclusivement à Minerve, est celui dont l'église de la Daurade a pris la place. Les colonnes trouvées dans le lit du fleuve, leurs chapiteaux présentant des têtes de hibous, paraissent assez l'indiquer; l'autre temple serait celui du Capitole, consacré plus particulièrement à Jupiter, ce qui n'empêcherait pas que Minerve n'y fût encore honorée. Ainsi se trouverait justifié le passage de Sidoine Appollinaire qui assure que Saturnin repoussa le culte de Jupiter et de Minerve [2].

L'auteur des actes du martyre de saint Saturnin ne parle pas d'une prétendue prophétie de ce saint Evêque. Je citerai ici le témoignage de Grégoire de Tours qui la rapporte [3]. « Saturnin, assuré de son
» martyre, dit à ses deux prêtres qui l'accompa-
» gnaient : Je vais être immolé et le temps de ma
» mort approche, je vous prie de ne pas m'abandon-
» ner jusqu'à ce que j'aie rempli ma course. Mais
» pendant qu'il était conduit au Capitole, ceux-ci

(1) La porte *mata-biau.*
(2) *Quem negatorum Jovis ac Minervæ.*
(3) *Lib.* 2, *hist.*, n° 30.

» l'abandonnèrent. Se voyant ainsi délaissé, il fit à
» Dieu cette prière : Seigneur Jésus, exaucez-moi
» du haut des cieux, que jamais cette église n'ait un
» de ses citoyens pour pontife ! Ce qui s'est accompli
» jusqu'à ce jour ». Ainsi parle Grégoire de Tours.
Cette prophétie n'a point été vérifiée par l'événement, puisque l'an 1441 Vital de Castelmaur, né à Toulouse, en fut fait évêque, et plus tard Bernard du Rosier, né aussi à Toulouse, en devint archevêque. Peut-être pourrait-on justifier la vérité de cette prophétie en n'entendant ces paroles, *his civibus*, que des prêtres alors existants, et regardant ces mots *in sempiternum* comme étant restreints à ceux dont il venait de parler. En sorte que le sens de ce passage serait : aucun de ces citoyens qui m'accompagnent ne sera *jamais* évêque de cette ville, au lieu de dire : *jamais* aucun citoyen de Toulouse n'en sera évêque. Il faut convenir que le témoignage de Grégoire de Tours est absolument susceptible de la première interprétation ; à la vérité il paraissait entendre ces paroles dans toute l'étendue de leur acception, puisqu'il ajoute que jusqu'à son siècle cette prophétie s'est vérifiée, mais nous ne parlons ici que de la prophétie elle-même. La raison qui nous porte à douter de la vérité de ce fait, c'est qu'aucun des auteurs qui ont parlé du martyre de saint Saturnin ne l'a rapporté et qu'il n'est pas vraisemblable que ce saint Pontife, au moment de consommer son sacrifice, ait eu un pareil ressentiment de l'injure qu'il avait reçue.

L'auteur des savantes notes qui accompagnent les vers de Sidoine Appollinaire détermine d'une manière précise la durée de l'apostolat de saint Saturnin à Toulouse, et la fixe à trois années. Ceux qui admettent les voyages de ce saint à Euse et à Pampelune trouveront sans doute cette durée beaucoup trop courte. Jusqu'à ce que l'histoire de ces voyages soit appuyée sur des fondements plus solides, il faudra s'en tenir à l'auteur déjà cité qui doit sans doute avoir fait tous ses calculs pour préciser ainsi les choses. Si l'apostolat de saint Saturnin avait duré un plus grand nombre d'années, comment concilier cet espace de temps avec le petit nombre de conversions qu'il opéra et l'état peu florissant où il laissa son église ? La rapidité avec laquelle l'auteur des actes raconte l'apostolat du saint Évêque montre assez que le terme assigné est exact.

L'opinion la plus universellement reçue est que saint Saturnin était déjà avancé en âge lorsqu'il arriva à Toulouse. On ne sait trop sur quoi cette opinion est fondée, mais il convient de la respecter. L'Église de Toulouse a adopté ce sentiment lorsqu'elle dit à son premier Évêque au jour de sa fête : « Hélas ! o saint vieillard, pourquoi le peuple dans » sa fureur vous traîne-t-il à un injuste supplice ? » ni la sainteté de votre vie, ni les cheveux blancs » qui couvrent votre front ne sauraient l'arrêter ».

## CHAPITRE X.

*Première sépulture de saint Saturnin. — Saint Hilaire construit un oratoire sur son tombeau.*

L'Église de Toulouse était fondée, et le sang de son premier Evêque venait d'être répandu. Le martyr expirait, et son corps avait été laissé sur la terre qui recevait son dernier soupir. De simples femmes suivaient de loin ses traces ensanglantées. Les idolâtres s'étaient retirés, et la nuit arrivait silencieuse et sombre pour voiler les mystères de la sépulture. A la faveur des ténèbres, ces femmes s'approchèrent du martyr. Quelques morceaux de bois, joints à la hâte, devinrent le modeste cercueil où elles déposèrent cette noble dépouille. On creusa aussitôt la terre, et le corps du saint Evêque fut dérobé aux horreurs d'une profanation. L'action de ces femmes courageuses, qui s'élevant au-dessus de la faiblesse de leur sexe, osèrent, au péril de leur vie, honorer cette illustre victime, a dû répandre sur elles un touchant intérêt. Quelles étaient ces femmes ? qu'elle était leur patrie ? Il règne sur ce point beaucoup d'obscurité, et ce n'est qu'après bien des recherches qu'on peut enfin parvenir à quelque chose de certain. Fortunat évêque de Poitiers, dans le poème qu'il a composé en l'honneur de saint Saturnin, parle d'une seule femme qui, accompagnée de sa servante, ensevelit le corps du martyr [1]. Il faut classer au rang des récits fabuleux celui qui nous raconte que ces femmes étaient filles du roi d'Huesca en Espagne, qu'elles avaient été baptisées par saint Saturnin contre la volonté du roi leur père, et qu'elles avaient suivi ce saint Evêque à Toulouse. C'est à tort que certains auteurs ont avancé sur la foi d'un vieux lectionnaire que ces filles étaient bicéphales [2]. Il est vrai qu'on les a représentées autrefois sous cette monstrueuse figure, mais il est facile de reconnaître que cette forme hyérogliphique était un simple symbole servant à indiquer l'union de leurs volontés et de leurs forces pour produire une même action. On a prétendu que ces filles étaient nées à *Recaudum*, petite bourgade du Languedoc où elles sont aujourd'hui honorées. Il est certain que c'est en ce lieu qu'elles cherchèrent un asyle après la mort de saint Saturnin; je ne crois pas cependant que ce bourg soit leur patrie. Il a paru beaucoup plus probable de les supposer nées à Toulouse et converties par saint Saturnin dans le cours de son apostolat. Au milieu de tant d'incertitudes, on peut du moins regarder comme incontestable leur fuite volontaire ou leur exil à *Recaudum*. C'est là qu'elles vécurent plusieurs années dans la

---

(1) *Tum mulier collegit ovans et condidit artus,*
    *Solâ unâ famulâ participante sibi.*

(2) C'est-à-dire, ayant deux têtes sur un seul corps, deux cuisses, deux jambes et quatre bras.

pratique de la plus haute piété, et qu'elles terminèrent leur carrière par une mort précieuse aux yeux de Dieu ; on les ensevelit dans la campagne. Plus tard leurs ossements furent levés de terre et portés solennellement dans l'église consacrée à l'apôtre saint Pierre au même lieu. Dans les siècles derniers les hérétiques brûlèrent leurs reliques et en jetèrent les cendres au vent : quelques portions ont été cependant conservées. Le lieu qui a été illustré par la mort de ces vénérables filles a reçu depuis long-temps leur nom, afin de perpétuer ainsi le souvenir de leur sainteté et de leur courage [1].

Saint Honorat succéda à saint Saturnin ; je parlerai plus loin de ce Pontife. Il eut pour successeur saint Hilaire, qui, le premier, rendit un culte public au saint évêque de Toulouse. Le tombeau du martyr s'élevait au milieu d'une vaste solitude ; la terre était autour amoncelée, et l'herbe croissait sur ces ossements vénérés. Les fidèles venaient tous les jours auprès de ce tombeau, cherchant à ranimer leur courage contre la persécution : ils demandaient qu'après leur mort, leurs corps fussent placés à côté de celui du saint Evêque ; le sommeil de la tombe leur paraissait plus doux, si leurs cendres étaient comme mêlées à ses cendres. Dès-lors beaucoup d'autres tombeaux s'élevèrent auprès de celui de saint Saturnin. On devait craindre de le voir

(1) Le Mas-Saintes-Puelles au diocèse de Carcassonne.

bientôt confondu avec eux, et c'est ce qui porta saint Hilaire à entourer d'une enceinte ce modeste sépulcre. L'idolâtrie, toujours menaçante, ne permettait pas aux chrétiens de bâtir encore des temples; une simple voûte fut jetée au-dessus du tombeau du martyr, et cette voûte fut renfermée dans un *sacellum* construit en bois. Ce fut là le premier monument que l'Eglise de Toulouse éleva à la gloire de celui qui l'avait fondée. Cet oratoire si pauvre devait être bientôt remplacé par une somptueuse basilique; la révolution opérée dans l'empire permit au successeur d'Hilaire et de Rhodanius d'en jeter les fondements.

## CHAPITRE XI.

Saint Sylve commence la Basilique de Saint-Saturnin. — Saint Exupère l'achève. — Translation première des reliques du martyr.

Constantin, vainqueur de ses ennemis, était parvenu à la souveraine puissance. Ayant embrassé le christianisme, il porta le dernier coup à l'idolâtrie. Les persécutions cessèrent de toute part et la paix fut rendue à l'Eglise.

Vers l'an 313 et au commencement de son règne, l'empereur donna un édit solennel en faveur des chrétiens par lequel il était permis d'élever des temples dans toute l'étendue de l'empire. A la faveur de cet édit, saint Sylve, quatrième évêque de Toulouse, commença la construction d'un édifice destiné à recevoir les reliques de saint Saturnin. Les fondements furent jetés vers le milieu du quatrième siècle hors des murs de la ville, et au même lieu où se trouve aujourd'hui la basilique. Il paraît que cet édifice, construit par saint Sylve, bien différent de celui qui existe de nos jours, devait être d'une assez vaste étendue, car l'auteur de la légende de ce saint nous dit qu'il recueillit d'abondantes aumônes, et fit de très-grandes dépenses pour commencer à le bâtir [1] ; la mort l'empêcha de terminer son ouvrage ; saint Exupère, son successeur, eut le bonheur de l'achever. Il appartenait à cet illustre Pontife, dont la charité n'eut point de bornes, de transférer les ossements du martyr. Cette main généreuse, qui tant de fois s'était ouverte pour soulager l'infortune, devait être la première à remuer ces cendres vénérables. Exupère sollicita de l'empereur la permission de faire cette translation solennelle. Le respect que lui inspirait la mémoire de saint Saturnin lui faisait craindre de toucher à ses reliques, mais il fut averti par un songe mystérieux de continuer son entreprise. Alors le sépulcre du martyr fut ouvert, ses ossements exposés aux regards de tous les fidèles furent extraits du cercueil de bois qui les renfermait depuis plus d'un siècle et placés dans un tombeau de marbre.

---

[1] *Coacervatis et collectis undique multis pecuniis, magnis sumptibus et impensis....* Leg. sancti Sylvii.

Aux premiers temps de l'Eglise les corps des martyrs n'étaient pas élevés comme aujourd'hui sur les autels, on les plaçait en terre, et c'était sur leurs tombeaux même que les autels étaient construits. Suivant cet usage les reliques de saint Saturnin furent ensevelies par Exupère dans cette partie de la basilique actuelle qui est située au-dessous du clocher ; c'est en effet en ce même lieu que ces reliques furent trouvées vers la fin du treizième siècle comme nous le verrons plus loin.

On rapporte cette translation à l'année 405, c'est-à-dire, peu de temps avant l'irruption des Vandales, des Suéves et des Alains qui passèrent le Rhin et tombèrent tout-à-coup sur les Gaules comme sur une proie destinée à leur fureur. Saint Jérôme nous apprend que Toulouse fut préservée des horreurs de la dévastation par les prières de son saint évêque Exupère. C'est dans sa lettre à la veuve Agéruchie qu'il dépeint les malheurs de cette irruption de barbares. « Si nous sommes arrivés en petit nombre
» jusqu'à ce temps, c'est à la miséricorde de Dieu et
» non point à nos mérites qu'il faut l'attribuer. Des
» nations féroces et innombrables ont ravagé tout
» ce qui est situé entre les Alpes et les Pyrénées, le
» Rhin et l'Océan. L'Aquitaine, la Novempopulanie,
» les provinces de Lyon et de Narbonne, à l'excep-
» tion de quelques villes, ont été dévastées. Je ne
» puis, sans verser des larmes, penser à Toulouse
» qui doit aux prières de son saint évêque Exupère

» d'être encore debout. Je me tais sur tout le
» reste pour ne point paraître désespérer de la
» bonté divine ». On croit que saint Exupère faisait
sa demeure habituelle auprès de l'église de Saint-
Saturnin, et qu'il construisait un monastère où il
vivait avec quelques moines qui desservaient l'église
sous son autorité. Il est certain que saint Jérôme
fait mention d'un religieux que saint Exupère lui
avait envoyé, c'était Sisinnius. Quelques auteurs
ont pensé que c'était là l'origine de l'abbaye de Saint-
Saturnin de Toulouse, l'une des plus fameuses du
royaume. Il paraît cependant que cette abbaye a été
fondée beaucoup plus tard, comme nous le verrons
en son lieu.

Puisque nous parlons ici de la construction de la
basilique de Saint-Saturnin, il convient d'examiner
une opinion populaire long-temps accréditée qui af-
firmait que cette église était bâtie sur un lac. Strabon
rapporte qu'il existait à Toulouse un temple célèbre
et un vaste marais dans lequel les Gaulois jetaient,
par un sentiment religieux, l'or et l'argent qu'ils
prenaient sur leurs ennemis. Nous avons déjà observé que ce marais prétendu n'était autre chose
qu'un bassin creusé de main d'homme. C'est dans ce
lac sacré que Cépion enleva d'immenses richesses.
On dit que les Romains vendirent plus tard ce lac à
l'encan et que de nouveaux trésors y furent encore
découverts. Tout porte à croire que ce bassin était
situé à l'endroit où est aujourd'hui bâtie l'église de

la Daurade. Ce lac fameux était depuis long-temps oublié, lorsqu'on chercha à en découvrir quelques restes. Il plut à un auteur [1] dont la critique sur ce point n'était certainement pas très-éclairée, d'avancer que *ce lac devait être infailliblement à la même place où est aujourd'hui l'église Saint-Saturnin.* Assertion dénuée de toute espèce de preuve; à moins qu'on ne prenne pour des preuves solides et le murmure des eaux que l'on entend, en prêtant une oreille attentive, dans l'ancien chœur des chanoines au côté de l'évangile, et la descente mystérieuse faite au flambeau dans l'un des énormes piliers du clocher, et la promenade pittoresque autour d'une vaste galerie souterraine sur les bords du lac : étranges récits dont les recherches les plus exactes ont démontré la fausseté [2]. Comment sup-

[1] Chabanel, antiquités de la Daurade.

[2] Les recherches qui ont été faites dans la Basilique à plusieurs époques, et particulièrement en 1747, par l'ordre de M. de Fleurigny, abbé de Saint-Saturnin; en 1808, au nom de l'Académie des Sciences, et enfin en 1836, par les soins de l'autorité municipale, ont montré que cette tradition était dénuée de fondement. On a dernièrement ouvert la même porte qui donne dans l'ancien cloître et que M. de Fleurigny fit ouvrir en 1747. On a retrouvé les deux allées voûtées qui conduisent l'une à un puits, situé près de la chaire, et l'autre à la chapelle qu'on appelle des Sept-Dormants, aujourd'hui la nouvelle sacristie. M. de Montégut rapporte dans son mémoire sur les antiquités de Toulouse, qu'un personnage digne de foi lui avait dit : qu'il était descendu lui-même par une petite porte située près de celle qui conduit aux cryptes, dans un vaste souterrain où l'on apercevait une magnifique galerie bâtie sur les bords d'un grand lac. Il avoue que cette assertion aurait besoin de preuves. Nous sommes entièrement de son avis.

poser que saint Sylve et saint Exupère ont précisément choisi un lac ou marais desséché pour y jeter à grands frais les fondements d'un vaste édifice, lorsque la campagne leur offrait de toute part un site beaucoup plus commode. Auraient-ils voulu élever à la religion chrétienne un trophée sur les ruines d'un monument païen ? Singulier trophée qui ne devait laisser après lui aucune trace de la victoire ! Toutes les suppositions qu'on a donc faites pour soutenir l'existence d'un lac dans la basilique ont été complètement démenties.

## CHAPITRE XII.

#### Événements arrivés à Toulouse depuis la mort de saint Exupère jusqu'au duc Launebolde.

Avant de parler de Launebolde qui bâtit une église en l'honneur de saint Saturnin, nous avons cru devoir retracer ici les révolutions politiques qui arrivèrent à Toulouse depuis la mort d'Exupère jusqu'au temps de ce seigneur. Saint Exupère mourut vers l'an 417. Peu de temps après sa mort, les Visigoths fondaient leur empire dans les provinces méridionales des Gaules, et Toulouse devenait la capitale de ce nouveau royaume. Ces peuples, venus du nord, avaient Alaric à leur tête. Sous le règne d'Arcadius et d'Honorius, Alaric fit une irruption dans l'Italie et mit le siége devant Rome qu'il livra au pillage l'an 402. Il mourut au milieu de ses triomphes après s'être emparé du royaume de Naples et de quelques autres provinces. Atolphe, son beau-frère, lui succéda. Tantôt en guerre et tantôt en paix avec les faibles empereurs de Rome, Atolphe pénétra dans les Gaules. Défait par Constance, général des armées d'Honorius, il périt misérablement, assassiné par l'un de ses serviteurs. Il eut pour successeur Sigeric, prince visigoth, qui, dans sept jours de règne, s'abandonna aux plus horribles forfaits; il fut égorgé par ses soldats. Wallia beau-frère d'Atolphe, succéda à Sigeric. Allié des Romains, vainqueur des Vandales en Espagne, il fut mis par Honorius lui-même en possession de tout le pays qui s'étendait depuis Toulouse jusqu'à l'Océan. Ce prince mourut vers l'année 418. Théodoric I$^{er}$ lui succéda. Le nouveau roi de Toulouse se mit en guerre ouverte avec les Romains. Battu deux fois devant Arles qu'il venait d'assiéger, il prit la fuite devant Aëcius, général de l'Empereur Valentinien; Littorius le força ensuite de lever le siége de Narbonne qu'il avait entrepris, après sa double défaite. Il vit les armées romaines le poursuivre jusque sous les murs de sa capitale, et Toulouse serait infailliblement tombée au pouvoir des vainqueurs si dans l'extrémité où il était placé, Théodoric n'avait ranimé le courage de ses sujets par la crainte d'une destruction prochaine. Ce prince était Arien et il commandait à une population presque toute entière catholique. Il envoya à Littorius un saint personnage nommé Orientius (saint Orens, évêque d'Auch). Les propositions de l'homme de Dieu ne furent point acceptées par le général romain;

Orientius rentra dans la ville, et trouva les habitants et Théodoric lui-même consternés. Des prières publiques furent alors ordonnées par le saint Evêque ; d'après le témoignage de Salvien, le roi de Toulouse parut en public revêtu d'un cilice ; cérémonie assez étrange sans doute pour un prince Arien, si l'on ne savait pas que la crainte rend souvent religieux les rois les plus infidèles. Animé par Orientius, Théodoric se mit à la tête de son armée, fit ouvrir les portes de la ville, et tomba en désespéré sur le camp des Romains. Ceux-ci furent taillés en pièces ; Littorius fut fait prisonnier ; on le traîna ensuite dans les rues de la ville et enfin dans une affreuse prison où il eut la tête tranchée. Cette éclatante victoire fut attribuée aux prières d'Orientius [1]. On ne dit pas que Théodoric se convertit à la foi catholique. Une protection si marquée paraissait appeler ce retour ; mais les princes oublient bientôt les faveurs du ciel. Le roi vainqueur fit sa paix avec les Romains et se joignit à eux ainsi qu'aux Francs pour repousser Atila, roi des Huns, qui avait fait une invasion dans les Gaules. Théodoric fut tué dans la fameuse bataille des *champs Catalauniques* : Taurismond, son fils,

---

(1) La procession qui se faisait autrefois à Toulouse le jour de Saint-Orens, et à laquelle assistaient les capitouls, paraît avoir été instituée en mémoire de cette victoire. Je ne sais si la cérémonie qui est encore aujourd'hui en usage dans l'église Saint-Saturnin, et qui consiste à passer sur les personnes atteintes de la peur une chaîne à laquelle est attachée une relique de saint Orens, n'aurait pas quelque rapport au fait historique dont il est question.

fut élu roi à sa place. Ce prince infortuné devint la victime de l'ambition de ses deux frères.... Il venait de combattre et de vaincre les Alains de la Loire qui menaçaient son royaume, lorsqu'il fut assassiné dans son palais par les ordres de Frédéric et Théodoric ses frères. Ce dernier fut proclamé roi. Théodoric II contribua puissamment à l'élection d'Avitus en qualité d'empereur après la mort de Valentinien. Il traversa les Pyrénées et défit Richiarius roi des Suèves en Espagne; bientôt en guerre avec les Romains, il mit le siége devant Arles. Repoussé par le comte Gilius, il fit la paix avec l'empereur Majorin, successeur d'Avitus. Profitant des troubles de l'empire il s'empara de la Gaule Narbonnaise, et étendit aussi vers la Loire les limites de son royaume. Au plus haut point de sa puissance il fut lâchement assassiné par son frère Euric. Les historiens ont fait un grand éloge de Théodoric II. Sidonius nous en a tracé un admirable portrait dans son épître à Agricola son ami. Quelques brillantes qu'aient été les qualités de ce prince, elles ne sauraient faire oublier la mort de Taurismond, son frère, dont il fut l'auteur, et l'assassinat de Richarius, son beau-frère, qu'il fit étrangler dans un cachot. On voit que le ciel le punit de ses forfaits, puisque l'un de ses frères lui ravit aussi et la couronne et la vie.

Euric avait l'humeur guerrière et une ambition effrénée. Il ravagea une grande partie de l'Espagne qu'il soumit à ses armes. La Novempopulanie et la première Aquitaine furent réunies à son empire. Nepos faible empereur de Rome, rechercha son amitié afin d'arrêter la rapidité de ses conquêtes. Euric la lui donna à la prière de saint Epiphane, évêque de Pavie. Prenant une marche inoffensive de Nepos pour une rupture, il mit le siége devant Arles et s'en empara. Cette ville devint son tombeau; il y mourut à l'âge de trente-six ans. Ce prince fut législateur et conquérant, il s'appliqua à rédiger les anciennes coutumes de sa nation, et réunit les ordonnances de ses prédécesseurs : il en forma un code assez complet qui devint la base de toute la législation des Visigoths. Sidonius [1] nous dit qu'Euric persécuta le catholicisme, et qu'après avoir chassé de leurs siéges la plupart des évêques, qui périrent en exil, il laissa les églises sans pasteurs : ce fait prouve qu'Euric était intolérant et fanatisé par l'Arianisme.

Après la mort d'Euric, Alaric II son fils monta sur le trône. Il favorisa l'église catholique et permit aux Evêques de ses états d'assembler un concile à Agde. Clovis chef de la tribu des Francs, étendait de tout côté son empire. Vainqueur de Siagrius il fit demander à Alaric cet infortuné capitaine qui s'était réfugié auprès du roi de Toulouse; Alaric le lui livra. Le roi des Francs porta ses armes jusque sur les bords de la Loire qui servait de limite aux

---

(1) Sidonii, epist. 6ª, lib. 7º.

états d'Alaric. L'exil de quelques évêques catholiques fut le prétexte dont Clovis se servit pour déclarer la guerre au prince Visigoth. Celui-ci rassembla son armée et la dirigea vers Poitiers. Ce fut dans la plaine de Vouglé que se donna la bataille entre ces deux princes. Alaric fut vaincu et perdit la vie dans le combat. Clovis s'avança vers Toulouse dont il prit possession sans effort. Cette ville passa dès lors sous la domination des rois Francs. Les princes Visigoths l'avaient occupée pendant l'espace de quatre-vingt-sept ans depuis Wallia jusqu'à Alaric II.

Après la mort de Clovis, ses fils partagèrent son royaume. Toulouse et une assez grande partie de l'Aquitaine passèrent sous la domination de Thieri, roi de Metz. Ce prince envoya le duc Barolus à Toulouse pour la gouverner. Théodebert, fils de Thieri, régna sur elle après la mort de son père. Clotaire devint seul maître de la monarchie française; il meurt, et Charibert, son fils, possède Toulouse. Après la mort de Charibert, Chilpéric, son frère, règne sur cette ville. Ce fut ce dernier prince qui envoya le duc Launebolde pour tenir sa place à Toulouse.

## CHAPITRE XIII.

### Le duc Launebolde fait bâtir une église en l'honneur de Saint Saturnin.

Héraclien avait succédé à saint Exupère sur le siége de Toulouse, il assista en qualité d'évêque de cette ville au concile d'Agde, tenu en l'an 506 sous Alaric II. Il eut pour successeur saint Germier que Clovis, roi des Francs, trouva à Toulouse lorsque ce prince fit la conquête de cette ville. Germier n'était encore que simple prêtre à l'époque de cette expédition des Francs. Il s'appliquait avec un zèle infatigable à détruire les restes de l'Arianisme que les Visigoths avaient répandu de toute part à la faveur de leurs éclatantes victoires. Clovis apprécia bientôt la vertu de Germier, et désira de le donner à Toulouse pour Évêque. Saint Germier reçut la consécration épiscopale à Paris des mains de Grégoire de Saintes. A sa considération, le roi des Francs fit d'immenses largesses à l'Eglise de Toulouse. On donne à saint Germier 50 ans d'épiscopat, et sa mort n'arriva qu'après celle de Clotaire I. Magnulfe lui succéda. Ce fut sous ce dernier évêque que le duc Launebolde arriva à Toulouse, vers l'an 563. Fortunat est le premier qui ait parlé de ce noble seigneur : voici comment il s'exprime dans l'un de ses poèmes consacré tout entier à célébrer sa vertu.

« ………… On n'avait point encore élevé des tem-
» ples sur les lieux où Saturnin avait reçu les liens
» du martyre, lorsque bien des siècles après sa
» mort, Launebolde, pendant la durée de son gouver-
» nement, fit construire un édifice en son honneur,
» et cet homme, issu d'une race barbare, acheva ce
» qu'un seul habitant de Rome civilisée n'avait pas

» même entrepris ». Le reste du poème de Fortunat est consacré à l'éloge de Bertrude, femme de Launebolde, que l'auteur nous représente digne en tout de la piété de son époux, uniquement occupée à soulager de ses nobles mains l'infortune et à répandre d'abondantes aumônes. L'église bâtie par Launebolde, n'est point comme on pourrait le croire, la basilique de Saint-Saturnin, mais bien un autre édifice construit au lieu même où se trouve aujourd'hui l'église du Taur. Nous avons déjà observé que saint Hilaire avait fait élever une petite chapelle de bois sur le tombeau du martyr, et que les saintes reliques y étaient demeurées ensevelies jusqu'à leur translation solennelle par saint Exupère dans la basilique que cet évêque avait terminée. L'oratoire, élevé par saint Hilaire, ne fut point détruit. Il subsista jusqu'au temps de Launebolde, et ce fut sur les ruines de cet oratoire que ce seigneur fit bâtir cette nouvelle basilique. Elle n'existe plus aujourd'hui. La piété de Launebolde et ses immenses richesses laissent facilement à supposer que cette seconde basilique devait être assez somptueuse. L'église actuelle du Taur a été construite vers le quatorzième siècle sur l'emplacemennt de celle de Launebolde. On trouve dans cette église, derrière l'autel principal, une élégante chapelle dédiée à la Vierge; s'il faut ajouter foi à une ancienne tradition, cette chapelle aurait été construite sur le lieu même où saint Saturnin rendit son dernier soupir.

Launebolde était d'origine gothique [1]. Il paraît même que sa famille était une des plus distinguées de sa nation [2]. Bertrude, épouse de ce seigneur, est particulièrement louée du soin qu'elle a pris d'élever et d'orner les temples de Dieu [3]. Elle voulut rivaliser de zèle avec les Pontifes eux-mêmes pour la gloire de saint Saturnin, car on croit qu'elle eut la plus grande part à la construction du temple dont nous venons de parler. Ces vertueux époux ne laissèrent qu'une fille pour héritière de leurs immenses richesses. Ils moururent vers l'an 573.

Le fameux duc Didier succéda à Launebolde dans le gouvernement de Toulouse. Cette ville, après la mort de Chilperic, était passée sous la domination de Gontrand, l'un des héritiers de ce prince. Didier fut tué au siége de Carcassonne qu'il cherchait à enlever aux Visigoths. Astroval, son collègue, lui succéda dans le duché de Toulouse; ce dernier perdit la vie dans une autre bataille. Après la mort d'Astroval, Serenus fut créé duc de Toulouse. Gontrand mourut vers l'an 593. Après lui Childebert régna sur Toulouse. Cette ville échut ensuite en

---

(1) *Vir de barbaricâ prole.* ( Fortu. )

(2) *Quamvis altum teneat de stirpe cacumen,*
*Moribus ipse suos amplificavit avos.* ( Id. )

(3) *Indefessaque spem Christi per templa requirit*
*Jugiter excurrens ad pietatis opus.* ( Id. )

partage à Thieri, son fils aîné, et successivement à Sigebert et à Clotaire II, qui demeura seul maître de la monarchie française. A Clotaire succéda Dagobert son fils. C'est sous le règne de ce dernier prince que les historiens ont placé un événement qui fera la matière du chapitre suivant.

## CHAPITRE XIV.

#### De la prétendue translation des reliques de saint Saturnin à Saint-Denis, en France.

Dagobert céda le territoire de Toulouse à Charibert, son frère. Celui-ci fit, de cette ville, la capitale d'un nouveau royaume. Son règne fut d'assez courte durée ; il laissa sa couronne à Chilpéric son fils, qui suivit bientôt son père au tombeau. Dagobert entra de nouveau en possession du royaume de Toulouse après la mort de son neveu. Il envoya pour gouverner à sa place le duc Baronte. On prétend que ce Seigneur fit transporter à Saint-Denis, en France, les reliques de saint Saturnin par les ordres du roi Dagobert. Quelques années après ce mystérieux événement, les Toulousains envoyèrent des députés aux moines de Saint-Denis pour les prier de leur rendre les ossements de leur apôtre. Ils étaient assez intéressés à cette restitution, car, depuis la translation de ces ossements, d'affreuses calamités pesaient sur le pays

Toulousain. Les femmes en mal d'enfant ne pouvaient être délivrées, et les fruits de la terre ne venaient point à maturité. Les moines de Saint-Denis rendirent le corps de saint Saturnin et reçurent en échange ceux de saint Patrocle évêque de Grenoble, de saint Romain moine de Blaye, et de saint Hilaire évêque de Mende. — Ce fait si extraordinaire que nous venons de rapporter n'est appuyé que sur un seul témoignage, celui de Nicolas Gilles, auteur assez suspect. A la vérité, l'historien des Comtes de Toulouse [1] assure avoir lu la relation de cet événement dans un ancien livre écrit à la main; mais ce manuscrit mérite-t-il quelque croyance ? Il nous semble que la nature du châtiment infligé au pays de Toulouse et à ses habitants montre assez clairement la fausseté de cette translation. Comment peut-on, en effet, supposer que le ciel fît peser des calamités si extraordinaires sur un peuple entièrement innocent de cet enlèvement sacrilége. C'est donc parce qu'abusant de son autorité de gouverneur, le duc Baronte aura violé la sainteté d'un illustre tombeau, qu'un peuple tout entier sera accablé de maux inouïs ? Ce n'est pas ainsi que nous entendons la justice de Dieu. L'histoire singulière de la translation des reliques de saint Saturnin à Saint-Denis n'a pu avoir pour fondement qu'un passage des écrits de Grégoire de Tours, au livre premier de la

[1] Catel, *Histoire des Comtes*, p. 174.

Gloire des Martyrs. Le lecteur appréciera ce récit par toutes les circonstances qui l'accompagnent.

« ……… Quelques religieux transportèrent les
» reliques de saint Saturnin. Dans leur voyage ils
» arrivèrent auprès de Brioude, petite ville située
» au territoire d'Auvergne. Le soleil étant sur le
» point de se coucher, ils se retirèrent chez un
» pauvre laboureur, lui demandant l'hospitalité.
» Accueillis avec bonté par cet homme, ils lui dé-
» couvrirent le trésor dont ils étaient les dépositai-
» res. Aussitôt ce laboureur, excité par un senti-
» ment d'humanité et de religion, reçut les saintes
» reliques et les plaça dans le lieu où étaient ren-
» fermées les provisions de sa famille. Le lendemain,
» au lever du jour, les religieux ayant remercié leur
» hôte, prirent avec eux les reliques et conti-
» nuèrent leur voyage. La nuit suivante, le labou-
» reur eut une vision dans laquelle cet avertisse-
» ment lui fut donné : quittez le lieu que vous
» habitez, car il a été sanctifié par les reliques du
» martyr Saturnin. Cet homme simple n'eut aucun
» égard à cette vision, et ne se rendit pas docile
» à l'avertissement qu'il avait reçu. Aussitôt une
» langueur subite s'empara de sa personne ; ses res-
» sources diminuèrent d'une manière sensible ; son
» épouse fut atteinte d'une langueur semblable ;
» enfin, dans le cours d'une seule année, il fut
» réduit à un si grand excès d'indigence qu'il avait
» à peine les secours nécessaires pour soutenir son

» existence. S'adressant alors à son épouse : j'ai pé-
» ché, lui dit-il, devant Dieu et ses Saints, puisque
» je n'ai pas quitté cette demeure comme j'en avais
» reçu l'ordre, et c'est pour cela que nous sommes
» accablés de maux, obéissons donc à la vision que
» nous avons eue et changeons notre demeure.
» Renversant alors sa cabane, il construisit sur ses
» ruines un oratoire en l'honneur du saint martyr ;
» tous les jours il venait en ce lieu lui adresser sa
» prière. Bientôt ses maux cessèrent, et dans un
» espace de temps assez court, il jouit de plus de
» bien qu'il n'en avait autrefois possédé. Ces choses
» se sont passées en notre temps [1] ».

Ainsi se trouve racontée, par Grégoire de Tours, la translation des reliques de saint Saturnin. Nous ne prétendons pas attaquer ici la vérité de toutes les circonstances de cette translation ; nous observerons cependant que l'auteur ne dit pas en quel pays ces reliques étaient transportées, qu'il ne parle pas ici du corps entier du saint martyr, mais seulement de quelques reliques ; ce qui donne à supposer qu'au temps de saint Exupère, lorsque le corps du saint fut renfermé dans un tombeau de pierre et enseveli dans la basilique, on eut le soin d'extraire quelques portions de ces précieux ossements pour satisfaire la piété des peuples. C'est ce qui explique l'existence des reliques de saint Saturnin en

---

[1] *Lib.* 1, *Gloria Martyr.*, n° 48.

plusieurs lieux. On lit, en effet, dans la vie de Vaudregisille, abbé de Fontenelle, écrite par Surius, qu'un religieux, nommé Sindarus, apporta quelques reliques du saint Evêque au monastère de Fecam, et qu'il fit construire une basilique en son honneur sur le sommet d'une montagne. Grégoire de Tours rapporte [1], qu'après la défaite de Clodomir, l'armée réparant ses pertes et dévastant la Bourgogne, les soldats incendièrent une église où étaient gardées quelques reliques de saint Saturnin. Elles furent délivrées des flammes par l'intrépidité d'un homme qui les enleva, et placées ensuite dans l'église de Noyon.

Le monastère de Paulliac possédait aussi des reliques du même saint. Grégoire de Tours avait dans son oratoire particulier quelques ossements de saint Saturnin pour lequel il avait une singulière dévotion. Il existe enfin beaucoup d'autres lieux en France où se trouvent des reliques du premier évêque de Toulouse. Il est possible que Dagobert ait fait transporter à Saint-Denis une portion plus ou moins considérable du corps de saint Saturnin qui aura ensuite été rapportée à Toulouse, mais nous regardons comme une erreur historique la translation du corps entier de notre apôtre. En signalant cette erreur, nous adoptons le sentiment des plus habiles critiques, et particulièrement celui

---

[1] *Lib.* 1, *Mirac.*

du savant auteur de l'histoire du Languedoc ⁽¹⁾ qui regarde cette translation comme absolument fausse. La peinture qui reproduit cet événement et que l'on voit encore aujourd'hui dans la basilique pourrait s'appliquer à la supposition que nous avons faite, et l'auteur de l'inscription, placée au-dessous, aurait pris le tout pour la partie.

## CHAPITRE XV.

Destruction de la basilique bâtie par saint Exupère. — Charlemagne et Louis-le-Débonnaire la reconstruisent. — Plusieurs reliques sont apportées dans cette église. — Fondation de l'Abbaye de Saint-Saturnin.

L'histoire ne dit pas quels furent les motifs qui déterminèrent Dagobert à rendre à ses neveux Bogis et Bertrand l'héritage de Charibert leur père. Ces jeunes princes furent mis en possession du duché d'Aquitaine, qui comprenait tous les pays compris entre la Loire et les Pyrénées. Dans cette concession, Dagobert excepta quelques provinces, défendit à ses neveux de porter jamais le titre de roi, et leur imposa l'obligation de foi et hommage à la couronne de France pour eux et leurs héritiers. Ce fut là le premier exemple d'un fief héréditaire dans la monarchie française. Bogis et Bertrand fixèrent leur séjour ordinaire à Toulouse, où ils

---

(1) Dom Vaissette, *Hist. Lang.*, tom. 1ᵉʳ.

moururent, emportant les regrets de leurs vassaux qu'ils avaient rendus heureux par les douceurs d'une assez longue paix. Eudes ; fils de Bogis, succéda à son père dans le duché de Toulouse. Un ennemi redoutable vint tout-à-coup le troubler dans la possession de sa souveraineté. Les Sarrasins, sujets des califes d'Asie, pénétrèrent en Espagne vers l'an 712. Quelques mois suffirent à ces peuples guerriers pour faire la conquête du royaume des Visigoths. Tout céda à leurs armes, et l'ambition naturelle aux conquérants les porta à traverser les monts Pyrénéens pour détruire aussi dans la Septimanie la domination des Visigoths. Zama, qui marchait à leur tête, s'empara de Narbonne et de presque toutes les villes de la Septimanie, et vint mettre le siége devant Toulouse capitale du duché d'Aquitaine. Eudes, que la présence de son ennemi avait déjà porté sur les bords du Rhône, accourut aussitôt au secours de sa capitale, et soutenu par ses vaillants soldats, tailla en pièces l'armée entière des Sarrasins, sous les murs même de la ville assiégée. Zama, leur chef, périt dans le combat. Ce fut pendant le siége de Toulouse que la basilique de Saint-Saturnin fut presque entièrement détruite par ces barbares. Elle était alors située hors des murs de la ville et conséquemment exposée à tous les coups des assiégeants que les historiens nous ont représentés battant les murs avec leurs terribles machines. La destruction d'un monument religieux était une suite nécessaire de la haine des Sarrasins contre le nom chrétien.

L'auteur du célèbre ouvrage qui a pour titre : *Gallia christiana*, place la ruine de cette première basilique, bâtie par saint Exupère, en l'année 721. Nous croyons, dit-il, qu'à cette époque les Sarrasins assiégeant la ville, l'église de Saint-Saturnin fut renversée de fond en comble [1]. Ainsi fut détruit le premier temple que la piété d'Exupère avait élevé à la gloire de Saturnin. Il n'est pas facile de déterminer l'époque précise à laquelle cette basilique fut reconstruite. L'auteur déjà cité croit qu'elle le fut par Pepin, roi d'Aquitaine, plutôt que par Charlemagne ou son fils Louis-le-Débonnaire : il établit son opinion sur ce qu'au concile d'Aix-la-Chapelle, dans le recensement qui y fut fait de toutes les abbayes construites par la famille de cet Empereur, il n'est fait aucune mention de celle de Saint-Saturnin de Toulouse. Cette preuve, purement négative, ne paraît pas très-concluante, et nous avons à lui opposer une charte de l'un de nos rois, dans laquelle Charlemagne est expressément désigné comme le fondateur de la basilique. Nous rapporterons ici cette charte, comme un monument de la piété de Louis XI envers cette auguste basilique :

« Louis, par la grâce de Dieu, Roi des Fran-
» çais, pour perpétuelle mémoire.

» La souveraine puissance des princes et des rois

---

[1] *Ipsam autem à Sarracenis urbem obsidentibus anno 721 funditùs eversam fuisse conjicimus. Gall. Christ.*

» n'est jamais plus grande devant Dieu et devant les
» hommes, elle n'est jamais plus utile, plus salutaire
» et aussi plus heureuse dans ses succès que lors-
» qu'elle prête assistance et secours aux hommes re-
» ligieux spécialement consacrés au culte de Dieu ;
» et quoique nous accordions notre protection royale
» à tous les monastères et églises de notre royaume,
» nous aimons cependant à donner un plus puissant
» secours à ceux qui sont devenus célèbres par l'an-
» tiquité de leur origine, et qui ont été fondés par
» des rois ; à ceux surtout qui renferment dans leur
» sein un nombre considérable de vénérables reli-
» ques.

» Nous faisons donc savoir à tous, que pleins
» d'une singulière dévotion envers l'illustre monas-
» tère de Saint-Saturnin à Toulouse, de l'ordre de
» Saint-Augustin, que Charlemagne, notre prédé-
» cesseur de glorieuse mémoire, a fondé, et dans
» lequel il a placé les corps de six apôtres et de plu-
» sieurs autres saints, désirant marcher sur les tra-
» ces du très-glorieux Charlemagne, nous rendre
» agréable à Dieu, à ses apôtres et à ses saints, et
» participer aux bénédictions attachées à ce très-saint
» lieu, nous accordons de notre science certaine,
» et par le libre exercice de notre puissance royale,
» à nos bien-aimés sujets l'abbé et les religieux de
» ce monastère, que les ravages de la guerre, de la
» peste, de la famine, des inondations, de l'incen-
» die ont réduits à une nécessité extrême par la perte

» de leurs biens, une rente annuelle et perpétuelle
» de cent livres tournois, comme chose morte et
» consacrée à Dieu ; voulant qu'ils la possèdent à
» perpétuité comme un bien de main morte, sans
» qu'ils soient obligés d'en perdre jamais la plus pe-
» tite partie, ou d'en donner à nous ou à nos suc-
» cesseurs quelque redevance, leur abandonnant
» tous nos droits royaux, et ce non obstant toute
» ordonnance ou défense contraires.

» C'est pourquoi nous ordonnons par ces présen-
» tes à tous nos amés et féaux trésoriers et sénéchal
» de Toulouse, et autres justiciers et officiers de
» faire jouir lesdits abbé et religieux de la présente
» concession royale.

» Donné à Toulouse, le 6 du mois de juin de l'an
» 1463, et de notre règne le deuxième. LOUIS. »

S'il faut ajouter foi, non à l'authenticité de cette charte qui ne saurait être contestée, mais à la véracité des assertions qu'elle renferme, il est certain que Charlemagne a fondé la seconde basilique ou l'abbaye de Saint-Saturnin ; le mot *monasterium* étant souvent pris pour celui d'*ecclesia*, ou du moins la construction de l'un emportant presque toujours la construction de l'autre. Cette opinion n'est point en opposition avec celle de l'auteur de l'histoire du Languedoc qui attribue la fondation de cette fameuse abbaye à Louis-le-Débonnaire. Personne, en effet, n'ignore que pendant toute la durée du règne de ce prince à Toulouse, il fut toujours placé sous l'influence de l'autorité de son père, et que rien ne se faisait dans le royaume d'Aquitaine sans le commandement exprès de Charlemagne. Si Louis-le-Débonnaire a donc fondé cette abbaye, ce ne peut être que par l'ordre de son père, qui doit en être ainsi regardé à juste titre comme le principal fondateur. Ainsi, lorsque Louis XI dans sa charte désigne Charlemagne comme le fondateur de l'abbaye, il ne suppose pas que ce prince ait fait lui-même cette fondation, puisqu'il n'est pas bien certain que ce prince soit venu à Toulouse, mais il indique que ce monastère a été construit par les ordres de ce célèbre empereur. Il nous paraît bien difficile de placer la construction de cet édifice à une autre époque qu'à celle du règne de Charlemagne et de son fils. Il est certain en effet que la première basilique fut détruite l'an 721, et que la nouvelle église ainsi que l'abbaye existaient l'an 843, puisque Charles-le-Chauve s'y retira pendant qu'il assiégeait Toulouse. Durant cet espace de cent vingt-deux ans, Hunold, Weifre, Pepin-le-Bref, Louis-le-Débonnaire et Pepin son fils occupèrent tour-à-tour le duché ou le royaume d'Aquitaine. Le duc Hunold, héritier de Eudes, était trop occupé à repousser les armes de Charles-Martel et à combattre les Sarrasins qui étaient venus de nouveau menacer ses états pour penser à la construction d'une basilique et d'un monastère. Les guerres continuelles de Weifre, successeur d'Hunold, avec Pepin-le-Bref le plaçaient dans la même impossibilité. Weifre nous est représenté d'ailleurs comme un prince qui loin de bâtir des monastères, ne cherchait qu'à les détruire. A la vérité Pepin-le-Bref s'empara de Toulouse ; mais depuis sa conquête jusqu'à sa mort dix-huit mois s'écoulèrent à peine. Nous sommes donc transportés au règne de Louis-le-Débonnaire, sous le titre de roi d'Aquitaine. Le règne de ce prince fut long et paisible, il aimait la religion et regardait les évêques et les moines comme les principaux soutiens de ses états. Il fonda beaucoup d'églises et de monastères en Aquitaine ; peut-on supposer après cela qu'il ait laissé ensevelie sous ses ruines une basilique antique, située aux portes de sa capitale.

L'opinion qui attribue la construction de cette abbaye à Pepin, roi d'Aquitaine, nous paraît inadmissible. Ce prince employa sa vie entière à persécuter Louis-le-Débonnaire son père, dont il affligea la bonté et désola la patience par trois révoltes successives. Ennemi assez déclaré de la religion, il porta une main sacrilége sur les biens des églises qu'il usurpa sans remords, usurpations si manifestes, que les moines et les évêques portèrent leurs doléances aux pieds de l'empereur, désormais trop faible pour les réprimer. Peut-on reconnaître, comme le restaurateur d'une basilique, le fondateur d'une abbaye, un prince dans le cœur duquel se trouvaient presque entièrement étouffés tous les sentiments de la religion et de la nature ?

Toutes ces considérations établissent à nos yeux la vérité des assertions renfermées dans la charte de Louis XI qui attribuent la reconstruction de l'église et la fondation de l'abbaye à Charlemagne ou à son fils Louis-le Débonnaire ainsi que nous l'avons expliqué plus haut. Cette même charte nous apprend que Charlemagne fit transporter dans la nouvelle basilique les corps de quelques apôtres et de plusieurs autres saints. Quant aux corps des six apôtres il ne paraît pas très-certain qu'ils aient été transportés sous le règne de cet empereur ; pour ce qui regarde quelques autres reliques, on peut supposer que leur translation a eu lieu sous ce prince. On pense avec raison que ces vénérables reliques avaient été recueillies par ce religieux empereur dans ses différentes expéditions en Espagne et en Italie. Quelques-unes même lui étaient venues d'Orient par les ambassadeurs qu'Aaron al Reschid, roi de Perse, lui envoya en lui présentant les clefs de la Ville Sainte, ou par ceux qu'il députa lui-même vers le monarque Persan. Elles furent toutes déposées et ensevelies dans la basilique et rendirent ainsi ce sanctuaire l'un des plus augustes de l'univers. L'élévation solennelle de ces reliques n'a eu lieu que successivement dans le cours des siècles suivants, comme nous le dirons en son lieu.

Répondant maintenant à ce qu'on objecte qu'au concile d'Aix-la-Chapelle, l'abbaye de Saint-Saturnin n'est point comprise dans le nombre de celles que Louis-le-Débonnaire a fondées, nous disons qu'il existait avant l'abbaye, un monastère ou maison religieuse dont on attribue la construction à saint Exupère qui y plaça, dit-on, quelques moines pour desservir l'église. Ce monastère fut détruit avec l'église au commencement du huitième siècle. On éleva sur ses ruines la nouvelle abbaye. Si Louis-le-Débonnaire ne voulut pas prendre publiquement le titre de fondateur de cette abbaye, ce fut par un sentiment de respect pour l'antique monastère qui avait été la demeure de plusieurs saints et afin de ne pas entièrement effacer par la seconde fondation le souvenir de la première. On ne parla donc au concile que des abbayes dont ce prince avait été le seul et premier fondateur.

## CHAPITRE XVI.

La Basilique, reconstruite par les princes Carlovingiens, est détruite. — Pierre Roger, évêque de Toulouse, la relève de ses ruines sur le plan qui existe aujourd'hui. — Saint Raymond, chanoine de Saint-Sernin, la continue.

Charlemagne avait placé auprès de son fils Louis-le-Débonnaire, en lui donnant la royauté d'Aquitaine, des seigneurs qui prirent le titre de comte. Jusqu'à l'époque où cette dignité devint héréditaire, ces hommes n'étaient regardés que comme les premiers ministres du souverain, destinés à protéger son autorité, à maintenir l'ordre au dedans et souvent à repousser les ennemis du dehors. Torson a toujours été regardé comme le premier comte de Toulouse. Il fut destitué de son gouvernement pour avoir trahi la cause de son maître. Nous trouvons après lui, dans l'histoire, Guillaume Court-nez qui, pacificateur des Gascons et vainqueur des Sarrasins, alla cacher d'éclatantes vertus dans l'obscurité du cloître. Raymond Raffinel fut le troisième comte. On ne connaît rien des actions de ce seigneur. A ce dernier succéda Bérenger, sous Pepin; il fut le témoin des révoltes de ce prince contre son père, sans toutefois les partager. Son esprit conciliant sut pacifier une famille souveraine depuis long-temps désunie. Warin est regardé comme le cinquième comte. Il joua un rôle assez important à la fameuse bataille de Fontenai, où Charles, surnommé le Chauve demeura vainqueur et de son frère et de son neveu Pepin II, roi d'Aquitaine, qu'il devait bientôt dépouiller de ses états. Après Warin, on trouve Frédélon pour sixième comte. Il soutint le parti de Pepin II, et repoussa deux fois Charles-le-Chauve qui tenait Toulouse assiégée. Pendant le premier siége, ce dernier prince habitait l'abbaye de Saint-Saturnin hors les murs de la ville; il y fit plusieurs capitulaires, et la souilla plus tard par le meurtre de Bernard, duc de Septimanie. Les Normands avaient déjà pénétré dans les Gaules, où ils exerçaient de continuels ravages. Ce ne fut qu'après bien des combats que Charles put bannir ces pirates de ses états. Ceux du roi d'Aquitaine étaient toujours l'objet de ses désirs; il obéit à son ambition et mit pour la troisième fois le siége devant Toulouse. La ville se rendit; après une capitulation Frèdélon la livra au vainqueur. Charles quitta Toulouse après sa conquête, et Pepin appela les Normands pour chercher à la ravir à son nouveau maître. Cette cité devint la victime de la vengeance de son ancien roi; elle fut saccagée et livrée à un horrible pillage par ces redoutables aventuriers. Frèdélon mourut et eut pour successeur, dans le comté de Toulouse, Raymond son frère. Celui-ci soutint puissamment le parti de Charles-le-Chauve et repoussa plusieurs fois les Normands qui renouvelaient leurs agressions. Pepin se trouvait presque toujours à leur tête; l'on vit ce roi tenter encore de s'emparer de Toulouse, mais inutilement, et dévaster tout le pays Toulousain avec cet excès de vengeance qui ne peut se rencontrer que dans le cœur d'un prince qui cherche à tout sacrifier à la possession d'une couronne qu'il est sur le point de perdre sans retour. Il fut plus malheureux d'être devenu l'ennemi de ses sujets, que la victime de son vainqueur qui le fit enfermer dans une étroite prison où il mourut dévoré par le chagrin. Le vainqueur lui-même le suivit de près au tombeau. Charles-le-Chauve mourut l'an 877, après avoir tenu la fameuse diète de Kierci où tous les fiefs donnés aux seigneurs Français furent déclarés héréditaires, à la condition de quelques redevances à la couronne de France. Si cette mesure impolitique flatta l'orgueil de tous ces petits souverains, elle devint pour la France la source d'une infinité de maux. Bernard avait succédé à Raymond son frère dans le comté de Toulouse. Il est connu dans l'histoire pour s'être emparé de quelques terres que l'église de Reims possédait dans ces provinces, et pour avoir accompagné Charles-le-Chauve à Rome, où ce prince allait recevoir la couronne impériale. Le comte mourut dans ce voyage. Il eut pour successeur Eudes, son frère, qui devint de droit le premier comte héréditaire de Toulouse. Après Eudes, Raymond son fils occupa le comté. Ce dernier le laissa aussi à son fils Raymond-Pons, fameux dans l'histoire par l'éclatante victoire qu'il remporta sur les Hongrois, peuples barbares venus de la Pannonie. Ce seigneur aussi distingué par sa piété que par sa bravoure fut le fondateur de la célèbre abbaye de Thomières à laquelle il donna son nom. Pons II son fils lui succéda, et Guillaume Tallefer à Pons II. La suite des événements nous conduit à l'époque de la seconde destruction de la basilique de Saint-Saturnin, c'est-à-dire au commencement du onzième siècle. On ne saurait placer cette destruction au milieu des guerres des Normands, ni l'attribuer aux fréquentes invasions de ces hardis pirates, car long-temps après leurs expéditions dans le pays Toulousain, la basilique était encore debout. Nous rencontrons dans l'histoire quelques événements qui en attestent l'existence. L'an 960, Hugues, évêque de Toulouse, laissa par son testament des biens immenses à plusieurs églises, et particulièrement à celle de Saint-Saturnin. On vit en 1029 le bon roi Robert se rendre, dans la visite des monastères de son royaume, à celui de Saint-Saturnin et y faire publiquement ses dévotions. Il est donc manifeste que cette église existait encore à cette époque. Elle fut cependant ruinée peu de temps après par certains hérétiques qui s'étaient répandus dans ces contrées.

Au huitième siècle de l'Eglise, les Manichéens d'Orient avaient pénétré en Europe et s'étaient surtout répandus dans la Bulgarie, ce qui leur avait fait donner assez communément le nom de *Bulgares*. Ils passèrent ensuite en Italie, et de là en France. Cette hérésie fut d'abord portée à Orléans par une femme. Cette fausse prophétesse séduisit un grand nombre de personnes. Elle parcourut plusieurs provinces en répandant de toute part ses dangereuses erreurs, et vint jusqu'à Toulouse. Elle fit peu de prosélytes dans cette ville, mais sa doctrine trouva un très-grand nombre de sectateurs aux pays voisins. Ses disciples se multiplièrent, et le roi Robert se vit forcé d'assembler un concile à Orléans, pour chercher à éteindre cette hérésie. Convaincus de plusieurs crimes, quelques-uns de ces sectaires furent livrés aux flammes ; treize d'entr'eux furent brûlés à Toulouse. On sait qu'ils dévastaient tout sur leur passage, s'attachant surtout à détruire les temples, prétendant que Dieu ne devait point être adoré dans des églises matérielles. Le peuple toujours avide de pillage s'attachait à la suite de ces modernes Manichéens. Les monastères et les temples étaient alors richement dotés par la piété des souverains, et présentaient un dangereux appât à la cupidité. La basilique Carlovingienne tomba ainsi sous les coups de ces hérétiques transformés en de véritables brigands. La charte authentique que Guillaume, comte de Poitiers dressa, l'an 1098, ne laisse aucun doute sur les causes de cette destruction. Dans cette charte, en effet, le prince donna de grands biens à l'église de Saint-Saturnin, et il dit : « Des hom- » mes impies, répandus dans cette province, se » sont levés en notre siècle pour détruire cette ba- » silique [1] ». Ces hommes ne peuvent être que les hérétiques, dont nous venons de parler, qui donnèrent naissance, au commencement du siècle suivant, à la fameuse hérésie des Albigeois. Nous croyons devoir placer la seconde destruction de la basilique de Saint-Saturnin vers l'an 1074. Cette église, bâtie sous Louis-le-Débonnaire, était beaucoup plus grande que la première. La piété de ce

---

[1] *Quia nefarii persecutores eam destruxerunt in diebus nostris.... et maligni homines totius provinciæ dementati ad destruendam ecclesiam Sancti-Saturnini insurrexerunt.* Chart. Will. pictav.

prince et de son père, devait sans doute y avoir déployé une rare magnificence. Quelques statues antiques, en forme de bas-reliefs, ont été conservées, restes précieux de ce superbe édifice. Ces statues se voient encore dans la basilique actuelle, incrustrées dans le mur qui forme le rond-point intérieur de l'abside ; on en voit encore qui sont placées à côté des grandes portes qui ferment le pourtour du sanctuaire. Elles représentent des figures de Chérubins et de Séraphins portant la croix et accompagnant l'image du Sauveur. Ces diverses statues présentent toutes, dans leur forme, le caractère bien marqué du style Carlovingien.

Il est important d'observer qu'à l'époque de la seconde destruction de la basilique aucune des reliques qu'elle renfermait n'avait été encore élevée de terre ; elles échappèrent donc naturellement à la destruction de l'édifice, et furent ainsi conservées à la postérité et à la religion des peuples. Mais les temps approchaient où cette noble basilique devait être relevée de toutes ces ruines. Un homme jusqu'ici peu connu dans l'histoire, et qu'il faut venger maintenant de l'injure de l'oubli, entreprit la dernière construction du temple. Cet homme était Pierre Roger, évêque de Toulouse. Il est sans doute difficile de déterminer d'une manière précise l'époque de son épiscopat, puisque les historiens sont très-partagés sur ce point ; nous suivons ici l'opinion qui nous a paru la plus probable.

Arnaud était évêque de Toulouse, l'an 1056, puisqu'il souscrivit au Concile que le Pape Victor II fit tenir cette année même dans cette ville, sous le Comte Pons troisième. Arnaud mourut quelque temps après la tenue du Concile, et eut pour successeur immédiat Pierre Roger dont nous parlons. Il ne faut pas confondre ce prélat avec un autre évêque du même nom qui accompagna Roger, prince Normand, dans son expédition contre les Sarrasins en Espagne, vers l'an 1018. C'est sur l'autorité d'un seul historien [1] qu'on a cru faussement ce dernier pontife évêque de Toulouse. Pierre Roger monta donc sur le siége épiscopal de cette ville vers la fin de l'année 1056. Il y avait déjà plus de vingt années que l'église de Saint-Saturnin avait été dévastée, lorsque ce prélat résolut de la construire sur un plan plus étendu. L'abbaye était encore debout et pouvait à cette époque être regardée comme l'une des plus riches des Gaules par les donations successives dont elle avait été dotée. Les religieux qui l'habitaient n'avaient point encore d'abbé particulier et étaient immédiatement soumis à l'évêque; celui-ci avait droit à la quatrième partie des fruits de l'abbaye, le reste des offrandes se partageant entre les clercs ou chanoines du monastère. Dans le désir qu'avait Pierre Roger de travailler promptement à la nouvelle construction de l'édifice, il donna lui-même le premier l'exemple

[1] Adhémar de Chabanois.

d'une admirable générosité dans l'abandon qu'il fit de tous ses droits sur les offrandes. Il exhorta les chanoines à imiter sa conduite et à montrer ainsi aux peuples qu'ils étaient capables de s'imposer les plus grands sacrifices pour les intérêts du culte de Dieu et la gloire des Saints.

Les clercs résistèrent d'abord aux sollicitations de l'évêque, mais il sut triompher de tous les obstacles par sa patience et sa douceur : toutes les offrandes furent donc employées à la construction de l'édifice. Elles étaient immenses et elles furent augmentées encore par la piété du peuple, qui, connaissant leur destination nouvelle s'empressa de seconder le zèle de son évêque. L'édifice fut commencé par l'abside que nous admirons aujourd'hui et qui forme le chevet de l'église. Cette abside présente l'architecture Néogrecque dans toute sa richesse; nous en donnerons plus loin la description. On serait porté à croire que Pierre Roger reçut de grands secours pour la construction de la basilique, de la piété d'une illustre princesse dont il pouvait solliciter la bienfaisance. Erméssinde de Carcassonne, comtesse douairière de Barcelonne, était depuis long-temps en guerre ouverte avec Raymond Béranger son petit fils, au sujet de la possession du Comté de Barcelonne. Erméssinde, irritée des indignes procédés de son petit-fils à son égard, s'adressa au Pape Victor II pour arrêter le coupable. Le Pape renvoya l'affaire au Concile de Toulouse, dont nous avons parlé : le Concile lança des anathèmes, mais ne termina pas ce long différend. Pierre Roger entreprit la réconciliation du petit fils et de l'aïeule ; il obtint ce qu'il désirait, grâce à l'esprit conciliant dont il était doué. On pense que cette princesse, qui jouissait d'une fortune immense, voulut coopérer au grand ouvrage que l'illustre évêque avait commencé. Il possédait lui-même de grands biens : sa piété égalait sa charité. Dans un voyage qu'il fit à Cluni, il fut si touché de la régularité des religieux de ce monastère, qu'il fonda pour cet ordre un prieuré à Sainte-Colombe, dans son diocèse. Tel fut l'homme que le ciel destina à augmenter la gloire de Saturnin par l'érection d'un monument qui devait porter le nom de ce Saint jusqu'à la postérité la plus reculée. C'est par la construction de la basilique que Pierre Roger est plus particulièrement connu dans l'histoire. Urbain II, dans la bulle qu'il adressa aux chanoines réguliers de Saint-Saturnin après avoir consacré l'église, fait mention de cet évêque et le désigne expressément comme le restaurateur de l'édifice : *C'est lui, dit le Pape, qui réserva toutes ces offrandes pour subvenir aux frais de la bâtisse d'une nouvelle église* [1]. La bulle est datée du mois d'août 1097. Pierre Roger, prévenu par la mort, ne put continuer son bel ouvrage, mais le ciel lui donna, dans son en-

---

[1] *Qui oblationes omnes causâ ædificandæ novæ ecclesiæ recollerit.*        Bull. Urbani.

treprise, un successeur digne de lui. Ce fut saint Raymond, chanoine de Saint-Saturnin, dont il faut maintenant entretenir nos lecteurs.

## CHAPITRE XVII.

Saint Raymond continue la Basilique ; Urbain II la consacre.

Saint Raymond Gayrard qui doit être regardé comme le troisième fondateur de la basilique, naquit à Toulouse dans le onzième siècle. Il était issu d'une famille distinguée par ses richesses ; dans sa première enfance, il fut placé auprès des clercs séculiers de Saint-Saturnin pour être élevé dans l'abbaye. Alors les seigneurs envoyaient leurs enfants dans les monastères pour y être formés à la piété et pour y acquérir les sciences humaines. Après avoir terminé son éducation, Raymond entra dans le monde et prit une épouse. Il conserva dans l'état du mariage les sentiments religieux qu'il avait puisés dans la solitude du monastère, et fit éclater les plus sublimes vertus. On le voyait exercer de toute part les actes d'une héroïque charité : les malheureux trouvaient en lui un véritable père ; il s'attachait particulièrement à faire du bien aux juifs, espérant par sa douceur et sa bienfaisance les convertir à la foi chrétienne. Telle était sa vie dans le monde lorsque le ciel qui le destinait à de grandes choses dans son Eglise brisa tout-à-coup les liens qui l'attachaient à la terre : son épouse lui fut ravie par une mort imprévue. Raymond frappé dans ses affections les plus chères, résolut de quitter le monde ; le lieu de sa retraite fut bientôt choisi : il se retira de nouveau dans l'abbaye de Saint-Saturnin qui lui rappelait de si touchants souvenirs. Cette célèbre abbaye, occupée d'abord par des moines, possédait alors des clercs ou chanoines séculiers qui avaient un prieur à leur tête. Quelques abus, suites nécessaires du relâchement de la discipline, s'étaient depuis long-temps introduits dans cette maison religieuse ; Raymond en fut le témoin, les déplora au fonds de son cœur et s'efforça de les corriger plus encore par ses exemples que par ses leçons. L'abbaye de Saint-Saturnin éprouva bientôt les effets salutaires de l'heureuse révolution que le génie de Grégoire VII opéra dans l'Eglise. Les chanoines séculiers embrassèrent la réforme et se rangèrent sous la règle de saint Augustin en se régularisant. Raymond eut la plus grande part à ce changement ; il remplit avec un zèle étonnant la place d'aumônier qui lui fut confiée. Alors existait auprès du monastère de Saint-Saturnin un hôpital, fondé depuis quelques années par les chanoines de l'abbaye. Cet hôpital était placé sous l'invocation de saint Jean-Baptiste, et gouverné selon la règle de saint Chrodegand. Cette maison se trouvait presque sur le penchant de sa ruine lorsque Izarn, évêque de Toulouse, le comte Guillaume IV, la comtesse Mathilde et les chanoines de Saint-

Saturnin en confièrent la conduite à Raymond, persuadés que ce saint prêtre dont le zèle éclairé savait trouver d'inépuisables ressources rendrait à cet hôpital son ancienne splendeur. Raymond opéra bientôt une réforme salutaire dans cette maison, et dès ce moment cet édifice prit le nom de son réformateur. Cet hôpital fut plus tard changé en un collége pour l'entretien de trente pauvres clercs. Pierre Roger, comme nous l'avons vu dans le chapitre précédent, avait commencé la reconstruction de la basilique de Saint-Saturnin. L'abside était déjà faite et peut-être même une grande partie des murs formant la ligne transversale de la croix était faite aussi, Raymond entreprit de continuer l'ouvrage ; personne n'était plus capable que lui d'exécuter cette entreprise. Il jouissait de revenus considérables ; il avait en main toutes les offrandes de l'église et pouvait facilement intéresser la piété des grands. On ne doute pas que Guillaume IV n'ait contribué à la construction de l'édifice. Un sentiment particulier paraissait solliciter ses largesses en faveur de cette église, puisqu'il avait besoin de réparer les violences dont il s'était rendu coupable envers elle. Raymond employa treize ou quatorze années à la construction de l'édifice : on sera moins étonné après cela qu'un seul homme, avec tous les secours dont il était environné ait pu exécuter un ouvrage d'une aussi grande étendue. Ce vaste édifice d'ailleurs ne fut pas construit d'un seul trait, il paraîtrait en effet que les architectes habiles qui conduisaient l'ouvrage sous les ordres de Raymond n'avaient voulu former qu'une Croix Grecque et que successivement jusqu'à sa mort l'église fut prolongée de manière à former une Croix Latine. L'auteur de la légende qui se trouvait autrefois au collége de Saint-Raymond parle ainsi de la construction de la basilique par notre saint [1] : « Que dirai-je de » l'œuvre admirable de Saint-Saturnin qu'il ter- » mina avant sa mort, commençant le corps de » l'édifice aux fondements et le continuant jus- » qu'aux fenêtres supérieures, à l'exception d'une » grande partie des murs et du chevet de l'église » qui étaient déjà construits avant lui ». On place communément la mort de saint Raymond vers l'an 1075. Il parvint à un âge assez avancé et voulut être enseveli dans l'hôpital dont il pouvait être regardé comme le fondateur. Il mourut le troisième jour de juillet et institua Jésus-Christ même (c'est-à-dire les pauvres), son héritier. Avant de quitter la vie, il ne devait pas jouir du magnifique spectacle qu'offrit aux habitants de Toulouse la consécration de l'église qu'il avait élevée par l'étonnante activité de son zèle.

Un ermite, nommé Pierre, entreprit vers la

---

[1] *Quid dicam de egregio Sancti-Saturnini opere cui, præter multa et præter capitis membrum quod jam completum fuerat, corpus à fundamentis incipiens ad complementum usque perduxit ante obitum suum, diviná opitulante misericordiá.*

fin du onzième siècle le pèlerinage de Jérusalem. La Ville Sainte était alors au pouvoir des infidèles ; le grand cœur de cet homme fut touché des maux dont étaient accablés les chrétiens de Palestine. Il va trouver Siméon, patriarche de Jérusalem, et lui découvre la résolution qu'il a prise de délivrer ses frères. Dans ce dessein ils écrivent à tous les princes chrétiens et au Souverain Pontife lui-même. Bientôt Pierre revient en Europe. Urbain II applaudit à l'heureuse idée de l'ermite, et la Croisade est décidée. Le Pape passa les Alpes au mois de juillet 1095. Valence, le Puy-en-Velais, l'abbaye de la Chaise-Dieu, le monastère de Chirac en Rouergue, Nîmes, Saint-Giles, Avignon, Cluny, la Bourgogne, reçurent tour-à-tour le Pontife. Il arriva à Clermont, le 14 novembre, et fit l'ouverture du Concile qu'il avait assigné, le 18 du même mois. La Croisade y fut solennellement publiée ; le lendemain de la tenue du Concile, le Pape parut dans la grande place et exhorta avec tant d'éloquence les fidèles à marcher à la délivrance du Saint-Sépulcre, que cette foule immense fit aussitôt entendre ce cri : *Dieu le veut! Dieu le veut*. La Croisade fut aussitôt organisée, et Aymar de Monteil, évêque du Puy, fut nommé par le Pape pour en être le chef. On vit alors arriver les ambassadeurs de Raymond de Saint-Gilles, qui avait succédé à Guillaume IV, son frère, dans le comté de Toulouse. Il annonçait au Pape qu'il voulait être le premier prince à recevoir la Croix pour cette expédition.

Après le concile, le Pape ordonna aux évêques de prêcher la Croisade dans leurs diocèses. Un mouvement subit fut imprimé à l'Europe entière, les villes et les châteaux se dépeuplaient pour la Croisade. Le Pape quitta Clermont, passa par Saint-Flour, Limoges, Tours, Poitiers, Saintes et Bordeaux. Il arriva à Toulouse vers le commencement de mai. Raymond de Saint-Gilles s'y trouvait encore. L'église de Saint-Saturnin était presque terminée lorsque le Pontife vint pour la première fois la visiter. Il fut frappé de la noble majesté de l'édifice et voulut consacrer de sa main ce monument que les tombeaux de tant de martyrs avaient rendu vénérable à l'Eglise tout entière. Le 24e jour de mai fut fixé pour cette imposante cérémonie. Le Pape se rendit à la basilique accompagné de dix-sept archevêques ou évêques, parmi lesquels on distinguait : Bernard, archevêque de Tolède; Amat, archevêque de Bordeaux; l'archevêque de Pise; Gautier, évêque d'Albi; et Pierre, évêque de Pampelune. Urbain, consacra avec l'église l'autel principal en l'honneur de saint Saturnin. Il plaça dans l'autel une portion du crâne du martyr, quelques ossements de saint Asciscle, des reliques de plusieurs autres saints et en particulier de saint Exupère. Urbain déclara en cette occasion l'église de Saint-Saturnin, *entièrement libre*, et la plaça sous la juridiction immédiate du Saint-Siége, ne faisant que renouveler en cela ce que Grégoire VII avait déjà fait avant lui. Raymond de

Saint-Gilles assista à la consécration de la basilique. Il fit de très-grandes largesses, déclara aussi, pour ce qui le regardait, l'église *entièrement libre*, renonça par un acte authentique au droit qu'il avait sur une partie de la cire qu'on y offrait, droit dont les comtes de Toulouse ses prédécesseurs et lui avaient joui jusqu'alors.

Lorsque Urbain II consacra solennellement l'église de Saint-Saturnin, cette église n'était pas encore entièrement terminée. Il paraît cependant qu'il manquait peu de constructions pour compléter l'édifice, puisque saint Raymond l'avait déjà conduit jusqu'aux fenêtres supérieures, et que d'ailleurs on ne consacre pas une église qui n'est pas terminée au moins dans ses parties essentielles. Toutefois les cryptes et le clocher n'existaient pas encore, ils ne furent construits que vers la fin du treizième siècle. L'autel consacré par Urbain II n'existe plus aujourd'hui.

## CHAPITRE XVIII.

Guillaume de Poitiers et Philippia sa femme donnent de grands biens pour terminer la basilique. — Calixte II consacre un autel dans l'église de Saint-Saturnin.

Raymond de Saint-Gilles, en partant pour la Palestine, laissa ses états à Bertrand son fils. Ce dernier prince se montra d'abord très-peu favorable aux chanoines réguliers de Saint-Saturnin et à leur église. Nous voyons par une charte d'Alphonse son frère, qu'il usa même de violence à leur égard, qu'il s'empara de la basilique, enleva de vive force les biens dont Raymond de Saint-Gilles son père avait doté l'abbaye à l'époque de sa consécration, viola le cloître intérieur, détruisit même quelques bâtiments et s'efforça de chasser les chanoines pour y substituer des moines. Non seulement la charte d'Alphonse mais encore l'acte que Bertrand fit lui-même plus tard, font mention de tous ces attentats. Il paraîtrait que quelques chanoines indisciplinés, fatigués déjà peut-être de la régularité qui régnait dans l'abbaye, favorisaient en secret le mécontentement du comte, puisque dans l'acte dont nous parlons il promet qu'il ne soutiendra plus aucun chanoine sans l'ordre de l'évêque, du prieur ou du doyen. Ce prince ne devait pas long-temps jouir des états que son père lui avait laissés. Guillaume comte de Poitiers, qui prétendait avoir des droits sur le comté de Toulouse par sa femme Philippia, fille de Guillaume IV et nièce de Raymond de Saint-Gilles, vint tout-à-coup se présenter devant la ville. Elle lui ouvrit ses portes et vit avec indifférence, peut-être même avec plaisir, Bertrand prendre la fuite devant son vainqueur. Il se retira dans la Provence : nous le reverrons bientôt reparaître dans ses états. Guillaume de Poitiers reçut un accueil très-flatteur de la part des Toulousains, il le dut moins à ses qualités personnelles qu'au mérite de Philippia son épouse, princesse plus distinguée encore par sa piété que par sa naissance, et qui trouvait dans les habitants de sa patrie autant d'amis sincèrement attachés à sa personne que d'admirateurs de sa vertu. Guillaume, en habile politique, devait suivre une marche toute opposée à celle de son compétiteur. Bertrand avait affligé la religion par les injustes persécutions qu'il avait exercées contre une abbaye et une basilique déjà fameuses ; Guillaume les consola en comblant celles-ci de ses largesses. En agissant ainsi, si d'un côté il servit sa politique, de l'autre il accomplit les désirs de sa vertueuse épouse ; heureux si par cette condescendance il eût pu lui faire oublier son inconstance et ses tristes infidélités.

Guillaume et Philippia s'expriment ainsi dans l'acte de donation qu'ils firent en faveur de l'église de Saint-Saturnin : « Pour l'amour de Dieu tout-puis-
» sant, le salut de nos âmes et la rémission de nos
» péchés, moi Guillaume comte de Poitiers et
» Philippia mon épouse, prenons sous notre sauve-
» garde et protection l'église de Saint-Saturnin,
» martyr, située au faubourg de Toulouse, et la
» déclarons entièrement libre, comme l'a déjà fait
» Urbain avec ses évêques lors de sa consécration.
» Et parce que d'impies persécuteurs l'ont détruite
» en notre siècle, afin qu'elle soit entièrement ré-
» tablie, nous lui donnons sur nos biens le village
» de Saint-Pierre de Blagnac, situé sur la Garonne,
» avec son église et tout ce qu'il renferme, sans au-
» cune retenue, et tout ce que le comte Guillaume

» y a possédé. Nous abandonnons aussi l'offrande de
» la cire qu'on était dans l'usage de donner aux com-
» tes, comme l'a déjà fait Raymond notre prédéces-
» seur. Et ensuite, comme des hommes pervers se
» sont élevés dans toute la province pour chercher à
» la détruire, nous infligeons à ces hommes une
» amende qui doit être payée aux clercs de Saint-
» Saturnin, de cette manière : les chanoines de cette
» église auront à l'avenir une poignée sur chaque
» septier de grain que les habitants de la ville et des
» fauxbourgs mettront en vente, afin que tous les
» dommages puissent ainsi être réparés. Nous con-
» firmons tout ce que nos prédécesseurs ont fait
» pour cette église. Pour reconnaître ces bienfaits,
» les chanoines de Saint-Saturnin nous ont donné
» quatre livres et demi d'or très-pur et 800 sols tou-
» lousains, et nous, de notre côté, leur faisons de
» nouveau l'hommage de ce riche présent pour le
» salut de nos âmes et celles de nos aïeux et de nos
» descendants. Lesdites donations faites en présence
» de Bernard vicomte de Beziers, et d'Adhemar
» vicomte de Toulouse, le dimanche sixième jour
» de juillet de l'an 1098, sous le règne du roi
» Philippe, Pierre étant prieur de l'abbaye ».

Cette charte renferme deux parties bien distinc-
tes. Dans la première, Guillaume rappelle la
destruction de la basilique par ces hordes d'hérétiques dont nous avons parlé plus haut, et donne
pour la rétablir dans son premier état, c'est-à-dire

pour la terminer, les immenses terres de Blagnac et leurs nombreuses dépendances ; il dit que cette destruction a eu lieu de son temps ; car l'église fut renversée dans le cours du onzième siècle, époque à laquelle Guillaume se trouvait lui-même. Dans la seconde partie de sa charte, il suppose l'église déjà rebâtie, il parle seulement des efforts qu'ont fait certains hommes de la province pour la détruire de nouveau ; il est manifeste que le comte fait ici allusion aux excès commis par Bertrand sur les bâtiments dépendants de l'abbaye. Il borne ici son zèle à imposer une amende à tous ceux qui avaient participé à ces coupables excès afin que tous les dommages pussent être insensiblement réparés. Les savants continuateurs de Bollandus, dans leurs notes historiques sur la vie de saint Raymond, paraissent croire que Guillaume termina l'édifice en faisant construire les énormes piliers qui supportent la tour du clocher et cette tour elle-même. Il nous sera permis, sans doute, de ne point embrasser ce sentiment qui n'est appuyé sur aucune preuve ; l'ordre d'architecture de cette tour nous force à placer sa construction vers la fin du treizième siècle. Les travaux exécutés dans la basilique par les ordres du comte de Poitiers se bornèrent à continuer l'édifice au-dessus des ouvertures supérieures et à le conduire jusqu'au faîte ; l'entrée principale de l'église n'était même pas telle alors qu'on la voit aujourd'hui ; les lourdes constructions qui la forment ne datent que du quinzième siècle.

Guillaume crut avoir assez satisfait à la piété de son épouse par toutes ses largesses : fatigué de son séjour à Toulouse, poursuivi par les reproches de Philippia qu'il rendit malheureuse par l'étonnante légéreté de sa conduite, il forma le dessein de partir pour l'Orient afin de se joindre à l'armée des croisés. Il partit à la tête de trente mille hommes qu'il avait levés dans son duché de Poitiers, et se rendit sur les rivages de la Palestine. Bertrand, fils de Raymond de Saint-Gilles, se hâta aussitôt de rentrer en possession des états que son père lui avait laissés. Instruit à l'école du malheur, il parut à son retour à Toulouse bien différent de ce qu'il avait été. Il rendit à l'église tout l'honneur qui lui était dû, et s'efforça d'effacer par un témoignage authentique de vénération pour la basilique de Saint-Saturnin tous les excès dont il s'était rendu coupable envers elle. On le vit confirmer en sa faveur toutes les donations que Guillaume et Philippia avaient faites, et quitter ensuite Toulouse pour se rendre en Orient, laissant le comté à Alphonse, second fils de Raymond de Saint-Gilles.

L'église de Saint-Saturnin jouissait en paix de tous ces priviléges et des libéralités des souverains, lorsqu'une nouvelle circonstance vint encore ajouter un autre éclat à sa gloire. Guy, archevêque de Vienne, venait d'être élu pape sous le nom de Calixte II. Il fut couronné dans cette dernière ville le 9 février 1119, et demeura en France tout le reste de l'année. Dans le dessein de tenir un Concile à Toulouse, il se dirigea sur cette ville et y arriva vers le cinquième jour de juillet. Le concile fut ouvert le 8 du même mois. On dressa plusieurs canons dans ce concile, le plus remarquable de tous est celui qui ordonne aux fidèles et aux puissances séculières de réprimer ceux qui, sous une apparence de religion, condamnaient le sacrement du corps et du sang de J.-C., le baptême des enfants, le sacerdoce, les autres ordres ecclésiastiques et les mariages légitimes. Ce canon regarde les Manichéens dont nous avons déjà parlé et qui s'étaient introduits à Toulouse il y avait près d'un siècle. Vers la fin du concile le Pape se rendit en grande pompe à la basilique de Saint-Saturnin le 16 juillet, consacra un autel en l'honneur de saint Augustin, et plaça dans cet autel des reliques de saint Simon et de saint Jude. Le Pape fut assisté dans cette cérémonie par Aldégar archevêque de Tarragone et saint Raymond évêque de Barbastro. Cette consécration se fit en présence de tous les membres du concile parmi lesquels on comptait huit cardinaux, presque tous les archevêques, évêques et abbés de la Provence, de la Gothie, de la Gascogne, de l'Espagne et de la Bretagne citérieure. On y voyait Richard de Narbonne, Arnaud de Carcassonne, Gautier de Maguelonne, les métropolitains d'Aix, d'Arles, d'Auch et de Tarragone, Raymond de Barbastro, Berenger de Gironne, Gui de Lescar, Haton de Laon, Grégoire de Bigorre, Amelius de Toulouse ; et pour les abbés :

Pons d'Aniane, Berenger de la Grasse, Raymond d'Alet et Raymond Willelmi premier abbé de Saint-Saturnin. Ce fut sous le pontificat de Gelase II, prédécesseur de Calixte, que le prieur de ce dernier monastère avait été élevé à la dignité abbatiale. Il a été impossible de déterminer d'une manière précise quel est l'autel que Calixte II consacra dans l'église; après bien des recherches nous croyons pouvoir avancer que c'est celui de la chapelle où reposent aujourd'hui les corps de saint Cyr et de Sainte Julitte.

## CHAPITRE XIX.

Élévation solennelle du corps de saint Saturnin, au treizième siècle. — Erection du premier mausolée. — Division des reliques du saint martyr.

Le temps était venu où les ossements du premier évêque de Toulouse, cachés dans le sein de la terre depuis plusieurs siècles, devaient être enfin solennellement exposés aux regards des peuples. Le ciel semblait avoir tout préparé pour cette exaltation. La basilique deux fois détruite sur le tombeau du martyr s'était deux fois relevée de ses ruines, plus majestueuse et plus belle. Elle paraissait n'avoir plus rien à craindre désormais des ennemis de sa gloire; l'abbaye avait déjà reçu des pontifes Grégoire, Urbain, Gélase et Calixte de nombreux priviléges; des reliques vénérables réunies de tous les lieux de l'univers auprès du sépulcre de Saturnin, n'attendaient plus que le moment où son corps se lèverait le premier de la terre pour prendre place autour de lui. Deux hommes se rencontrèrent dans l'exécution de ce pieux dessein. L'un était Raymond de Falgar évêque de Toulouse, et l'autre Bernard de Gentiac abbé de Saint-Saturnin; dignes l'un et l'autre par leur religion de renouveler à l'égard du premier apôtre de Toulouse ce qu'avait fait autrefois la piété d'Exupère. Les ossements du saint martyr avaient été placés par ce dernier pontife dans un tombeau de marbre et ensevelis dans un souterrain : toutes les reliques apportées dans la basilique avaient été successivement placées en ce même lieu ; là reposaient aussi les saints évêques de Toulouse. Ce souterrain qui devait être d'une grande étendue existait et existe peut-être encore au-dessous du clocher à l'entrée du chœur des chanoines, car c'est de ce lieu que le corps de saint Saturnin fut enlevé pour être placé au-dessus des cryptes. Ce souterrain devait avoir au niveau du sol une issue ou entrée fermée par quelque grille, puisque Izarn évêque de Toulouse, dans l'acte de donation qu'il fit vers l'an 1085 de l'église de Saint-Saturnin à Hugues abbé de Cluny, et à Hunauld abbé de Moissac, se réserve la clef du sépulcre du saint martyr [1]. Cet acte d'Izarn est antérieur de près d'un siècle à l'élévation des reli-

---

(1) « Retineo quoque clavem sepulcri martyris ». (*Cat. mém. du Lang.*, p. 873).

ques de saint Saturnin. L'histoire de cette élévation est rapportée ainsi qu'il suit par plusieurs auteurs [1] : « L'an 1258 et le six du mois de septem-
» bre, le corps de saint Saturnin fut cherché et
» trouvé dans la partie supérieure de l'église devant
» le chœur des chanoines. Ce corps était enfermé
» sous terre dans un tombeau de marbre auprès
» des corps de beaucoup d'autres saints. On le plaça
» ensuite avec son tombeau de marbre sur un lieu
» élevé après qu'on eût préparé une crypte en forme
» de voûte, comme on le voit encore aujourd'hui au-
» dessus du sol. Plus tard on fit une châsse d'ar-
» gent qu'on adapta au tombeau de telle sorte qu'elle
» pût couvrir ce même tombeau de marbre dans le-
» quel étaient renfermées les reliques du bien-aimé
» Saturnin. Cette élévation se fit avec beaucoup de
» solennité. On monte à ce tombeau par des degrés,
» et c'est là que saint Saturnin est fidèlement ho-
» noré [2] ».

[1] *Bernard Guidon*, *Baronius* dans son Martyrologe, , *Nicolas Bertrand*.....

[2] « Anno 1258 et 6 die introitûs mensis septembris, requisitum
» et inventum fuit corpus sancti Saturnini in capite ejusdem eccle-
» siæ antè chorum canonicorum in tumulo marmoreo reconditum
» juxta aliorum corpora sanctorum sub terrâ, et elevatum fuit
» indè, cum suo tumulo marmoreo, ad altiorem locum : ibidem
» preparata crypta cum testudine sicut nunc conspicitur super
» terram. Postmodùm fuit facta capsa argentea et desuper totum
« tumulum honorabiliter coaptata, et infrà eamdem capsam fuit
« tumulus marmoreus ante dictus cum sacris reliquiis corporis
» almi Saturnini venerabiliter collocatus magnâ cum celebritate. —

Ce fut, comme nous l'avons déjà dit, Raymond de Falgar évêque de Toulouse qui présida à cette cérémonie religieuse. Ce pontife était né au château de Miramont, diocèse de Toulouse. Il entra dès ses premières années dans l'ordre de Saint-Dominique, nouvellement établi, et bientôt son rare mérite le fit élever à la charge de provincial de son ordre. Il fut élu évêque de Toulouse l'an 1232, et mourut l'an 1279 après trente-neuf ans d'épiscopat. Ce prélat est désigné par ses légendaires comme ayant élevé lui-même les ossements de saint Saturnin [1]. Il possédait de grandes richesses puisqu'il donna aux religieux de Saint-Dominique quatre mille sols toulousains pour bâtir leur église. Cette dernière circonstance, la piété du prélat, la dévotion singulière qu'il avait pour saint Saturnin, ont fait supposer qu'il n'était pas étranger à la construction des cryptes voûtées sur lesquelles devait être placé le sépulcre du martyr. Il est en effet certain que ces majestueux souterrains existaient avant l'élévation des reliques. Ces paroles : *Ibidem præparata crypta cum testudine* paraissent l'indiquer. L'architecture gothique de ces cryptes, déjà connue à Toulouse au treizième siècle, détermine

» Ad predictum verò tumulum ascenditur nunc per gradus et ibi-
» dem S. Saturninus fideliter honoratur ». ( *Nicol. Bert. gest. Talon* )

(1) « Corpus S. Saturnini cum tumulo suo marmoreo elevavit 6
» sept. 1258 ad altiorem locum, præparatâ criptâ cum testudine ».
( *Galli chris.; tom.* 7, *p.* 27 ).

l'époque assez précise de leur construction. Derrière l'autel principal et au-dessus des cryptes une chapelle voûtée fut construite, destinée à recevoir les ossements du martyr. Cette chapelle aux formes élégantes et grâcieuses était dans une parfaite harmonie avec le reste de l'édifice, elle avait 22 pieds de haut et présentait la figure d'un exagone. Chacune de ses faces était composée d'un arc ogive dont le timpan était découpé par des trèfles à jour; ces faces se terminaient par un clocheton au sommet duquel étaient placées des statues d'anges. A chaque angle on voyait encore des statues d'évêques ayant six pieds de haut. D'un angle à l'autre étaient fixées des grilles dorées, et quatre autels étaient placés sur quatre de ces faces. Il ne reste aujourd'hui de cette élégante architecture qu'une vaste pierre formant l'autel principal du mausolée. Cette pierre taillée dans sa face supérieure en écaille de poisson est entourée de médaillons ciselés offrant les portraits du Sauveur et des Apôtres. Au-dessous et au tour nous avons pu découvrir l'inscription suivante:

† IN NOMINE DOMINI NOSTRI JESU-CHRISTI
HOC ALTARE FECERUNT CONSTITUI CONFRATRES BEATI
MARTYRIS SATURNINI, IN QUO DIVINUM CELEBRETUR OFFICIUM
AD SALUTEM ANIMARUM SUARUM ET OMNIUM FIDELIUM. AMEN. †
SATURNINE, DEI CONFESSOR ET INCLITE MARTYR:
NOMINE PRO CHRISTI QUI TAURO TRACTUS OBISTI.
URBE TOLOSANA DUM CORRIPIS ACTA PROFANA
VOTA TUÆ PLEBIS FER AD AURES OMNIPOTENTIS
UT . . . . . . . GRATUS QUÒD IN HAC ARA CELEBRATUR.

Cette inscription nous apprend que le tombeau fut élevé par les libéralités d'une association célèbre formée sous l'invocation de saint Saturnin ; cette corporation religieuse, l'une des plus anciennes qui aient été établies dans la basilique, reçut plusieurs indulgences des papes Jean XXII, Clément, Innocent, Urbain sixièmes du nom, Grégoire XI, Nicolas V et Alexandre V, Clément VII et Paul V.

L'an 1284 les ossements de saint Saturnin furent extraits du tombeau de marbre qui les renfermait et placés dans une châsse d'argent ayant la forme de la basilique surmontée de son clocher. Cette circonstance paraîtrait indiquer que cette majestueuse tour fut élevée à cette dernière époque, c'est-à-dire, vers la fin du treizième siècle ou au commencement du quatorzième. Cette châsse fut donnée par la ville de Toulouse ; elle portait les noms de plusieurs capitouls, et en particulier ceux d'Hugues de Palais et de Pierre de Monlidier. Lorsqu'on transporta le corps du saint martyr dans cette châsse, on opéra alors la division de ses reliques. Le crâne du saint fut placé dans une capsule d'argent doré sur laquelle se trouvent représentés, d'un côté, le martyre de saint Saturnin, et de l'autre, la translation de ses reliques par saint Exupère [1]. L'un des bras du

---

[1] Lors de la spoliation des reliquaires de Saint-Saturnin, en l'an 1791, cette petite capsule fut adroitement enlevée par un religieux habitant de la paroisse qui la garda dans sa maison comme un précieux dépôt. Après la révolution cet homme remit la capsule

Saint fut mis dans un reliquaire d'argent orné de plusieurs pierres précieuses [1]. On enchâssa dans un second reliquaire d'argent la machoire inférieure du saint martyr. Quelques autres reliques furent adaptées à une coupe dans laquelle on bénissait du vin pour la guérison de certaines infirmités. Le reste du corps de saint Saturnin fut déposé dans la grande châsse d'argent sous le mausolée. Un ancien inventaire déposé aux archives, et dressé vers l'an 1438, nous donne une description assez détaillée de cette châsse sur laquelle se dessinaient en relief les images de Notre-Dame, des quatre Evangélistes, de saint Saturnin et des saints évêques de Toulouse. Toutes les dimensions de la châsse y sont exactement marquées, et l'auteur de l'inventaire observe qu'à cette époque quelques lames d'argent s'étaient déjà détachées par l'effet de la vétusté [2].

L'an 1388, Jean de Cardaillac patriarche d'Alexandrie et administrateur du diocèse de Toulouse, donna un reliquaire magnifique en forme de buste,

à M. Mathieu, nouvellement nommé curé de la paroisse, et déclara qu'il n'avait rien retranché de ce qu'elle renfermait. Cette capsule est placée aujourd'hui dans le nouveau buste du saint. Le crâne y est enveloppé de lames d'or et d'argent.

(1) Cette relique se trouve aujourd'hui, à ce que nous croyons, dans l'église cathédrale de Rhodès où elle avait pu être apportée de l'abbaye de Saint-Gilles qui la possédait.

(2) « Ab eâdem capsâ propter vetustatem defecerunt pauca laminæ
» argenti ». ( *Grand livre*, *fol.* 45 ).

destiné à recevoir la capsule de vermeil dont nous avons parlé. Ce buste était d'un admirable travail; deux anges aux ailes étendues le supportaient; des pierres précieuses de diverses couleurs jetées avec art sur toute l'étendue du reliquaire en relevaient la beauté. A cette même époque, Pierre-Vital Blansini abbé de Saint-Saturnin, assisté de tout le chapitre et en présence des capitouls, fit la vérification solennelle de la tête et des autres reliques de saint Saturnin, le procès-verbal de cette vérification fut renfermé dans le buste; il porte la date du 29 août 1388. Au seizième siècle, la châsse antique qui renfermait les ossements du martyr fut remplacée par une châsse nouvelle due au ciseau de Nicolas Bachelier; cet habile sculpteur qui dota sa patrie des richesses artistiques de l'Italie à cette époque de la renaissance, déploya son beau talent dans l'exécution du travail qui lui fut alors confié. Plusieurs membres du chapitre élevèrent à leurs frais ce nouveau monument à la gloire du saint Apôtre, et nous l'admirerions encore aujourd'hui, si la révolution avec son marteau de vandale n'avait pas brisé ce beau souvenir de notre histoire. Le 14 novembre 1610 le vicaire-général du cardinal de Joyeuse alors abbé de Saint-Saturnin, procéda à une seconde vérification de la tête et des reliques du saint renfermées dans le buste. Ce fut alors que l'on trouva dans le reliquaire le procès-verbal dont nous venons de parler. L'élégant mausolée dont nous avons donné plus haut la description subsistait encore au commencement du dix-septième siècle. Il fut détruit à cette époque, et l'an 1736 on éleva le baldaquin qui existe aujourd'hui.

## CHAPITRE XX.

### Description de la Basilique.

La basilique de Saint-Saturnin présente la forme d'une grande croix latine. Son architecture est du style bysantin, style, qui par sa noble et majestueuse simplicité paraît convenir plus que tout autre à un monument religieux. Cet édifice est peut-être le plus beau qui existe en ce genre, par la grandeur de ses proportions et la parfaite régularité de ses formes imposantes. Lorsqu'on se présente sur le seuil de la basilique, et qu'on en mesure d'un seul regard l'immense étendue, on croit descendre dans un vaste et majestueux tombeau. L'œil est saisi d'étonnement à la vue de cette nef à plein cintre, terminée au loin par une élégante abside. Les voûtes latérales d'inégale hauteur, les galeries supérieures avec leurs arcs doubleaux et leurs colonnetes accouplées produisent un effet magique. Les bas-côtés inférieurs ne s'étendent que jusqu'à la ligne transversale de la croix, les autres règnent dans toute l'étendue de l'édifice jusqu'à l'abside. Cette multitude de piliers simples ou à colonnes qui forment par leurs positions diverses de larges travées, imprime à l'édifice un caractère de religieuse grandeur. La basilique paraît surtout admirable dans sa partie supérieure. Ces longues voûtes coupées par des arcs à égale distance, cette colonnade couronnée par d'élégants chapiteaux aux formes fantastiques, ces points de vue, ces accidents de lumière ménagés avec art, ces ouvertures extérieures garnies d'épaisses meurtrières qui rappellent les jours des combats, offrent à l'observateur de pittoresques perspectives. L'existence de ces meurtrières nous démontre que la basilique servait autrefois de forteresse, et qu'elle a dû soutenir des assauts aux temps des guerres de religion, vers les treizième et quatorzième siècles. On voyait avant la révolution deux canons suspendus auprès du tombeau de saint Saturnin, comme des trophées d'une éclatante victoire.

Vers le commencement du quatorzième siècle, on construisit au point de jonction des lignes transversales de la croix d'énormes piliers destinés à recevoir la tour du clocher. Au dessus d'eux s'élèvent quatre arcs massifs qui supportent une calotte demi-sphérique. Ces énormes masses contrarient beaucoup l'élégance de l'édifice et gênent la perspective. Un escalier tournant est pratiqué dans le premier pilier de droite, on a cru que cet escalier qui est maçonné aujourd'hui pouvait conduire à quelque souterrain [1]. Nous pensons qu'il n'avait été construit que

---

(1) Pendant que je travaillais à la composition de cet ouvrage,

pour le service du clocher : l'entrée existait autrefois derrière la tourelle par laquelle on monte aujourd'hui aux galeries qui dominent les stalles du chœur. La solidité des piliers étant sans-doute menacée, cet escalier fut maçonné, et l'on éleva à cette époque deux autres escaliers latéraux destinés l'un au clocher et l'autre aux galeries supérieures.

La partie la plus remarquable de l'édifice est sans doute l'abside qui forme le chevet du temple. L'architecture néogrecque a déployé là toute sa magnificence. L'abside s'élève d'abord sur des colonnes et des piliers quadrangulaires qui supportent des arcs à plein cintre. La courbure allongée de ces arcs repose sur des tailloirs. On voit ensuite le mur s'élever

désirant me procurer tous les renseignements possibles sur les souterrains qu'on prétendait exister dans la basilique, je consultai un vieillard employé dans l'église avant même la révolution : je le conduisis sur les lieux et lui demandai s'il n'avait jamais entendu parler de quelque souterrain. Cet homme m'assura être descendu lui-même par une ouverture située au milieu de la nef, vis-à-vis la chaire, dans une espèce de souterrain qui allait aboutir aux degrés du sanctuaire. Lorsque je lui demandai quelques détails, il me répondit qu'il y était entré très-jeune et que sa mémoire était sur ce point infidèle ; mais qu'il y était descendu et qu'il avait parcouru ce souterrain dans sa vaste étendue. Craignant qu'il ne confondît avec les allées dont nous avons parlé plus haut et qui conduisent à la chapelle des Sept-Dormants et au cloître, je lui en fis l'observation ; il persista toujours dans sa première assertion. Ayant fait part de ces détails à un habile architecte, il me fut répondu que l'existence des souterrains dans la basilique était assez probable ; mais que ce n'était autre chose que des coupures ou passages voûtés, ménagés pour visiter les fondements de l'édifice. Je ne poussai pas plus loin mes recherches.

en demi-cercle. Il est composé de deux rangs d'arcs encore à plein cintre, soutenus par d'élégantes colonnettes. Le rang inférieur présente d'espèces de niches dans l'intérieur desquelles ont été représentées les images de la sainte Vierge et des douze Apôtres. Dans l'intervalle d'un arc à l'autre sont peints des génies portant chacun un des mots du *Trisagion*:

SANCTUS, SANCTUS, ETC.

Le rang supérieur est percé de fenêtres qui éclairent le sanctuaire; il donne naissance à la demi-coupole qui recouvre le tombeau de saint Saturnin. Cette voûte est admirable par les belles peintures qui la décorent. Sur un fonds d'azur parsemé d'étoiles d'or, on voit le fils de l'homme tel qu'il est représenté dans l'apocalypse, ayant au-dessus de sa tête les sept lampes ardentes et tenant dans sa main droite le livre aux sept-sceaux; autour de lui sont placés les quatre animaux mystérieux, figure des évangélistes. Les arcs doubleaux et les impériales qui forment la prolongation de la voûte jusqu'aux piliers du clocher sont décorés par des arabesques du goût le plus pur. On aperçoit dans de riches encadrements des anges portant des banderolles flottantes, sur lesquelles sont écrits ces mots :

SPIRITUS PARACLETUS DOCEBIT VOS OMNIA.

Plus loin sont représentées les images de saint Silve

et de saint Exupère, premiers fondateurs de la basilique. Dans le milieu se trouve retracé le martyre de saint Saturnin. Toutes les peintures qui décorent la coupole et la voûte du sanctuaire datent du onzième ou du douzième siècle. L'artiste éclairé découvre dans ces admirables traits le caractère bien marqué de la peinture grecque; ces poses nobles et grâcieuses, ce naturel dans les formes appartiennent à cette grande école. Les peintures appliquées sur les piliers du clocher, les pans du mur et le pourtour inférieur de l'abside se rapportent à une époque beaucoup moins éloignée et paraissent avoir été faites vers le seizième siècle : elles sont un pâle reflet de la beauté des premières. On aperçoit représentés sur les murs deux événements historiques; d'un côté c'est la défaite de l'armée des Goths sous les remparts de Toulouse, avec cette inscription :

D. EXUPERIUS
GOTHICUM HOSTEM TOLOSAM INVADENTEM
DEO PRÆLIANTE DEBELLAT.

de l'autre, c'est la translation des reliques de saint Saturnin, de Paris à Toulouse, sous le règne de Dagobert, avec cette inscription :

D. SATURNINI CORPUS TOLOSANIS
A GAL. REG. DAGOBERTO PIENTISSIMO,
COMMUTATIONE REDDITUR.

Les piliers du clocher présentent les images des

quatre premiers évêques de Toulouse et de quelques autres saints dont les reliques furent levées de terre au seizième siècle.

La partie de l'église où se trouve l'entrée principale et les deux sacristies adjacentes paraît avoir été construite au quinzième siècle. Nous lisons dans la vie de Bernard du Rosier archevêque de Toulouse, que ce prélat fit faire de grandes réparations à la basilique de Saint-Saturnin, et en particulier paya les frais du vitrage de la grande fenêtre de l'église [1], ce qui donnerait à supposer que cette grande construction date de cette époque. On pourrait le conclure encore des peintures bizarres qui se trouvent dans la sacristie actuelle, et qui portent le caractère de l'école abâtardie des élèves de Michel-Ange, qui se répandirent en France au quinzième siècle. S'il faut ajouter foi à une ancienne tradition, ces immenses constructions auraient été faites pour recevoir deux tours; mais les archevêques de Toulouse s'opposèrent à l'exécution de ce dessein, prétendant que les cathédrales seules avaient le droit de porter à leurs façades ces monuments, marques distinctives de leur suprématie. Nous avons acquis aujourd'hui la certitude, d'après les pièces déposées aux archives, que la partie de ces constructions qui paraît inachevée était autrefois semblable à l'autre.

---

(1) D. Bernardus de Rosergio archiep. Tolosanus, anno Domini 1468 fecit muniri vitro magnum vitrale quod est in capite ecclesiæ.
(Catel, *Mém. du Lang.*, page 939.)

Le chapitre de Saint-Saturnin fit démolir cette portion du bâtiment pour y placer une grande horloge dont le plan est encore conservé. La mort de M. Ruzé-Déffiat abbé de Saint Saturnin, et certaines discussions qui s'élevèrent à ce sujet empêchèrent l'exécution de ce projet, et les murailles ne furent point relevées, dans l'espérance de pouvoir construire plus tard la tour de l'horloge selon le plan indiqué. Le jubé qui supporte l'orgue fut construit en 1674. L'année suivante, on éleva l'orgue actuel qui fut réparé à grands frais l'an 1736. Il existait autrefois un orgue très-ancien qui était placé dans le choeur des chanoines aux galeries supérieures.

Les cryptes où reposent les corps de plusieurs saints ont été construites vers le treizième siècle. Elles sont composées de deux parties, l'une supérieure, l'autre inférieure. Leur architecture est gothique, et conséquemment fixe la construction de ces souterrains à une époque plus rapprochée que le reste de l'édifice. Dans la partie supérieure on remarque un autel où repose le corps de saint Honorat successeur de saint Saturnin. Vis-à-vis, dans une cavité ménagée dans l'épaisseur du mur, on voit encore un tombeau de pierre dans lequel les ossements de saint Honorat étaient autrefois renfermés. La partie inférieure est occupée par six chapelles voûtées où reposent les ossements des apôtres, les corps de saint Gilles et de saint Edmond roi d'Angleterre ⁽¹⁾, et une épine de la couronne du Sauveur. La porte principale des cryptes est remarquable par d'élégants reliefs ciselés avec art : les serrures sont admirées par les connaisseurs comme très-curieuses en ce genre.

Au-dessus des cryptes s'élève le baldaquin qui entoure et couronne le tombeau de saint Saturnin. Ce baldaquin moderne, qui contraste d'une manière frappante avec les majestueuses beautés du genre antique qui l'accompagnent, est formé par six colonnes de marbre griotte surmontées de vases à jets de flammes et de génies portant le bâton pastoral et la palme du martyre. Ces colonnes ont neuf pieds de haut ; elles reposent sur six piédestaux de pierre portant des panneaux de marbre sur leurs quatre faces : elles sont terminées par des chapiteaux de pierre, d'ordre corinthien et dorés. L'entablement est formé par l'architrave, la frise et la corniche. Au-dessus de la corniche est l'attique composé de six piédestaux d'où partent six grandes consoles en bois, ornées de branches ou feuillages de palmier ; ces consoles se réunissent à l'extrémité pour former le couronnement. Au-dessus est un plateau en moulures. De ce plateau partent encore six autres petites consoles surmontées d'une boule et d'une croix. Entre les piédestaux de l'attique,

---

(1) L'autel qui est placé devant la châsse de saint Edmond, renferme de précieux ossements. On ignore le nom des saints auxquels ils appartiennent.

par le rouleau du bas des grandes consoles, sort une couronne en forme de guirlande, destinée à masquer les barres de fer qui lient toutes les parties du baldaquin. Ce baldaquin a 35 pieds d'élévation depuis le pavé jusqu'à la croix. Il fut fait en 1737.

Au milieu du baldaquin est placé un socle de pierre, et sur le socle un piédestal de marbre en forme de console, terminé par une table de marbre de sarrancolin. Le piédestal supporte la châsse du saint. Au-dessus de la châsse on aperçoit une apothéose du saint martyr, sculptée par Rossat en 1759. Le magnifique bas-relief représentant le martyre de saint Saturnin, placé derrière le grand autel, ainsi que les deux adorateurs ont été sculptés en 1718 par le célèbre Marc Arcis. A cette même époque, on plaça tous les marbres qui décorent le sanctuaire, les balustrades, les rampes dorées et les balcons autour du tombeau. Le grand autel du chœur, la chaire abbatiale, les stalles, le jubé qui existait autrefois à l'entrée du chœur furent faits ou construits aux frais de M. Ruzé d'Effiat abbé de Saint-Saturnin, vers l'an 1670.

Le mur extérieur qui forme le rond-point de l'édifice est coupé par des chapelles dont les voûtes sont demi-sphériques. C'est là que reposent, dans des capsules dorées, les ossements de plusieurs saints évêques de Toulouse : les corps de saint Papoul, de saint Thomas-d'Aquin, de sainte Suzanne de Baby-

Ionne, de saint Raymond, de saint Cyr et de sainte Julitte, de saint Georges, de saint Gilbert. Les statues placées de distance en distance à côté des chapelles représentent les bienfaiteurs de la basilique. On croit reconnaître parmi elles saint Raymond chanoine de Saint-Saturnin, Guillaume de Poitiers, la comtesse Philippia sa femme, et le comte Bertrand fils de Raymond de Saint-Gilles. Ces statues sont remarquables par la piquante originalité des costumes. Au milieu de la voûte qui unit le mur extérieur du rond-point au mur de l'abside, on voit une représentation en relief de la basilique, entourée d'une ceinture de murailles; on a aussi représenté, dans l'un des angles, l'ancien capitole comme un souvenir historique. La ville de Toulouse, frappée de la peste l'an 1518, ayant obtenu la cessation de ce triste fléau par l'intercession des saints, dont les reliques reposent dans la basilique, attacha le plan en relief à la voûte du temple; immortel monument de sa reconnaissance !

A l'extérieur, la basilique n'est remarquable que par la grandeur de ses proportions; aucun ornement ne la décore : l'abside est cependant très-belle dans sa partie extérieure. L'axe de la chapelle située au centre de cette abside est légèrement incliné vers le côté droit, pour représenter la position de la tête du Sauveur mourant sur la croix; idée éminemment religieuse, grâcieuse conception de *l'art chrétien*. La toiture qui couvre aujourd'hui la basilique n'existait point autrefois. La grande voûte était construite de manière à résister aux injures du temps, et les petites ouvertures supérieures qu'on a depuis changées en fenêtres cintrées, étaient autrefois formées en créneaux.

Trois portes principales donnent entrée dans la basilique. La première est située au pied de la croix; elle est double : des colonnes couronnées par d'élégants chapiteaux, composés d'animaux fantastiques, la décorent; cette porte est surmontée d'une galerie qui domine toute la place. A côté de la porte, on voyait autrefois des bas-reliefs très-anciens dont nous avons parlé au commencement de cette histoire. La seconde porte donne entrée vers le milieu de la grande nef; elle est précédée d'un élégant portique décoré de gracieux dessins, ouvrage du célèbre Bachelier. La porte est ornée de quatre colonnes de marbre ; les chapiteaux présentent divers sujets religieux, tels que la tentation du serpent, Adam et Eve chassés du paradis terrestre, le mystère de la visitation et le massacre des Saints-Innocents. L'imposte et le timpan offrent encore des bas-reliefs d'une admirable conservation, et dans lesquels on croit reconnaître le Sauveur et ses douze apôtres. Sur les côtés de la porte et au-dessus on aperçoit d'autres bas-reliefs attachés au mur, qui représentent saint Pierre, saint Martial et quelques autres saints. La troisième porte, située à l'extrémité de l'une des lignes transversales de la croix, est double comme la première ; elle est aussi ornée de colonnes dont les chapiteaux très-remarquables représentent les sept péchés capitaux.

A côté de cette dernière porte se trouve la chapelle voûtée dans laquelle sont ensevelis les comtes de Toulouse. Les murailles de cette chapelle étaient autrefois ornées en dedans d'une ancienne peinture à la fresque. Sur le mur de face on voyait l'image de la Vierge, ayant saint Jacques à sa droite et saint Saturnin à sa gauche. Au-dessous de ces deux saints, on apercevait deux comtes à genoux *en cottes, avec l'écusson de la croix pommelée* : au-dessus de ces images, on lisait l'inscription suivante :

Hic requiescit Guillelmus Taillafer<br>
et Pontius comes Tolosanus.

Sur le mur intérieur des deux côtés de la chapelle étaient représentés d'autres saints que l'on croyait être saint Exupère et saint Gilles. Il y avait encore deux autres comtes à genoux à côté de ces saints ; les comtes tenaient en leur main l'étendard à la croix pommelée. Dans le fonds de la chapelle, s'élève un tombeau de marbre blanc soutenu par trois colonnes dont les chapiteaux portent l'écusson aux armes de Toulouse. Deux bas-reliefs assez grossiers sont sculptés sur le devant de ce tombeau. Au dessous est placé un autre tombeau plus petit que le premier, on lit au-dessus :

>HIC JACET PONTIUS FILIUS GUILLELMI
COMITIS TOLOSÆ, ET FRATER EJUS.
REQUIESCANT IN PACE.

Le tombeau qui est à droite n'a point d'inscription ; on y voit seulement une espèce de chiffre sur le devant : son couvercle est taillé en écailles. Le tombeau placé à gauche porte l'inscription qui suit :

> HIC JACET PONTIUS, COMES TOLOSANUS.

Au dehors de la chapelle et sur le mur de l'église, on distinguait l'inscription suivante, gravée sur une pierre d'un pied de haut :

> HIC REQUIESCIT WILLELMUS NOMINE TAILLAFER,
> COMES TOLOSÆ ATQUE RAYMONDUS BERTRANDI.

Cette chapelle paraît avoir été construite vers la fin du onzième siècle avant l'année 1090. Le premier tombeau qu'elle a reçu est celui où sont renfermés les ossements des enfants du comte Guillaume IV ; les autres tombeaux placés auparavant ou dans le cimetière ou dans quelqu'autre partie extérieure de l'ancienne église ne furent transportés que beaucoup plus tard dans ce même lieu. Il n'est pas facile de déterminer, à cause de la ressemblance des noms, quels sont les comtes inhumés dans cette chapelle. Nous suivons ici le sentiment qui nous a paru le plus probable. Le corps renfermé dans le tombeau de gauche, et sur lequel on lit ces mots :

Ici repose Pons, comte de Toulouse,

est celui de Pons, fils de Guillaume Taillefer, mort l'an 1061, et que les historiens désignent sous le nom de Pons troisième. Les corps renfermés dans le tombeau inférieur au milieu de la chapelle sont ceux des jeunes princes fils de Guillaume IV, morts avant leur père. Le premier de ces enfants se nommait Pons ; le nom du second est inconnu. Le tombeau placé à droite est celui de Raymond-Bertrand. Ce dernier paraît avoir été le petit-fils de Guillaume Taillefer, par Bertrand second fils de ce prince. Enfin le tombeau principal est celui de Guillaume Taillefer. On doit observer que les deux tombeaux de Guillaume Taillefer et de Raymond-Bertrand devaient être autrefois réunis, puisqu'il n'y avait qu'une seule inscription pour ces deux princes. L'an 1648, les capitouls firent fermer cette petite chapelle et la décorèrent. On grava au-dessus, sur la pierre, les vers suivants :

Calcatos comitum cineres, convulsaque claustra
Et quæ longa dies tumulis violarat apertis,
Octovirum instaurat pietas, meliusque reponit :
Felices opéris, quod vulnera vindicet ævi,
Et functis prohibet prohibetque nocere sepulcris.

Le beau clocher qui domine la basilique a été

construit vers la fin du treizième siècle ou au commencement du quatorzième. Sa forme est octogone et parfaitement régulière. Il présente dans son ensemble plusieurs ordres d'architecture. Le style bysantin règne dans la partie inférieure; celui de la partie supérieure est assez difficile à déterminer. Ces arcs angulaires pourraient appartenir à l'architecture moresque ou plutôt allemande, espèce de transition du plein cintre à la gothique ogive. La flèche qui termine cette majestueuse tour est très-hardie; elle est surmontée d'une boule d'airain sur laquelle est placée une grande croix.

## CHAPITRE XXI.

*Chroniques et légendes des Reliques des Saints qui reposent dans la Basilique.*

Considérée sous le rapport artistique, la basilique de Saint-Saturnin peut être regardée comme un monument admirable par sa grandeur et sa beauté ; sous le rapport religieux elle est le temple tutélaire de la cité à cause des précieuses reliques qu'elle renferme. Les princes de la race Carlovingienne furent les premiers qui placèrent dans son enceinte les ossements de plusieurs apôtres et de quelques autres saints apportés des contrées de l'Orient. Les saints évêques de Toulouse y trouvèrent naturellement leurs tombeaux; les disciples de Saturnin s'y étaient déjà reposés à côté de leur maître. Un noble comte de Toulouse lui donna le corps de saint Georges ; Louis VIII, celui de saint Edmond roi d'Angleterre ; Amateur d'Auxerre, ceux de saint Cyr et de sainte Julitte ; Alphonse Jourdain, des reliques considérables de saint Jacques-le-Majeur ; les guerres de religion déterminèrent la translation du corps de saint Gilles dans la basilique ; Rome lui envoya les ossements des saints martyrs Claude, Nicostrat, Castor, Symphorien et Simplice ; les Toulousains prisonniers à Cordoue, apportèrent au retour de leur captivité les ossements de saint Asciscle et de sainte Victoire ; l'Angleterre donna le corps de saint Gilbert ; les religieux de saint Dominique, expulsés de leur couvent de Toulouse, confièrent à la basilique les reliques de saint Thomas-d'Aquin ; Alphonse frère de saint Louis, et dernier comte de Toulouse, fit hommage à notre église d'une épine de la couronne du Sauveur. Plusieurs autres reliques partielles ont été déposées dans son enceinte par la piété des princes et des particuliers.

C'est à la possession incontestée de ces riches trésors que la basilique de Saint-Saturnin a dû la plus grande partie de sa gloire. Rome elle-même a paru quelquefois saintement jalouse de ces précieuses richesses, et la ville des martyrs a voulu donner le nom de sœur et de rivale à la cité qui garde les ossements de plusieurs apôtres et de tant d'illustres saints. Nous n'avons donc pas recueilli ces reliques sur la voie publique ; nous ne les avons point arrachées à de profanes ossuaires, nous les tenons de nos ayeux comme un précieux héritage : douze générations d'hommes se sont inclinées devant elles ; les rois et les princes de la terre les ont visitées avec respect, et nous avons vu de grandes reines et de pieuses princesses prosternées au pied de ces tombeaux comme de simples femmes. Toulouse quatre fois affligée par la peste a trouvé dans ces reliques sacrées son heureuse délivrance ; au seizième siècle elle a dû son éclatante victoire sur l'hérésie à la protection des Saints dont la basilique possède les restes, et avant la révolution une solennité annuelle consacrait le souvenir du bienfait et de la reconnaissance. François 1er, captif dans la capitale des Espagnes et atteint d'une triste infirmité se dévoua aux puissants protecteurs de notre antique cité ; il vit sa prière exaucée : la santé et la liberté lui furent aussitôt rendues.

Ces prodiges éclatants opérés sous les yeux de la cité entière et à différentes époques de son existence donnent la plus grande certitude possible à l'authenticité de ces reliques ; car en refusant de la reconnaître, on se trouve placé dans la nécessité ou de révoquer en doute les faits publics consignés dans tous les monuments de l'histoire, ou d'avancer que Dieu peut favoriser l'erreur et l'aveugle crédulité des peuples. Des actes solennels émanés de l'autorité suprême des chefs de l'Eglise montrent encore l'authenticité de ces reliques ; nous trouvons dans l'année 1623 une bulle qui frappe d'excommunication tous ceux qui oseraient ouvrir les châsses ou toucher aux corps des saints qui reposent dans la basilique. Les Pontifes romains ont placé sous leur sauve-garde immédiate ces reliques sacrées, puisqu'il est certain qu'on ne pouvait autrefois donner la plus petite parcelle de ces ossements sans une autorisation expresse du Pape : ainsi voyons-nous Clément VII donner, en 1385, une bulle par laquelle il autorisa l'abbé et le chapitre de Saint-Saturnin à accorder quelques parcelles des corps qui se trouvent dans la basilique à Jean duc de Berri ; et plus tard Alexandre VII adressa aussi une bulle au même chapitre, pour lui permettre de donner à Martin de Redin, grand maître de l'ordre de Malte, une relique de saint Saturnin pour l'église de Pampelune ; la bulle est datée de l'année 1659.

Les reliques de la basilique ont toujours été regardées comme une propriété de la ville de Toulouse. Les capitouls en étaient les premiers gardiens ; les clefs de toutes les châsses étaient déposées au Capitole, et les magistrats faisaient à la basilique une rente annuelle destinée à entretenir le luminaire devant les tombeaux.

La singulière dévotion qu'on avait à Toulouse pour les reliques déposées dans l'église de Saint-Saturnin détermina l'érection d'une association célèbre dont l'objet spécial était de veiller à la garde de ces précieuses reliques. Cette association, connue sous le nom de *Table des Corps Saints*, fut fondée l'an 1100 ; elle était composée de douze sur-intendants et de soixante-douze régens ou *bayles*. Formée par les habitants les plus distingués de la cité, elle posséda bientôt d'immenses richesses, augmentées tous les jours par les donations et les offrandes des peuples. Les châsses d'argent, les capsules d'or, les lampes ornées de magnifiques pierreries furent en grande partie données par cette opulente confrérie. Elle contribua même plusieurs fois aux réparations extraordinaires entreprises dans la basilique. Quoique présidée de droit par l'abbé de Saint-Saturnin ou son vicaire-général, elle chercha quelquefois à décliner leur autorité et suscita souvent au chapitre de l'église abbatiale des querelles qui ne purent être terminées que par arrêt du Parlement.

L'ordre des matières demande que nous consacrions un article particulier à chacune des reliques principales renfermées dans la basilique. Ces divers paragraphes présenteront dabord la légende abrégée de la vie des saints auxquels appartiennent les reliques, et ensuite les dates précises de l'élévation ou vérification qui en ont été faites. Ayant déjà parlé dans les chapitres précédents du corps de saint Saturnin, de la châsse qui le renferme et du baldaquin qui couronne cette châsse, nous commencerons cet exposé par les légendes des autres saints évêques de Toulouse.

Saint Honorat, deuxième évêque de Toulouse.

**1.** Saint Honorat était originaire de Navarre. Il fut baptisé par saint Saturnin qui le convertit à la foi catholique. Il fut envoyé, n'étant encore que prêtre, par le pontife, à Pampelune pour y répandre la lumière de l'évangile. Ses travaux apostoliques furent couronnés dans cette ville des plus étonnants succès. Le bruit des conversions innombrables qu'il avait opérées étant parvenu jusqu'à Toulouse, il fut choisi pour succéder à Saturnin qu'un glorieux martyre avait ravi à l'amour de son peuple. On le vit dans cette nouvelle dignité s'efforcer de marcher sur les traces de son illustre prédécesseur. Dans les premières années de son pontificat, le désir de visiter les saints lieux lui fit entreprendre le voyage d'Orient. Saint Honest, que saint Saturnin avait associé à ses travaux, accompagna notre saint dans ce pèlerinage. Ayant satisfait leur commune piété, ces deux saints se séparèrent à leur retour, l'un pour se rendre à Toulouse au milieu de son troupeau, et l'autre à Pampelune où l'appelait le soin de l'église qui lui avait été confiée. Plusieurs années s'étaient écoulées, lorsque Honest envoya vers Honorat un habitant de Pampelune, nommé Firmin, distingué par sa naissance et sa dignité. Personne ne lui paraissait plus capable d'instruire ce jeune homme dans la foi et de le former aux bonnes mœurs, que le saint évêque de Toulouse. Docile aux instructions de son illustre maître, Firmin se montra bientôt digne de lui. Honorat l'éleva au sacerdoce et lui permit d'aller dans les diverses provinces des Gaules annoncer l'évangile sans s'attacher dabord à aucune église particulière; ce fut lui qui jeta plus tard les fondements de l'église d'Amiens dont il devint le premier évêque.

2. Après un assez grand nombre d'années d'un pontificat plein de mérites, saint Honorat mourut à Toulouse et y fut enseveli. Lorsqu'on eût élevé en l'honneur de saint Saturnin l'église qui lui est dédiée, le corps de saint Honorat y fut transporté et placé dans un tombeau de marbre auprès des degrés qui conduisent au mausolée de saint Saturnin.

3. S'il est vrai que dans le cours de son apostolat, saint Honest ait été jusqu'à Pampelune, il est à présumer que ce fut dans cette excursion apostolique qu'il convertit et baptisa saint Honorat que les anciens actes disent être né dans ces contrées dont Pampelune est la capitale. Si le premier évêque de Toulouse n'a jamais passé les Pyrénées, il faut croire qu'Honorat, attiré par la renommée des vertus et des succès de Saturnin, aura lui-même passé ces monts pour y voir ce grand évêque, et que c'est à Toulouse qu'il aura reçu le baptême.

4. On ne doit pas être surpris de voir saint Honorat entreprendre le voyage d'Orient. Assez gé-

néralement dans les premiers siècles les évêques allaient visiter les saints lieux. Ils emportaient avec eux les vœux de tous les fidèles pour les déposer au pied du tombeau du Sauveur, et consolaient au retour la piété du troupeau par le récit de leur pèlerinage.

5. Le pontificat de saint Honorat peut être placé vers l'an 270, puisque saint Firmin qu'il avait converti à la foi fut martyrisé l'an 287 et que ce martyre eut lieu après la mort de saint Honorat.

6. Le corps du successeur de saint Saturnin fut placé dabord auprès du tombeau de ce saint dans le champ destiné à la sépulture commune des fidèles. Au commencement du cinquième siècle, il fut transporté dans l'église de Saint-Saturnin achevée depuis assez peu d'années. Ces précieux ossements furent renfermés dans un grand tombeau de marbre. Ce tombeau fut déposé plus tard auprès des degrés qui conduisent au mausolée de saint Saturnin. On voit encore aujourd'hui, en descendant dans les cryptes, le sépulcre de saint Honorat dont l'ouverture est fermée par une grille de fer.

7. Le 18 novembre 1418, les reliques de ce pontife furent vérifiées, extraites du sépulcre de marbre et renfermées dans une châsse de bois revêtue de lames de cuivre argenté. Cette élévation fut faite par les évêques de Grenoble et de Vabres

et en présence du cardinal de Lebret évêque de Pampelune, du parlement et des chanoines de Saint-Saturnin. Ces reliques furent montrées au peuple avant d'être placées dans la châsse. Un autel fut alors élevé à l'entrée des cryptes pour les recevoir, et c'est là qu'on les voit encore de nos jours.

8. La châsse renfermant le corps de saint Honorat fut enlevée, pendant la révolution, de dessus l'autel où elle reposait et transportée dans la sacristie des *Corps Saints*. Elle demeura dans ce lieu jusqu'au 6 juillet 1807, époque à laquelle M. de Barbazan vicaire-général de Monseigneur l'archevêque de Toulouse vérifia cette châsse et reconnut l'authenticité des reliques qu'elle renfermait. La châsse fut alors placée sur l'ancien autel où elle est encore aujourd'hui.

9. Une grande partie du crâne du saint et quelques ossements furent placés dans un reliquaire d'argent comme il conste de deux certificats datés l'un du 16 mai 1615, et l'autre du mois d'octobre 1644. Le 27 février 1794, ces reliques partielles furent extraites du reliquaire d'argent par le père Hubert provincial des Minimes, chargé à cette époque par l'autorité civile du gouvernement spirituel de la paroisse de Saint-Saturnin. Déposées pendant la révolution à l'hôtel de Comminges elles furent transportées de nouveau à Saint-Saturnin le 23 juillet 1795. L'authenticité de ces reliques fut vérifiée

par M. de Barbazan vicaire-général du diocèse de Toulouse, le 18 juin 1807 ; on les renferma dans un reliquaire scellé du sceau de Monseigneur l'archevêque. L'an 1823, ces reliques furent extraites encore du second reliquaire et renfermées par M. Mathieu curé de la paroisse, délégué à cet effet par l'autorité ecclésiastique, dans une *capsule* de bois avec tous les anciens certificats et pièces authentiques. Cette *capsule*, scellée du sceau du cardinal de Clermont-Tonnerre, est aujourd'hui placée dans le buste du saint.

### Saint Hilaire, troisième évêque de Toulouse.

1. Saint Hilaire, troisième évêque de Toulouse, se rendit célèbre dans son siècle par l'éclat de sa sainteté. Il ne rappelait jamais le souvenir du martyre de saint Saturnin sans se sentir profondément ému ; aussi aimait-il à prier souvent sur le modeste tombeau qui renfermait les ossements de ce grand évêque. Il avait conçu le projet d'honorer devant les hommes ces restes précieux que Dieu glorifiait déjà depuis long-temps par des prodiges. Il voyait avec peine ces vénérables reliques déposées au sein de la terre, et plein d'une juste confiance il osa faire pour l'honneur du saint martyr ce que personne n'avait encore osé avant lui. Il fit creuser la terre au lieu où saint Saturnin avait été enseveli par les soins de quelques pieuses femmes. On trouva

bientôt le cercueil dans lequel les ossements étaient renfermés. Le profond respect qu'inspirèrent à saint Hilaire ces sacrées reliques le porta à les laisser dans le même lieu : il se contenta de faire construire au-dessus du tombeau une simple voûte, afin qu'on pût facilement le reconnaître. Le concours des fidèles était immense auprès du sépulcre du saint martyr; c'est ce qui détermina saint Hilaire à faire construire auprès du tombeau un petit oratoire où l'on pût se retirer pour prier. Saint Hilaire mourut au milieu de son troupeau : son corps fut enseveli auprès de l'oratoire qu'il avait élevé à saint Saturnin.

2. La patrie de saint Hilaire est entièrement inconnue. Les plus anciens monuments historiques n'offrent rien de certain sur ce point; son nom porterait cependant à croire qu'il était Gaulois d'origine. Il succéda immédiatement à saint Honorat et a toujours été regardé comme le troisième évêque de Toulouse. Il faut placer son pontificat vers l'an 314 de l'ère chrétienne.

3. Plusieurs anciens auteurs ont cherché à déterminer le lieu où saint Hilaire bâtit en l'honneur de saint Saturnin le modeste oratoire dont nous avons déjà parlé. La légende porte expressément que cette chapelle était de bois : *œdiculam ligneam*. Nous croyons que cet oratoire fut élevé au lieu où se trouve aujourd'hui l'église du Taur, quoiqu'il

n'y ait rien de bien assuré sur cet article qui d'ailleurs intéresse peu notre histoire.

**4.** Saint Hilaire eut pour successeur Rhodanius qui fut exilé en Orient par la faction Arienne. Sulpice-Sevère en fait mention dans son histoire ecclésiastique. Il mourut dans son exil.

**5.** Les reliques de saint Hilaire furent portées du lieu où elles avaient été placées, dans l'église de Saint-Saturnin, et ensevelies dans cette basilique, selon l'antique usage. L'an 1265 elles furent trouvées, et placées dans un tombeau de marbre. L'an 1418 ces ossements furent visités par les évêques de Grenoble et de Vabres, en présence du cardinal de Pampelune; on les plaça dans une châsse de bois revêtue de lames de cuivre argenté, et l'an 1623 cette châsse fut déposée à l'un des côtés de la chapelle du Saint-Esprit, comme on le voit encore aujourd'hui.

**6.** L'auteur de la légende de saint Hilaire assure que lorsqu'on fit l'ouverture de son tombeau, au quinzième siècle, son corps fut trouvé encore entier et répandant au loin une douce lumière; plusieurs personnes furent les témoins de ce prodige, ce qui augmenta beaucoup la confiance qu'on avait dans la protection de ce saint. Ce fait miraculeux s'est souvent reproduit pour d'autres saints dans la suite des siècles, Dieu se plaisant à glorifier ainsi ses fidèles serviteurs.

**7.** L'an 1640 quelques ossements furent détachés du reste du corps et placés dans un reliquaire d'argent. Le 17 février 1794 ces reliques partielles furent extraites de ce reliquaire et gardées avec soin hors de la basilique jusqu'au 23 juillet 1795, époque à laquelle on les y transporta de nouveau. Le 11 juin 1807 M. de Barbazan fit la vérification solennelle de ces reliques et les plaça dans une boîte scellée du sceau de Monseigneur l'archevêque. Vers l'an 1823 ces reliques furent de nouveau extraites de ce second reliquaire et placées dans un petite *capsule* de bois qui est renfermée aujourd'hui dans le buste du saint.

**8.** La vie de saint Hilaire est représentée, dans ses principaux événements, à la chapelle de Saint-Georges. On y voit le Saint ordonnant de creuser la terre pour découvrir le tombeau de saint Saturnin; ayant ensuite trouvé ce saint corps, il le contemple avec respect, il annonce la parole sainte aux fidèles assemblés; et il meurt au milieu de son troupeau.

**9.** La châsse renfermant le corps de saint Hilaire fut placée pendant la révolution dans la sacristie des *Corps Saints*; elle demeura dans ce lieu jusqu'au 6 juillet 1807, époque à laquelle M. de Barbazan vérifia cette châsse et reconnut l'authenticité des reliques qu'elle renfermait. La châsse fut alors placée dans l'ancienne armoire où elle est encore aujourd'hui.

Saint Sylve, cinquième évêque de Toulouse.

**1.** Saint Sylve succéda à Rhodanius sur le siége de Toulouse. Sa dévotion pour saint Saturnin le portait à visiter presque tous les jours son tombeau. Les fidèles désiraient que leurs corps reposassent après leur mort auprès de celui du glorieux martyr. Saint Sylve craignit qu'à cause de la multitude de ces tombeaux, on ne pût dans la suite reconnaître celui de saint Saturnin; c'est ce qui le détermina à transporter ailleurs ces sacrées reliques. Dans ce pieux dessein, il recueillit d'abondantes aumônes et jeta les fondements d'un édifice destiné à recevoir ces précieux ossements; la mort l'empêcha de terminer ce temple.

**2.** On doit placer le pontificat de saint Sylve à la fin du troisième siècle, puisque Rhodanius est mort l'an 356. La patrie de ce saint est entièrement inconnue ainsi que les principales actions de sa vie. On ne peut douter qu'il ne jouît d'un grand crédit auprès de son peuple, puisqu'il trouva des sommes d'argent très-considérables pour la construction de l'église dont il jeta les fondements.

**3.** L'expression dont se sert l'auteur de la légende nous force d'admettre que le temple commencé par saint Sylve devait être d'une très-grande étendue, *coacervatis et collectis undiquè multis pecuniis :*

*magnis sumptibus et impensis*, ce qui a fait croire à quelques auteurs que les fondements de l'édifice qui existe encore aujourd'hui ont été jetés au moins en très-grande partie par notre saint. Saint Sylve bâtit l'édifice hors des murs de la ville, dans la campagne, Toulouse ne s'étendant pas encore jusqu'au lieu où l'église est située.

4. Saint Sylve mourut au milieu de son troupeau. Son corps fut d'abord enseveli au lieu de la sépulture commune. Lorsque saint Exupère eut achevé l'église fondée par saint Sylve, il fit transporter le corps du saint dans ce nouveau temple. Ce corps était renfermé dans un petit tombeau de pierre revêtu de bois. Il fut élevé de terre, au treizième siècle, et plus tard au quinzième, extrait du premier tombeau et placé dans une châsse de bois revêtue de lames de cuivre argenté. On dédia à saint Sylve une des petites chapelles du rond-point, et c'est là que le corps du saint repose aujourd'hui. Le 18 novembre 1418 le corps du saint fut visité avec soin; on le trouva enveloppé d'un suaire blanc; ce suaire était déchiré à l'une de ses extrémités. L'élévation solennelle du corps fut faite à cette époque, en présence des évêques de Vabres, de Grenoble et du cardinal de Pampelune. Le 11 novembre 1644 la tête du saint fut extraite de la grande châsse et placée dans un reliquaire particulier. Cette précieuse relique fut transportée hors de la basilique pendant la révolution ; elle fut portée de nouveau dans l'é-

glise le 23 juillet 1795. Son authenticité fut reconnue le 15 juin 1807 par M. de Barbazan, vicaire-général de Monseigneur l'archevêque de Toulouse, et l'an 1823 on la plaça dans une *capsule* de bois scellée du sceau du cardinal de Clermont-Tonnerre. Cette *capsule* a été renfermée dans le nouveau buste du saint.

5. La châsse renfermant le corps de saint Sylve fut déposée pendant la révolution dans la sacristie de la basilique. Elle fut visitée le 6 juillet 1807 par M. de Barbazan qui en reconnut l'authenticité. Elle fut alors replacée dans la chapelle où on la voit encore aujourd'hui.

### Saint Exupère, sixième évêque de Toulouse.

1. Le premier martyrologe qui ait parlé de saint Exupère est celui d'Usuard. M. de Saussay, dans son martyrologe gallican, en fait mention en ces termes au 14 juin : « à Toulouse la translation de » saint Exupère évêque et deuxième patron de la » cité, lorsque son corps fut porté de Blagnac à la » basilique de Saint-Saturnin ». Ce saint a été loué par l'antiquité sacrée. Saint Paulin de Nole écrivant à Grégoire de Tours lui dit : « Si vous jetez les » yeux sur des prêtres dignes de Dieu tels qu'Exu- » père, de Toulouse, et quelques autres pontifes, » c'est en eux que vous trouverez des gardiens

» fidèles de la religion et de la foi ». Le premier parmi les anciens qui ait écrit les actes de saint Exupère, est Bernard Guidon, de l'ordre des frères prêcheurs, évêque de Lodeve ; ce prélat vivait au commencement du quatorzième siècle. La vie de saint Exupère composée par cet auteur fut imprimée l'an 1642 par les soins du père Jean Leholts. Cette vie très-imparfaite ne peut être d'aucune autorité dans l'histoire. Elle est écrite sans ordre, sans critique, et renferme beaucoup de fables. Nicolas Bertrand, dans ses *gestes toulousaines*, a donné une autre vie de saint Exupère. Il avoue lui-même qu'à défaut de monuments certains, il a consulté les bruits populaires et les pierres antiques. Les faits qu'il rapporte sont presque tous dénués de vraisemblance ; un seul nous dispensera de rappeler ici les autres. Il assure que lorsque Toulouse fut assiégée par les Goths, saint Exupère du haut des remparts terrassait les ennemis avec de l'eau bénite. Ceux que l'eau touchait, tombaient aussitôt raides morts, et ceux qui étant éloignés ne pouvaient être atteints par cette redoutable aspersion, étaient tués par les yeux du saint, dont le regard était semblable à celui du Lynx. On conçoit qu'il faut ajouter bien peu de foi au témoignage d'un auteur qui raconte des faits semblables.

2. La patrie du saint est entièrement inconnue. L'opinion qui le fait naître à Aure, petit bourg situé dans l'une des vallées des Pyrénées est dénuée

de fondement. Bernard Guidon lui donne pour patrie un certain territoire qu'il appelle (Morualensis), nom inconnu. Le cardinal Baronius, dans ses notes sur le martyrologe, croit que saint Exupère de Toulouse est le même que le rhéteur Exupère loué par le poëte Ausonne, et qui avait exercé la charge honorable de préfet des Espagnes. Jean Tamayus de Salazar a suivi l'opinion de Baronius dans son martyrologe d'Espagne ; mais ce sentiment est aujourd'hui abandonné ; car le rhéteur Exupère a vécu au moins un demi siècle avant l'évêque, puisqu'il fut fait précepteur des enfants de Dalmatius, frère de Constantin le Grand, qui furent créés l'un César, l'autre roi du Pont, vers l'an 335. Saint Exupère de Toulouse vivait encore l'an 411. Baronius n'a point fait attention aux vers d'Ausonne, qui dit d'une manière précise que le rhéteur mourut à Cahors :

*Decedens placidos mores tranquillaque vitæ*
*tempora, prædives finisti sede cadurcâ.*

3. Il existait vers la fin du quatrième siècle un homme nommé Exupère, prêtre à Bordeaux. Baronius le confond encore avec le rhéteur, et il s'est encore trompé sur ce point. Le rhéteur était né à Bordeaux, et le prêtre Exupère n'était point citoyen de cette ville, comme il paraît par la lettre de saint Paulin à saint Amand, évêque de Bordeaux, écrite l'an 397. Mais Baronius pourrait avoir raison lorsqu'il confond le prêtre Exupère avec notre saint.

Les deux passages de saint Paulin paraissent favoriser ce dernier sentiment, car dans l'un de ces passages il parle du prêtre de Bordeaux, et dans l'autre du saint évêque de Toulouse presque dans les mêmes termes. Une autre raison donne de l'autorité à cette opinion : On a toujours cru que le personnage célèbre dont parle saint Jérôme dans sa lettre à Furia est l'évêque de Toulouse. Furia était à Rome lorsque saint Jérôme lui disait : « vous avez saint » Exupère, homme d'un âge mûr et d'une foi long- » temps éprouvée, qui vous donnera fréquemment » de sages conseils ». Quoique le sens des paroles du saint docteur paraisse faire croire que saint Exupère se trouvait à Rome auprès de Furia, rien cependant n'empêche d'admettre qu'il pouvait habiter Bordeaux, les communications étant très-multipliées entre ces deux villes. La lettre à Furia fut écrite l'an 394. Si l'on prétend qu'Exupère se trouvait alors à Rome, on peut admettre qu'il était à Bordeaux l'an 397, époque à laquelle existait certainement dans cette dernière ville un prêtre du nom d'Exupère, et que plus tard, c'est-à-dire au commencement du cinquième siècle, ce même Exupère connu depuis long-temps, au témoignage de saint Jérôme, par son rare mérite, fut élevé sur le siége épiscopal de Toulouse. Ce sentiment opposé à celui de Tillemont nous a paru très-probable, et en l'adoptant, nous suivons les savants Bollandistes.

4. Saint Exupère succéda à saint Sylve, mais

il est difficile d'assigner l'époque précise du commencement de son pontificat ; ce qui est certain, c'est qu'il était évêque l'an 405. On doit placer dans les premières années de son pontificat la translation solennelle des reliques de saint Saturnin faite par notre saint. Il venait d'achever et de consacrer l'édifice commencé par saint Sylve. Le respect qu'il portait au martyr lui faisait craindre de toucher à ses reliques ; mais il fut averti dans son sommeil de ne point négliger par une espèce d'infidélité, ce que sa foi lui avait fait entreprendre ; on ne fait aucune insulte aux saints en touchant à leurs cendres ou en transportant leurs ossements, parce que ce qui est utile au salut des fidèles sert à la gloire des martyrs. Encouragé par cette vision, il adressa sa requête aux empereurs ; c'était une loi romaine de ne point transporter les morts sans la permission des empereurs ; il obtint sans délai ce qu'il avait sollicité dans son ardente piété. Ainsi la basilique préparée par ses soins reçut le corps du martyr, dont une témérité criminelle ne violait pas le tombeau, mais qu'un religieux respect entourait d'un plus éclatant hommage.

5. Vers la fin de l'année 404 saint Exupère écrivit au pape saint Innocent, pour solliciter auprès du pontife la solution de quelques difficultés touchant la discipline de l'Eglise sur certains points principaux. La chaire de Pierre était regardée, dans ces commencements ainsi que dans tous les siècles, comme

la source féconde d'où émanaient toutes les lumières. Le pape répondit aux questions de l'évêque, et termina sa lettre par le catalogue des livres canoniques tel qu'il existe encore aujourd'hui dans l'Eglise. L'an 406 saint Exupère envoya le moine Sisinnius à Jérusalem et en Egypte avec d'abondantes aumônes destinées aux solitaires de ces lieux. Il écrivit, à cette époque, à saint Jérôme qui lui répondit en ces termes par le retour de Sisinnius :

« A ce dernier temps de l'automne le moine Sisin-
» nius notre frère et votre fils m'a rendu la lettre
» dont vous avez daigné m'honorer ; je l'ai lue et
» me suis réjoui du bon état de votre santé. J'ai vu
» avec plaisir que vous vous souveniez de moi ainsi
» que de tous nos frères qui servent le Seigneur en
» ces saints lieux. C'est pour les secourir que vous
» vous faites des amis des fausses richesses, vous
» préparant ainsi une éternelle demeure afin de
» pouvoir dire avec le prophète : Que vos tabernacles
» sont aimés ô mon Dieu. Si le passereau trouve
» une demeure, et la tourterelle un nid où elle
» place ses petits, pourquoi vous pontife de Dieu
» qui foulez, à la fin du monde, les divins pressoirs
» pour offrir aux peuples altérés le vin du sang de
» Jésus-Christ, ne vous écrieriez-vous pas : mon
» cœur et ma chair se sont réjouis dans le Dieu
» vivant ; heureux ceux qui habitent dans votre
» maison ?

» J'apprends que dans cette vallée de larmes,
» en ce lieu que Dieu a destiné au combat pour
» donner la couronne à ceux qui triomphent,
» vous disposez des degrés dans votre cœur pour
» vous élever de vertu en vertu, imitant la pau-
» vreté du Seigneur, afin de devenir riche avec lui.
» Il repose sur vous sa tête, et tous les jours il est
» recueilli, visité, nourri et vêtu par vos soins.
» J'apprends encore que vous vous appliquez avec
» ardeur à la lecture des divines écritures ; aussi
» désirant vous offrir un modeste présent de mon
» faible génie, ayant presque conduit à sa fin l'ex-
» plication des douze prophètes, je n'ai point aban-
» donné le travail commencé, mais j'ai placé sous
» vos auspices ce que je ne devais pas composer pour
» vous. Votre bienveillance appréciera, non mon
» érudition qui est nulle ou presque nulle, mais
» le désir que j'ai de vous être agréable, désir qui
» en m'animant pour ce qui me reste encore à faire,
» m'excitera à continuer ma course dans le vaste
» champ des écritures. S'il est des hommes à qui
» j'ai promis l'explication de ces livres ou de plusieurs
» autres, qu'ils pardonnent à l'amour incroyable
» que je vous porte, et qu'ils regardent comme
» écrits pour eux-mêmes ce que j'ai écrit pour
» vous....

» Ainsi mon Exupère, pontife vénérable, soyez
» présent à ma prière si votre corps est loin de
» moi ! Sisinnius veut partir pour l'Egypte, afin

» qu'accomplissant sa mission auprès des frères, il
» leur apporte la bonne odeur de vos parfums et
» que ces campagnes arides ne soient plus désormais
» arrosées par le fleuve de l'Éthiopie, mais par les
» abondantes eaux de la Gaule. Recevez donc ces
» commentaires bien imparfaits, sans doute; n'ac-
» cusez pas toutefois ma négligence, mais l'empres-
» sement du messager, qui se hâtant de distribuer
» votre or aux fidèles, nous laisse à peine le temps
» de vous envoyer le nôtre ».

On pense assez communément que la lettre de saint Exupère à saint Jérôme avait pour objet les erreurs de Vigilance qui commençaient à se répandre dans le diocèse de Toulouse. C'est à tort qu'on a cru que l'illustre docteur faisait allusion à notre saint dans la lettre à Ripaire, lorsqu'il se plaint qu'un saint évêque de ces contrées favorisait les erreurs de Vigilance; c'est d'un autre évêque dont il est question : l'épithète de *saint* doit s'appliquer au caractère plutôt qu'à la personne. Vigilance n'était pas de la province de Toulouse, mais de celle de Comminges. Les saints prêtres Ripaire et Didier écrivirent à saint Jérôme, au sujet de Vigilance; Sisinnius était chargé de la lettre de ces prêtres, ainsi que de celle d'Exupère; tout porte à croire que ce dernier fit part à saint Jérôme des erreurs de Vigilance, et que c'était même par son conseil que Ripaire et Didier écrivirent au saint docteur.

5. Rien n'égale la magnificence des éloges que saint Jérôme donne à saint Exupère, dans sa lettre à Rustique, qui fut depuis élevé sur le siége de Narbonne. « Le saint évêque de Toulouse, lui dit-
» il, est l'imitateur de la veuve de Sarepta. Man-
» quant de tout, il nourrit ses frères ; défiguré par
» les jeûnes, il est encore tourmenté par la faim qui
» dévore les autres. Il a jeté tout ce qu'il possédait
» dans les entrailles de Jésus-Christ. Qui est plus
» riche que cet homme qui porte le corps du Sei-
» gneur dans un pannier d'osier, et son sang dans
» un vase de verre ? il a chassé l'avarice du temple.
» Sans avoir recours aux fouets et à la rigueur, il
» a dispersé l'or des changeurs et renversé ces ta-
» bles de la cupidité sur lesquelles on vendait des
» colombes, c'est-à-dire, les dons de l'Esprit-Saint,
» afin que la maison de Dieu fût appelée une maison
» de prières et non une caverne de voleurs. Suivez
» de près ses traces ainsi que celles de tous ces hom-
» mes qui lui ressemblent et que le sacerdoce a
» rendus pauvres et plus humbles ».

6. Baronius a pensé que saint Exupère avait eu une connaissance anticipée de l'inondation des barbares, et que c'est à ce sujet qu'il envoya des sommes immenses en Palestine. Rien ne prouve la vérité de cette assertion. Si l'on veut savoir pourquoi saint Exupère vendit les vases de son église, il faut observer que vers l'année 407 les Alains, les Suèves et les Vandales dévastèrent une grande partie des

Gaules et pénétrèrent en Espagne l'an 409; d'autres barbares ravagèrent aussi les Gaules. Ceux qui pénétrèrent en Espagne n'entrèrent pas à Toulouse qui fut alors épargnée; circonstance que saint Jérôme rappelle dans sa lettre à la veuve Ageruchie. « Je ne puis, » dit-il, penser à Toulouse sans verser des larmes, » ville heureuse, qui a dû aux mérites de son saint » évêque Exupère de ne pas tomber encore au pou- » voir de l'ennemi ». Les larmes de saint Jérôme ont embarrassé beaucoup d'auteurs, il est cependant facile d'en expliquer naturellement la cause. C'était des larmes de joie que le saint docteur répandait sur la conservation d'une cité qui lui était si chère à cause de son évêque. Toutefois les villes qui furent épargnées eurent beaucoup à souffrir des horreurs de la famine, et c'est ce qui porta saint Exupère à vendre les vases sacrés de son église.

7. On trouve dans quelques auteurs que saint Exupère assista à l'un des conciles de Troies; qu'ayant reçu la commission, dans ce concile, d'aller annoncer au Pape l'arrivée des barbares, que le ciel avait révélée à saint Servais de Tongres, il refusa cette commission. Ce fait, uniquement appuyé sur l'appendice d'un concile tenu à Cologne, est entièrement dénué de fondement. L'histoire de la prétendue guérison de saint Ambroise que l'on suppose avoir été délivré d'une fièvre ardente en buvant de l'eau qui avait été renfermée dans le calice de verre dont se servait saint Exupère, est inexplicable. Il faudrait,

pour admettre ce fait, lever une difficulté. Saint Exupère vendit les vases sacrés de son église, et se servit du calice de verre vers l'an 409, et saint Ambroise était déjà mort depuis quelque temps, à cette époque. Ce fait est rapporté, avec quelques autres circonstances particulières, par frère Bernard Guidon, auteur assez suspect comme on l'a déjà observé [1] Une ancienne tradition rapporte que saint Exupère, au commencement de son épiscopat, s'efforça de détruire les restes de l'idolâtrie, en dédiant à la mère de Dieu un temple consacré au culte de Minerve. Ce temple, à ce qu'on croit, se trouvait au lieu où est aujourd'hui située l'église de la Daurade.

---

(1) Cette histoire est aussi racontée dans une ancienne hymne composée en l'honneur du saint.

Exuperi, te rogamus
Dum fulges in gloriâ ;
Preces nostras tibi damus
Voca nos in patriâ.

In canistro corpus Christi
Devotè conficiens,
Curas dabas plebi tristi
Egenos reficiens.

Calix de vitro conflatus
Sanguinem continuit
Sic fuisti Deo gratus.
Holaucaustum docuit.

De calicis aqua sancta
Sumpto Christi sanguine

Medela fuit assumpta
Ex celesti numine.

Midiolani adsunt cives,
Missi per Hyeronimum,
Cum bibisset, non sunt febres
Nec torquent Ambrosium.

Sana cunctos omni febre
Sanitatis opifex
Tolosanâ qui in urbe
Refulcisti Pontifex.

Hyeronimus hoc testatur
Laudes tuas prædicans
Febris cuncta repellatur
Et morbus nos excitans.

8. Il est difficile d'assigner l'époque précise de la mort de saint Exupère. Ce qu'il y a de certain, c'est qu'il vivait encore l'an 411. On croit que le ciel lui épargna la douleur de voir la prise de Toulouse par les Goths; il avait naguère protégé cette ville par ses prières, et cette protection parut tenir du prodige. C'est ce qui a donné lieu aux peintres du moyen âge de représenter saint Exupère repoussant les ennemis, du haut des remparts de la ville assiégée. Toulouse fut prise par les Goths l'an 417, et saint Exupère était mort quelques années avant cette seconde irruption des barbares. Les légendaires assurent qu'il mourut à Blagnac près de Toulouse où l'on montre encore son tombeau. Il faut classer parmi les récits fabuleux l'arrivée de la mère de saint Exupère à Blagnac, au moment de la mort de son fils, et l'histoire du laboureur, qui après avoir élevé une cabane sur le lieu où reposait le corps du saint, connut dans un songe mystérieux le trésor qu'il possédait. Ce qui paraît certain c'est que le corps de saint Exupère fut transporté à Toulouse un siècle environ après sa mort, et qu'il fut déposé avec honneur dans la basilique de Saint-Saturnin.

9. L'élévation solennelle du corps de saint Exupère eut lieu le 13 avril 1586, François de Simiane étant alors abbé de Saint-Saturnin. Les ossements de saint Exupère furent placés dans une grande châsse de bois revêtue de lames de vermeil. Cette châsse fut donnée par messieurs les Capitouls, au nom de la

ville de Toulouse; elle fut placée derrière l'autel de la chapelle du Saint-Esprit. L'an 1399 Pierre de Saint-Martial, archevêque de Toulouse, donna un buste d'argent destiné à renfermer la tête et quelques ossements de saint Exupère. Aiméric Natalis alors abbé de Saint-Saturnin fit rendre un décret capitulaire par lequel on instituait tous les ans une commémoraison solennelle de ce bienfait. Ce buste fut placé dans une armoire à l'un des côtés de la chapelle du Saint-Esprit. Le corps de saint Exupère fut donc transporté à Toulouse dans le sixième siècle et enseveli dans la basilique.

Le buste de saint Exupère renfermait, indépendamment de la tête, quelques autres reliques du même saint, qui furent successivement vérifiées au mois d'avril 1621, au mois d'octobre 1644 et le 10 janvier 1739. La grande châsse de saint Exupère fut dépouillée de ses lames de vermeil le 27 février 1794 en présence des commissaires du district. La caisse renfermant les ossements fut déposée dans la sacristie des Corps-Saints où elle demeura pendant la révolution. Cette caisse fut enfermée quelque temps après dans une châsse de bois argenté. L'authenticité des reliques qu'elle renfermait fut solennellement vérifiée le 6 juillet 1807 par M. de Barbazan. Cette dernière châsse a été dorée en 1834, et placée dans l'armoire de la chapelle du Saint-Esprit, au côté de l'évangile, comme on le voit aujourd'hui. La tête et les reliques partielles du saint furent transportées hors de la basilique et gardées avec soin pendant la révolution. Le 23 juillet 1795 elles furent de nouveau apportées dans l'église. Leur authenticité fut vérifiée le 15 juin 1807 par M. de Barbazan ; elles ont été placées en 1817 dans le buste du saint où elles sont encore aujourd'hui.

10. On gardait autrefois dans la basilique quelques objets précieux qui avaient appartenu à saint Exupère : deux de ses mitres, quelques fragments du calice de verre dans lequel il offrait les saints mystères. Ces fragments étaint renfermés dans un calice d'argent ; enfin la pierre de son anneau qui était enchâssée au reliquaire de saint Barnabé. La plupart de ces objets précieux ont été perdus, à l'exception d'une mitre du saint qui a été retrouvée dans la basilique, mais dans un état complet de vétusté. Quelques traits de la vie de saint Exupère sont représentés sur les portes de l'armoire latérale de la chapelle du Saint-Esprit où repose son corps : 1º Des députés de la ville de Toulouse offrent l'épiscopat au saint que l'on suppose dans ce relief être le rhéteur Exupère qui se trouve entouré de ses disciples ; 2º L'envoyé de saint Exupère remet sa lettre au pape Innocent 1er ; 3º Saint Exupère distribue l'aumône ; 4º Il donne la communion aux fidèles.

### Saint Papoul disciple de saint Saturnin.

1. La vie de saint Papoul disciple de saint Saturnin a été écrite bien des siècles après sa mort par un certain Anselme, moine de l'abbaye du Bec en Normandie. Cette vie n'a point été conservée; elle devait d'ailleurs avoir peu d'autorité, ayant été composée dans des temps si éloignés. Quelques légendaires ont avancé que saint Papoul était né à Antioche. Cette opinion n'est appuyée sur aucune preuve solide; il est beaucoup plus sage d'admettre que la patrie du saint est entièrement inconnue. Lorsque saint Saturnin quitta Rome pour se rendre dans les Gaules, Papoul se joignit à lui, dans le désir de partager ses travaux. Arrivé à Carcassonne, ville de la Septimanie, Papoul commença à annoncer la parole du salut aux habitants idolâtres de cette cité. Il fut jeté dans une obscure prison et miraculeusement délivré, dit-on, par un ange. Pendant que saint Saturnin après avoir évangélisé Toulouse, parcourait les contrées voisines, pour y jeter la semence de la foi, il confia son troupeau aux soins de Papoul son disciple. Celui-ci s'étant rendu dans cette partie du pays toulousain, appelée depuis le comté du Lauraguais, pour y porter le nom de Jésus-Christ, fut martyrisé dans ce même lieu, qui a pris plus tard son nom.

2. Quelques auteurs ont avancé sans fondement

que saint Papoul avait reçu des mains de saint Saturnin la consécration épiscopale L'opinion la plus universellement reçue est qu'il n'était que prêtre. On ignore si saint Saturnin l'éleva lui-même à la dignité du sacerdoce ou s'il était déjà prêtre lorsqu'il devint le disciple de notre apôtre ; ce dernier sentiment nous paraît plus probable. Saint Papoul fut martyrisé deux ans après son arrivée dans les Gaules. Il faut placer au rang des récits fabuleux quelques circonstances de ce martyre qu'il est inutile de rapporter ici.

3. On croit que le saint eut la tête tranchée. Son corps ne demeura pas long-temps au lieu de son martyre : il fut plus tard transporté à Toulouse et enseveli dans la basilique de Saint-Saturnin. Il fut trouvé dans cette dernière église le 4 octobre 1265. L'élévation solennelle de ses reliques eut lieu le 24 mars 1517. Le 7 avril 1622 le corps fut renfermé dans une châsse de bois recouverte de lames de cuivre argenté. La tête du saint repose au lieu où il a été martyrisé, une portion de cette tête se garde encore dans la basilique ; elle était autrefois renfermée dans un buste d'argent placé dans une armoire, au côté de l'épître, à la chapelle du Saint-Esprit. On voit encore sur les portes qui ferment cette armoire les principaux traits de la vie de saint Papoul représentés en relief. Cette relique partielle fut transportée hors de la basilique à l'époque de la révolution. Le 11 juin 1807 M. l'abbé de Barbazan

vérifia l'authenticité de cette relique qui a été plus tard renfermée dans un buste de bois doré. Le 4 juillet 1807 l'authenticité de la grande châsse qui renferme le corps de saint Papoul fut vérifiée et reconnue.

4. La vénération des peuples pour le premier tombeau de saint Papoul et la multitude des pèlerinages déterminèrent la fondation d'une petite ville qui a pris le nom du saint. Une abbaye de l'ordre de saint Bénoit fut dabord construite auprès de ce tombeau. L'époque précise de cette fondation qu'on attribue à Charlemagne est cependant inconnue; l'abbaye fut érigée en évêché, au quatorzième siècle, sous le pontificat de Jean XXII.

### Saint Honest disciple de saint Saturnin.

1. Saint Saturnin se rendant de Rome à Toulouse, et traversant la Septimanie, rencontra à Nîmes un jeune homme nommé Honest qui était encore idolâtre. Il l'instruisit avec soin des mystères de la foi chrétienne. L'auteur de l'histoire de Nîmes avance que saint Honest appartenait à une famille distinguée. Quelques historiens assurent, au contraire, que c'était un jeune pâtre que le saint évêque de Toulouse trouva occupé à la garde de son troupeau. Quoi qu'il en soit de la noblesse ou de l'obscurité de la naissance d'Honest, il est certain qu'il

se montra fidèle à l'action de la grâce en se convertissant à la véritable foi. Saint Honest fut ordonné prêtre à Toulouse et envoyé bientôt après à Pampelune pour y annoncer l'évangile. Ce fut durant le cours de cette mission, qui dura sept années, qu'il convertit et baptisa Firmin, fils du sénateur Firmus, et qui depuis fut évêque d'Amiens. Les circonstances de cette conversion rapportées dans les actes de saint Saturnin, extraits de la bibliothèque de Florence, méritent peu de croyance; et comme nous l'avons déjà observé plus haut, le voyage de saint Saturnin à Pampelune pendant la prédication d'Honest, est fort douteux.

2. S'il faut ajouter foi au martyrologe d'Usuard, au témoignage de Pierre de Sandoval dans son histoire des évêques de Pampelune, et à celui de M. de Saussay, saint Honest doit être honoré comme martyr. Il est honoré sous ce titre au diocèse d'Amiens. Toutefois les plus habiles critiques lui donnent seulement le titre de confesseur. Selon l'opinion la plus universellement reçue, Honest après le martyre de saint Saturnin, revint à Toulouse, auprès d'Honorat qui avait succédé au premier évêque de Toulouse. Il l'accompagna, dit-on, dans son pèlerinage à la terre sainte, et mourut à Toulouse, sous le pontificat de saint Honorat.

3. Le corps de saint Honest fut dabord enseveli dans la basilique de Saint-Saturnin, où il demeura

jusqu'à l'année 1218, époque à laquelle la plus grande partie de ses reliques fut transportée dans l'abbaye d'Hières, comme nous allons le rapporter. L'abbaye d'Hières était un couvent de femmes de l'ordre de saint Benoit en Brie, à quatre lieues de Paris. La fondation de ce monastère remonte à l'an 1132 ; Étienne de Senlis, évêque de Paris, en est regardé comme le fondateur. L'église de la paroisse sur laquelle l'abbaye est située, reconnaissait saint Honest de Toulouse pour son patron. L'abbesse Eustochie gouvernait ce monastère à l'époque où Amauri de Monfort, successeur de Simon de Monfort son père, continuait le siége de Toulouse. Il paraît par un titre authentique que l'abbaye d'Hières relevait du patronnage de la maison de Monfort, puisque pendant la durée du siége, Amauri manda à ses baillifs de Monfort et d'Épernon, de défendre de toute injure les religieuses d'Hières, et de leur donner autant de revenu en blé qu'elles pourraient en avoir perdu par la cession forcée de quelques dîmes à l'abbé de Saint-Magloire, à Paris.

On voit par cet acte que le comte de Monfort avait pris sous sa protection l'abbaye d'Hières ; ce qui a donné lieu de reconnaître que les religieuses de ce monastère s'adressèrent au comte Amauri, pour obtenir les ossements de saint Honest, et que la basilique de Saint-Saturnin se trouvant pendant le siége à l'entière disposition du comte, il fit enlever ces reliques, et en ordonna la translation à Hières, à l'exception de la tête et de quelques ossements du saint, qui furent toujours conservés dans la basilique. Les recherches les plus exactes de notre part n'ont pu faire découvrir le lieu où le corps de saint Honest a dû être transporté depuis la destruction de l'abbaye d'Hières. On pense que ces précieuses reliques sont devenues, comme bien d'autres, l'objet d'une sacrilége profanation.

4. La tête du saint a toujours été vénérée dans la basilique. L'an 1627 et le septième jour de juillet, cette tête fut placée dans un reliquaire donné par madame de Voluzan, née à Vannes en Bretagne ; cette dame étant venue visiter la basilique donna la somme de 74 francs, pour fournir aux frais de l'élévation qui fut alors faite de cette relique. L'authenticité de cette relique a été solennellement reconnue, après la révolution, par le vicaire-général de l'archevêque de Toulouse, le 10 juin 1807 ; cette tête a été placée en 1816 dans le buste doré où elle est encore aujourd'hui.

### Saint Jacques le Majeur.

1. Saint Jacques était fils de Zebedée et de Salomé, et frère de saint Jean l'évangéliste. Il était né à Bethzaïde en Galilée, et exerçait la profession de pêcheur. Jésus-Christ ayant appelé saint Pierre et saint André, et s'étant un peu avancé, vit Jacques et Jean dans un bateau avec leur père. Il les appela

à sa suite et ils abandonnèrent aussitôt leur barque, leurs filets et leur père, pour s'attacher à lui sans retour. Saint Jacques assista à la guérison de la belle-mère de saint Pierre et à la résurrection de la fille de Jaïre. Il reçut bientôt après de la bouche de Jésus-Christ le nom d'enfant du tonnerre. Il assista au miracle de la transfiguration. Des Samaritains n'ayant pas voulu recevoir le Sauveur dans une de leurs villes, saint Jacques et son frère lui demandèrent s'il voulait qu'ils fissent descendre le feu du ciel pour les punir. Leur mère vint solliciter pour eux, auprès de Jésus-Christ, les deux premières places dans son royaume; ce fut alors que Jésus-Christ annonça leur martyre. Le Sauveur parlant à ses apôtres de la ruine du temple, saint Jacques et les autres lui demandèrent quand cela devait arriver. Il fut le témoin de l'agonie de Jésus-Christ. Après la résurrection, saint Jacques et saint Jean furent pêcher dans la mer de Galilée. La version grecque du livre de saint Jérôme des hommes illustres porte que saint Jacques a prêché l'évangile à toutes les douze tribus dispersées dans divers endroits de la terre. Hérode Agrippa, roi des Juifs et petit-fils du grand Hérode, le fit mourir à Jérusalem par l'épée, l'an 44 de l'ère chrétienne.

2. Le corps de saint Jacques fut enterré à Jérusalem par ses disciples. Il paraît, d'après un poëme de Fortunat, que son corps était encore en Judée, au cinquième siècle. Selon l'opinion la plus probable,

ce corps fut transporté en Espagne, au septième siècle, parmi les ravages que les Sarrasins exercèrent alors dans la Palestine. Il fut dabord déposé à *Iria Flavia*, aujourd'hui Padron, sur les frontières de la Galice; les reliques de saint Jacques demeurèrent inconnues jusqu'au commencement du neuvième siècle : elles furent découvertes sous le règne d'Alphonse-le-Chaste, roi de Léon. On les transporta par l'ordre de ce prince à Compostelle où le pape Léon III transféra le siége épiscopal d'Iria-Flavia; et, au douzième siècle, le pape Calixte II transporta à Compostelle les droits de la métropole de Merida. Le nombre presqu'infini de miracles opérés au tombeau du saint rendirent ce lieu très-célèbre, dans toute la chrétienneté, par de fameux pèlerinages.

3. L'histoire de la translation du corps de saint Jacques en Espagne a paru présenter quelques difficultés à bien des auteurs; on ne peut nier cependant, après un sérieux examen, la vérité de cette histoire sans s'exposer à dire que Dieu aurait autorisé par d'incontestables miracles un culte faux si les reliques qu'on honore à Compostelle ne sont point de saint Jacques, ou un culte superstitieux si ces reliques n'appartiennent à aucun saint. Quant à la certitude des miracles, on ne saurait se persuader que ce grand concours de pèlerins qui, depuis le neuvième siècle sont venus successivement au tombeau de l'apôtre, ait pu avoir lieu, si les miracles n'étaient incontestables.

**4.** Il existait anciennement à Toulouse une église sous l'invocation de saint Jacques. Une ancienne tradition attribuait sa fondation à Charlemagne. On pourrait tout au plus supposer qu'elle fut bâtie sous le règne de ce prince. Il est fait mention de cette église dans les lettres de sauvegarde que Charles-le-Chauve accorda à Samuel pour quelques églises de Toulouse. S'il faut ajouter foi à la tradition dont nous venons de parler, cet oratoire aurait été bâti pour recevoir quelques reliques de saint Jacques, apportées d'Espagne à Toulouse sous Charlemagne. Ces reliques furent placées dans l'un des piliers de l'église. Il se forma plus tard une confrérie fameuse en l'honneur du saint, et c'est dans un vieux manuscrit renfermant les règlements de cette confrérie que l'on trouve racontée en détail l'invention de ces reliques qui fut accompagnée, dit-on, de beaucoup de miracles. A vrai dire, rien ne prouve d'une manière précise l'authenticité de ces reliques. Nous pensons que celles que possède la basilique ne viennent pas de cette source un peu suspecte, et nous croyons qu'elle les doit à la piété du comte Alphonse Jourdain.

**5.** Ce seigneur fit de très-grandes largesses à la basilique pour réparer les injustes spoliations dont elle avait été l'objet. Il avait une singulière dévotion pour l'apôtre saint Jacques et fit par deux fois le pèlerinage de Compostelle. On croit que dans l'un de ces pèlerinages il obtint une portion assez petite du crâne du saint et quelques autres ossements qu'il fit renfermer dans une *capsule* de bois et déposer dans l'église de Saint-Saturnin. Ce qui confirme cette opinion c'est que le corps de l'apôtre étant placé depuis le règne d'Alphonse-le-Chaste sous la sauve-garde des rois de Castille, le comte de Toulouse a pu facilement obtenir quelques fragments du corps de saint Jacques, en sa qualité d'allié à la maison royale de Castille, puisqu'il avait pour mère Elvire, fille d'un autre Alphonse roi de cette province. Il méritait encore le religieux présent qu'ambitionnait sa piété, puisqu'il devint deux fois le pacificateur de la Castille en terminant à l'amiable la longue guerre qui s'était élevée entre les princes de Navarre et ceux de Castille. Alphonse vivait au douzième siècle.

6. Ces reliques conservées dans la basilique furent solennellement élevées le 15 octobre 1385. Jean de Cardaillac archevêque de Toulouse et patriarche d'Alexandrie, présida à cette magnifique cérémonie. Il était assisté de l'abbé de Saint-Saturnin et de plusieurs prélats. La grande nef de l'église était tendue de riches tentures. Toute la noblesse de la ville remplissait d'élégantes estrades élevées à grands frais autour de la nef. On remarquait parmi les assistants le duc de Berry frère du roi Charles VI. L'archevêque fit la vérification exacte des ossements et les montra au peuple. Les reliques furent ensuite divisées ; la plus grande partie fut renfermée dans une

caisse en forme de tombeau, armée de bandes de fer. Le procès-verbal de cette élévation fut placé à côté des ossements dans une boîte de plomb supportée par quatre taureaux. Cette caisse fut renfermée dans une châsse de bois, revêtue de lames d'argent. Quelques autres reliques du saint furent renfermées dans un buste d'argent; ce buste était dû à la munificence du duc de Berry qui donna à cette occasion huit cents écus d'or, une chaîne d'or d'où pendait un saphir d'un grand prix; le saphir était bordé de rubis et de perles, un châton de quatre rubis d'où pendaient encore de magnifiques perles. Il offrit encore deux pièces de drap d'or. Tous les seigneurs de sa suite présentèrent à l'offrande de riches vases d'argent. On fit une procession solennelle autour de l'église; les reliques étaient portées par des prêtres sous un riche dais; la cérémonie fut terminée par le chant des vêpres. Au mois d'octobre 1644 M. Lacaze, vicaire général de l'abbé de Saint-Saturnin, vérifia les reliques renfermées dans le buste. Le 21 avril 1659 M. Duthil, vicaire général, renouvela cette vérification. Le 27 juin 1807 M. de Barbazan, vicaire général, procéda à la reconnaissance de ces reliques et en reconnut l'authenticité. Le 6 juillet de la même année il fit la visite de la grande châsse du saint. Les reliques renfermées autrefois dans le buste d'argent sont aujourd'hui dans un buste de bois doré.

D'après ce que nous venons d'exposer, c'est

donc par erreur que l'on trouve dans la nomenclature des corps entiers des saints qui reposent dans la basilique celui de saint Jacques-le-majeur. Cette prétention est mal fondée et il est certain qu'on n'en possède qu'une assez petite partie.

### Saint Philippe et Saint Jacques. — Saint Simon et Saint Jude, apôtres.

1. Après avoir annoncé l'évangile dans les deux Phrygies, saint Philippe mourut à Hieraple où son corps demeura long-temps enseveli. Ces reliques furent transportées à Constantinople au sixième siècle. On croit que c'est à cette même époque qu'elles furent apportées en Occident. Sous le pontificat de saint Grégoire-le-Grand, on bâtit à Rome une église sous l'invocation du saint apôtre, et une portion de ses reliques y fut déposée. Le reste fut porté à Toulouse, dans la basilique de Saint-Saturnin. Ces précieux ossements furent d'abord enfermés dans un tombeau de marbre. L'élévation solennelle de ces reliques eut lieu le 24 mars 1517, en présence de Laurent Lallemant évêque de Grenoble et abbé de Saint-Saturnin, et de toute la noblesse de Toulouse.

Le corps de saint Jacques-le-mineur fut transporté de Jérusalem à Constantinople l'an 572, et déposé dans une église que l'empereur Justinien-le-Jeune fit bâtir en son honneur. On assure que quelque temps après il fut porté à Rome et renfermé dans l'église dédiée sous son nom et celui de saint Philippe. La basilique de Saint-Saturnin possède depuis bien des siècles une portion du corps du saint apôtre, sans qu'on puisse déterminer si on la tient de Constantinople ou de Rome. L'élévation de ces reliques eut lieu au même jour et à la même année que celle de saint Philippe. A cette époque, les ossements des saints Apôtres furent renfermés dans une caisse de bois, revêtue, dans sa partie antérieure, de riches lames d'argent. Une inscription en caractères gothiques surmontée de l'effigie des deux saints, fut placée au-dessus de la caisse : On l'y voit encore aujourd'hui. L'an 1638 madame la maréchale de Montmorency d'Ainville donna un buste d'argent destiné à renfermer quelques fragments de la tête des deux saints. La vérification de ces reliques partielles fut faite le 26 juin 1807 par M. de Barbazan; et le 6 juillet de la même année il vérifia les ossements des saints renfermés dans la grande caisse. Au mois d'octobre 1826 les fragments dont nous avons parlé furent renfermés dans des bustes de bois doré, où ils sont encore aujourd'hui. Les reliques et non les corps entiers de saint Philippe et de saint Jacques-le-mineur reposent dans l'une des chapelles latérales des cryptes, au côté gauche. Elles se trouvent encore dans la même caisse, où on les plaça au seizième siècle.

2. On ignore le lieu où saint Simon reçut la

couronne du martyre. Les Grecs assurent dans leurs menées qu'il prêcha l'évangile dans la Mauritanie. Les martyrologes de saint Jérôme, de Bede, d'Adon, d'Usuard placent son martyre en Perse. Les actes attribués à saint André portent qu'il y avait au Bosphore Cimmérien un tombeau dans une grotte, avec une inscription qui portait que le corps de saint Simon avait été enterré en Cilicie. D'après certains auteurs, le corps de l'apôtre saint Jude reposait dans le même tombeau. Il est assez difficile de déterminer l'époque à laquelle ces saintes reliques furent apportées d'Orient en Occident. Les uns ont voulu que cette première translation ait été faite sous les premiers princes Carlovingiens, d'autres un peu plus tard. Quoi qu'il en soit cette translation n'est point douteuse, et Rome et Toulouse partagèrent entr'elles ces sacrées dépouilles. Rome les conserve dans l'église du Vatican, et Toulouse, dans la basilique de Saint-Saturnin. L'élévation solennelle des reliques des saints apôtres fut faite à Toulouse le 25 janvier de l'an 1511, en présence des évêques de Montauban et de Pamiers, et de plusieurs abbés. Ces ossements furent trouvés dans un tombeau de marbre brut parsemé de petites croix en Mosaïque; les reliques de sainte Susanne étaient renfermées dans ce même tombeau. Nous donnerons à l'article de cette sainte le détail des magnifiques cérémonies qui eurent lieu à cette occasion.

Les reliques de saint Simon et de saint Jude

furent renfermées dans une châsse revêtue de lames d'argent. Quelques portions du crâne des deux saints furent séparées et renfermées plus tard dans un buste d'argent donné par les libéralités de Foulques de la Rouére, abbé de Saint-Saturnin. Ces dernières reliques furent vérifiées le 27 octobre 1621 et en 1624. Le 17 juin 1807 M. de Barbazan reconnut leur authenticité, et le 6 juillet suivant il vérifia la grande caisse où les autres ossements étaient renfermés. En 1829 les reliques partielles des saints apôtres ont été placées dans un buste de bois doré où elles sont encore aujourd'hui. Les principaux ossements de saint Simon et saint Jude reposent dans une chapelle latérale des cryptes qui leur est dédiée.

L'église du Vatican, comme nous l'avons dit, possède une partie des corps de saint Simon et saint Jude. L'abbaye de Seauve-Majeure au diocèse de Bordeaux, l'église de Saint-André et des Chartreux à Cologne, enfin l'église des pères de Picpusse à Paris, possédaient autrefois quelques reliques de ces saints. Si les prétentions de toutes ces églises sont fondées, la basilique de Saint-Saturnin ne peut s'honorer de posséder le corps entier de nos apôtres.

### Saint Barnabé.

1. On croit communément que saint Barnabé

mourut dans l'île de Chypre. Les Grecs le regardent comme martyr, et ils croient qu'il fut lapidé par les juifs de la ville de Salamine. Il fut enterré, dit-on, auprès de cette ville, et son tombeau demeura inconnu jusqu'à l'année 488, époque à laquelle il fut découvert par Anthelme, évêque de Salamine. Ce tombeau ayant été ouvert, on y trouva le corps du saint; un exemplaire de l'évangile de saint Mathieu écrit de la main du saint, reposait sur sa poitrine. Anthème envoya cet exemplaire à l'empereur Zénon, qui le conserva respectueusement dans son palais, et fit bâtir une église magnifique sur le tombeau de saint Barnabé.

2. L'époque précise à laquelle les reliques de saint Barnabé furent transportées en Occident, et particulièrement à Toulouse, n'est point déterminée : on croit communément que cette translation a eu lieu vers la fin du treizième siècle. L'an 1587 et le vingt-sixième jour du mois d'août on découvrit dans l'un des murs latéraux qui forment les cryptes de la basilique un tombeau de pierre qu'une ancienne tradition désignait être celui de notre apôtre. L'ouverture de ce tombeau se fit en présence du vicaire-général de l'abbé et de tout le chapitre, du président Duranti, de plusieurs conseillers au parlement et d'un grand nombre de personnes de la plus haute distinction. On reconnut l'authenticité des reliques renfermées dans ce tombeau et le sépulcre fut replacé dans l'épaisseur du mur jusqu'à ce

que l'on put procéder à l'élévation solennelle de ces reliques.

3. Le 27 mai de l'an 1607, on procéda à l'élévation des ossements de saint Barnabé. La veille, à sept heures du soir, on fit l'ouverture du mur dans lequel, comme nous venons de l'observer, se trouvait renfermé le tombeau. L'évêque de Lombez, Jean d'Affis, présida à la cérémonie. Jean de Tiffaut vicaire général du cardinal de Joyeuse, abbé de Saint-Saturnin, présenta le marteau d'honneur à l'évêque qui frappa de trois coups la muraille au lieu indiqué. Les ouvriers employèrent deux heures à détruire la maçonnerie qui soutenait le tombeau. Après l'ouverture du sépulcre l'évêque prit en ses mains quelques ossements du saint et les fit baiser aux assistants. Cette cérémonie préparatoire ne fut terminée qu'à minuit. La grande nef de l'église avait été magnifiquement décorée pour l'élévation des reliques. De riches tapisseries recouvraient les piliers latéraux. Une estrade avait été disposée au milieu de la nef pour supporter la châsse d'argent destinée à renfermer les ossements du saint apôtre. La cérémonie de l'élévation commença dès six heures du matin. L'évêque de Lombez et le chapitre de la basilique se rendirent processionnellement auprès du tombeau de saint Barnabé. Les ossements furent extraits du sépulcre de pierre et renfermés dans une caisse de bois. Cette caisse fut elle-même placée dans la châsse d'argent. La messe fut célébrée pon-

tificalement par l'évêque de Lombez. Après la messe on fit une magnifique procession dans l'intérieur de la ville avec toutes les reliques qui reposent dans la basilique. Le soir après les vêpres, le père Binet, jésuite, prononça un discours sur la solennité du jour. Cette cérémonie avait attiré un concours immense de peuple. On y remarquait Mgr l'évêque de Lavaur, le premier président du parlement, et les présidents de l'Estang, de Paulo et de Montrabe, les vicaires-généraux du diocèse de Toulouse le siége vacant, M. de Clary juge-mage, MM. les capitouls, le chapitre de Saint-Etienne et celui de la Daurade. La châsse d'argent où furent placés les ossements de saint Barnabé avait été donnée par Mgr. l'évêque de Lombez.

4. Une partie de la tête de saint Barnabé fut renfermée à la même époque dans un buste d'argent. Le 11 juin 1807, M. de Barbazan reconnut l'authenticité de cette relique; en 1814, cette relique fut placée dans le buste de bois doré où elle est encore aujourd'hui.

5. Les principaux ossements de saint Barnabé se trouvent encore dans la même caisse où ils furent renfermés lors de leur première élévation. Ils ont été vérifiés 1º en 1644; 2º en 1807, par M. de Barbazan. Ils reposent dans les cryptes entre la chapelle de la Sainte-Épine et celle de Saint-Edmond.

**6.** La basilique de Saint-Saturnin n'est point la seule qui possède des reliques de l'apôtre. Plusieurs villes du Milanais, des Pays-Bas et d'Allemagne croient avoir quelques ossements du saint, leur prétention ne diminue point la certitude que nous avons de posséder à Toulouse la portion la plus considérable des ossements du saint.

### Saint Raymond chanoine de Saint Saturnin.

**1.** On place la mort de saint Raymond vers l'an 1075. Il fut enseveli dans la chapelle de l'hôpital ou collége qui porte son nom. Les ossements du saint reposèrent dans un tombeau de pierre jusqu'en l'année 1656. Leur élévation solennelle eut lieu à cette époque comme nous allons le rapporter.

**2.** L'an 1652 la peste désola la ville de Toulouse. Les remèdes paraissaient inutiles contre la violence du mal : la consternation devint générale. Messire Jean de Bertier premier président au parlement de Toulouse, proposa aux capitouls de faire un voeu solennel pour la translation des reliques de notre saint, si par son intercession, on obtenait la cessation du fléau. Cette proposition fut agréée par délibération tenue en l'Hôtel-de-Ville, le 30 janvier 1653. Le 22 février suivant les capitouls firent voeu dans l'église de Saint-Saturnin, pendant la grand'messe, de donner une châsse d'argent pour renfermer les ossements du saint. La ville se trouva bientôt après entièrement délivrée du fléau qui l'accablait. L'exécution du vœu fut cependant différée jusqu'en l'année 1656. Le 17 septembre, à trois heures de l'après-midi, les commissaires du parlement et le chapitre de Saint-Saturnin se rendirent dans la chapelle du collége de Saint-Raymond. On bénit une châsse de bois destinée à renfermer les reliques du saint, et le sépulcre fut aussitôt démoli. M. l'abbé du Tilh vicaire-général de l'abbé, montra à l'assemblée la tête de saint Raymond et la plaça avec les autres ossements dans la nouvelle châsse. Le corps du saint fut porté processionnellement dans la basilique et déposé dans la chapelle de Saint-Gilles ; un dais magnifique était porté au-dessus de la châsse par messieurs les capitouls, et le parlement assista en corps à cette première translation. La cérémonie de l'élévation fut fixée au 12 novembre. Le 10 du même mois une députation composée de messieurs de Cambolas, de Lassus et Cirol chanoines de Saint-Saturnin se rendit au parlement pour prier le président et les conseillers d'assister à cette solennité. Les députés offrirent au parlement, dans un bassin de vermeil, des médailles composées de la poussière qui s'était trouvée dans le sépulcre du saint. Le 11 novembre, à trois heures du soir, le corps de saint Raymond fut porté de la chapelle de Saint-Gilles dans la grande nef et placé sur une estrade magnifiquement décorée. L'évêque de Lombez officia pontificalement aux premières vêpres. Le lendemain, 12 novembre, la messe fut chantée solennellement par le même évêque. Après la messe les reliques furent montrées au peuple et renfermées ensuite dans la châsse d'argent que la ville de Toulouse avait donnée. Pendant huit jours, par ordonnance des vicaires-généraux du diocèse, tous les archiprêtres accompagnés de tous les prêtres de leur archiprêtré, vinrent à Saint-Saturnin pour honorer les reliques de saint Raymond. Le dernier jour de l'octave, il y eut dans l'intérieur de la ville une procession générale à laquelle furent portés les ossements du saint. Mgr. l'évêque de Comminges termina la cérémonie par le panégyrique de saint Raymond. La châsse fut transportée quelques jours après dans la chapelle du collége où elle est demeurée jusqu'à la révolution.

3. A cette dernière époque le corps du saint fut transporté dans la basilique. La châsse d'argent ayant été enlevée, la caisse qui renfermait les ossements fut placée dans une châsse de bois argentée, les sceaux de M. de Fontanges furent apposés sur cette châsse; le 21 juin 1807 M. de Barbazan fit la vérification de ces reliques et en reconnut l'authenticité. En 1834, la châsse du saint a été restaurée; elle est placée dans la chapelle du Saint-Esprit.

## Sainte Susanne de Babylone.

**1.** Sainte Susanne était fille d'Helcias, qui vivait dans la Judée sous le règne de Josias, roi de Juda ; elle fut élevée dans la crainte du Seigneur par son père et sa mère, et parfaitement instruite dans la loi de Moïse dont ils étaient religieux observateurs. Ils la marièrent à un homme très-riche nommé Joakim qui fut transporté quelque temps après à Babylone avec Daniel et d'autres juifs d'une naissance illustre par Nabuchodonosor, lorsque ce prince se rendit maître pour la première fois de la ville de Jérusalem et de la personne du roi Joakim fils de Josias. Quoique captifs dans une terre étrangère, les juifs pouvaient cependant vivre à Babylone selon les lois et les coutumes de leurs pays; le roi leur permit même d'acquérir des terres dans ses états. Usant de cette liberté, Joakim époux de la chaste Susanne se fit un établissement considérable à Babylone; il avait de superbes jardins auprès de sa maison, et les juifs se rendaient souvent chez lui parce qu'ils le considéraient comme le premier de sa nation. Susanne faisait la gloire de son époux bien plus par sa piété et sa vertu que par les dons extérieurs qu'elle avait reçus de la nature, lorsque Dieu permit que son innocence fût mise à la plus grande de toutes les épreuves. Nous ne rapporterons pas ici toute la suite de cette intéressante histoire que Daniel nous a conservée dans le livre admirable de ses prophéties ; qui n'a point entendu parler et de la brutale insolence de ces vieillards d'Israël qui ayant détourné leurs yeux pour ne point voir le ciel, osèrent la solliciter au crime, et de ce courage héroïque avec lequel elle repoussa leurs infames sollicitations, et de cette accusation juridique qu'ils firent peser sur elle, affreuse mais naturelle vengeance d'une passion méprisée ? Qui ne sait enfin comment un enfant lorsqu'elle était conduite au supplice, convainquit ces deux vieillards de la plus noire imposture, les fit condamner lui-même à la mort, digne châtiment de tant de crimes, et rendit ainsi à la fille d'Helcias l'innocence et la vie. Un événement aussi mémorable où le ciel avait si hautement parlé en sa faveur, la rendit l'objet de la vénération publique. Le reste de sa vie nous est inconnu ; elle mourut à Babylone et fut ensevelie d'une manière conforme à ses richesses et à sa grande vertu.

2. Ayant maintenant à raconter l'histoire de la translation de ses reliques, il semble que notre tâche soit difficile à remplir : comment ces ossements ont-ils pu être portés d'une contrée aussi éloignée, jusqu'à Toulouse, et depuis tant de siècles être conservés jusqu'à ce jour au milieu d'un si grand nombre de révolutions et de changements divers ? Nous pourrions répondre d'abord que l'éloignement des temps ou des lieux ne sauraient embarrasser celui qui garde avec soin les ossements de ses saints et qui ne per-

met pas qu'un seul même soit brisé ; mais les recherches que nous avons faites d'après les monuments les plus authentiques, ont de quoi satisfaire une piété éclairée. On peut raisonnablement supposer qu'au retour de la captivité de Babylone, les Juifs emportèrent à Jérusalem les ossements de sainte Susanne, qui avait tenu un rang si distingué dans sa nation ; du reste, quand nous admettrions que ces vénérables reliques sont demeurées dans leur tombeau, à Babylone, ou dans la contrée où était autrefois cette ville fameuse, jusqu'au moment de leur translation dans les Gaules, nous pouvons tout aussi facilement expliquer comment elles ont pu y être transportées. Nous lisons dans la vie de Charlemagne que la réputation de ce prince avait passé les mers et pénétré jusqu'au fond de l'Orient. Aaron, roi de Perse, conçut tant de respect et d'admiration pour le monarque français qu'il lui envoya des ambassadeurs chargés de présents magnifiques. Parmi les présents qu'ils lui offrirent, il s'en trouvait un qui dut singulièrement flatter la piété de ce prince : c'était les clefs de Jérusalem et des saints lieux dont la possession lui fut alors authentiquement assurée par le roi de Perse. Charlemagne envoya à son tour des ambassadeurs au roi, et l'histoire nous apprend que ceux-ci apportèrent avec eux, dans les Gaules, les reliques d'un assez grand nombre de saints. Ce fait incontestable une fois établi, examinons la suite des événements.

3. Avant l'année 1511 une tradition constante était établie à Toulouse : on croyait généralement que les reliques de sainte Susanne de Babylone et des apôtres saint Simon et saint Jude avaient été portées dans cette ville, sous le règne de Charlemagne, et déposées dans l'église Saint-Saturnin ; mais on ignorait entièrement le lieu où elles reposaient. Il plut enfin au Seigneur de révéler ce sacré dépôt ; vers l'année 1497 un prêtre vertueux, nommé de Bosco, attaché à l'église de Saint-Michel à Bordeaux, fut faussement accusé d'avoir dérobé les offrandes de cette église. Dans l'excès de sa douleur, il eut recours à sainte Susanne, protectrice des innocents calomniés. La sainte lui apparut pendant la nuit, ranima sa confiance et lui assura qu'il serait délivré de ses ennemis ; ce prêtre craignant que cette vision ne fût une illusion du démon, redoubla ses prières, et alors la sainte, pour lui confirmer la vérité de son apparition, lui fit connaître que ses reliques reposaient dans l'église de Saint-Saturnin de Toulouse, lui indiquant le lieu où on les trouverait. Après avoir été délivré de cette fausse accusation par l'aveu même de ses calomniateurs, il donna connaissance de tout ce qui s'était passé à l'archevêque de Bordeaux ; celui-ci écrivit aussitôt à l'abbé de Saint-Saturnin et lui envoya la relation de cette apparition merveilleuse faite par l'ecclésiastique lui-même. Cette relation portait que ces ossements étaient placés dans l'un des quatre piliers qui supportent le clocher. Ce pilier était spécialement désigné, c'est celui

où l'on voit encore peinte l'image de la sainte ; il était dit que c'était à la partie inférieure du pilier qui se trouve comprise dans les cryptes, qu'on trouverait ces saintes reliques.

4. Soit qu'on n'eût point alors grande confiance à ce récit, soit que se contentant de savoir que ce précieux dépôt était renfermé dans cette église, on ne voulut pas faire les fouilles nécessaires, quinze années se passèrent sans qu'on s'occupât à constater par des recherches la vérité de cette relation. Ce ne fut que dans l'année 1511 qu'on fit l'élévation solennelle de ces reliques de la manière dont nous allons le rapporter. Au mois d'août de cette année, la peste affligea la ville de Toulouse. Les habitants firent un vœu pour obtenir la cessation de ce fléau par l'intercession de sainte Suzanne et des bienheureux apôtres saint Simon et saint Jude. On forma dès-lors le projet de chercher les précieuses reliques de la sainte au lieu indiqué. L'exécution en fut renvoyée au 25 janvier 1511. Ce jour étant venu, les évêques de Pamiers et de Montauban et les grands vicaires de l'archevêque de Toulouse s'assemblèrent à sept heures du matin dans la sacristie de Saint-Saturnin. Les capitouls et les autres magistrats se réunirent dans les cryptes. Après le chant du *Veni, Creator,* on fit lever les gros quartiers de pierre à l'endroit où, selon la tradition, reposaient les saintes reliques. Les pierres ayant été enlevées, on découvrit un petit tombeau de marbre brut, semé de croix faites de petites

pierres à la mosaïque : dans ce tombeau furent trouvés les ossements de sainte Suzanne, au nombre de quatorze, renfermés dans une boîte de cyprès ; on les reconnut à un écrit renfermé dans un tube de crystal. Ces ossements, placés dans un bassin d'argent, furent portés processionnellement autour de l'église par l'évêque de Montauban ; une foule immense se pressait au dehors auprès de la basilique.

Les reliques furent montrées au peuple. Un religieux jacobin prononça un panégyrique en leur honneur. On enferma les reliques de sainte Suzanne dans une châsse de bois argenté. Cette châsse fut déposée dans la chapelle de saint Jean-Baptiste, dite depuis de sainte Suzanne et aujourd'hui de l'immaculée Conception. La tête de la sainte fut enfermée dans un reliquaire d'argent qui a été enlevé à l'époque de la révolution.

5. Les circonstances de cette mémorable invention nous sont rapportées par l'estimable auteur des Annales de Toulouse ; elles le sont encore par Nicolas Bertrand, auteur contemporain. Puisqu'il est incontestable que les reliques de cette sainte ont été trouvées dans la basilique, il nous paraît naturel d'en fixer la translation dans les Gaules à la célèbre ambassade du roi de Perse à Charlemagne, qui les aurait fait porter dans cette église avec les reliques de plusieurs apôtres. La châsse que l'on voit encore aujourd'hui est la même que celle où les ossements

furent renfermés lors de leur invention. La tête, enlevée du reliquaire d'argent, a été enfermée dans une boîte qui se conserve dans la basilique. Madame la marquise du Pouget avait donné ce magnifique reliquaire. L'authenticité de toutes les reliques de la sainte, a été verifiée et reconnue par M. de Barbazan, le 11 juin et le 6 juillet de l'année 1807.

### Saint Georges, martyr.

1. Au milieu des incertitudes qui règnent sur la vie et le martyre de ce saint, on croit cependant pouvoir assurer qu'il naquit en Cappadoce d'une famille illustre. Après la mort de son père, il se retira en Palestine avec sa mère qui possédait de grands biens dans cette province. Il embrassa la profession des armes et gagna l'estime de Dioclétien. L'empereur ayant publié un édit contre les chrétiens, Georges quitta ses emplois et se plaignit même au prince de la rigueur des édits ; il se trouvait alors à Nicomédie auprès de l'empereur. Quelques auteurs ont pensé qu'il est le même que ce jeune homme qui, selon Eusèbe et Lactance, déchira les édits de Dioclétien affichés sur les murs de la ville. Il fut arrêté et jeté dans les prisons publiques ; après des tortures inouïes, il fut décapité hors les murs de Nicomédie. On place son martyre vers la solennité de Pâques.

2. Le corps de saint Georges fût transporté de

Nicomédie à Joppé en Palestine et de Joppé en un lieu situé entre Ramula et Diospolis ou Lydde, lieu devenu très-célèbre par la magnifique basilique que Constantin-le-Grand fit élever sur le tombeau du saint. Ce temple fut détruit par les Sarrazins vers l'an 1019. A l'époque des croisades, sur la fin du onzième siècle, les croisés relevèrent de ses ruines la basilique de Saint-Georges. On croit avec assez de certitude que les reliques du saint martyr furent alors transportées en Occident et divisées entre plusieurs églises, parmi lesquelles on compte principalement Rome, Venise, Cambrai, Paris et Toulouse.

3. Nous avons en faveur de l'authenticité des reliques de saint Georges, gardées dans la basilique de Saint-Saturnin, les lettres-patentes de Marie d'Anjou fille de Louis II roi de Naples et épouse de Charles VII. Cette illustre princesse s'exprime ainsi dans ses lettres adressées au chapitre de Saint-Saturnin : « Nous Marie, par la grâce de Dieu, reine de
» France, certifions à tous à qui il appartiendra
» qu'après qu'avons fait informer les abbé et cha-
» noines de Saint-Serny de Thoulouse du grant
» amour et singulière dévocion qu'avons au corps
» du glorieux ami de Dieu Monseigneur saint
» George, le quel ils ont en leur église, dès l'an mil
» cent quatre vingt et sept, que Guill. Taillefer
» hui[eme] comte de Thoulouse le donna à ladite église,
» lequel le fit aporter du pays de Grèce à son retour
» de Jérusalem et de la terre sainte, qu'en ce temps

» il était allé visiter. Et aussi après est que les avons
» fait requérir et prier de par nous, pour une por-
» tion du dit glorieux corps saint nous être par eux
» départie. Iceux abbé et chanoines en obtempérant
» à notre prière et requeste, des reliques du très
» glorieux corps saint nous ont départi.... est à savoir
» *una piessa del bras del venerable corps de Mon-*
» *seigneur sant Georgi martyr* ; de quoi nous te-
» nons bien contente et grandement obligée à la-
» dite église. En témoignage, nous avons signé
» ces présentes de notre main et fait mettre notre
» scél à sceller.

» Donné en notre chastel de Chinon, le huitième
» jour d'octobre de l'an de grâce mil soixante [1].

MARIE.

4. D'après ces lettres patentes, il est certain que les reliques de saint Georges déposées dans la basilique de Saint-Saturnin étaient regardées au quinzième siècle comme authentiques, puisqu'une reine de France, fille et femme de rois puissants en demande une parcelle par une faveur spéciale. Toutefois ces lettres renferment quelques erreurs historiques qu'il faut rectifier. 1° Ce n'est point du pays de Grèce mais bien de la Palestine que les reliques du saint ont été transportées en Occident. 2° Le

---

[1] L'original, signé de la main de la reine, est déposé aux archives, n° 14, sac zz, lias. 1re, titre 4.

voyage de Guillaume Taillefer en terre sainte n'a jamais eu lieu. De plus, ce comte était mort vers la fin du onzième siècle, il n'a donc pu transférer ces reliques à la fin du douzième, comme il est dit dans les lettres de la reine. — Nous pensons qu'il y a ici une double erreur et de date et de nom, erreur qui a pu être facilement insérée dans les lettres de la reine, ou sur la foi d'une légende existante, ou par la négligence d'un copiste.

Guillaume IV, petit fils de Guillaume Taillefer, entreprit le voyage de Jérusalem par un sentiment de pure dévotion, et fit un assez long séjour dans la Palestine, visitant avec soin tous les lieux consacrés par quelque religieux souvenir. Le tombeau de saint Georges était fameux dans ces contrées, et dut attirer l'attention du prince. On supposerait que le comte a envoyé à Toulouse quelque portion assez considérable du corps du saint martyr. Il faudrait donc marquer dans les lettres l'année mil quatre-vingt-sept au lieu de mil cent quatre-vingt-sept, et attribuer au petit fils de Guillaume Taillefer ce que l'on a faussement attribué à ce dernier comte. La ressemblance des noms et des chiffres peut expliquer cette erreur. Quoi qu'il en soit de cette conjecture que nous laissons à l'appréciation de nos lecteurs, il est heureux pour nous de pouvoir produire en faveur des reliques de saint Georges qui sont honorées dans la basilique, un titre beaucoup plus authentique. Nous lisons en effet dans les savantes notes que les continuateurs de Bollandus ont données sur les actes du martyre de saint Georges, que Robert comte de Flandres, qui fut un des chefs de la Croisade, fit hommage à l'église de Saint-Saturnin d'un bras du saint, et que plus tard on apporta de Rome à cette même église quelque autre portion de ses reliques. Selon d'habiles critiques, il est certain que l'impératrice Hélène envoya à Rome des reliques assez considérables du saint martyr. Ainsi, les ossements que possède la basilique nous viennent de la piété du comte de Flandres et de la libéralité de l'église de Rome.

5. C'est à la fin du onzième siècle et vers le commencement du douzième que quelques reliques et non le corps entier de saint Georges ont été déposées dans la basilique. Elles étaient primitivement renfermées dans une châsse de bois peinte et ornée de figures.

Le cardinal Georges d'Armagnac, évêque de Rodez, promit à la société dite *des Corps saints*, de donner une châsse d'argent pour les reliques de son patron, s'il devenait archevêque de Toulouse. Devenu archevêque de cette dernière ville, il n'exécuta pas sa promesse, et l'histoire ne dit pas quelles furent les raisons qui le portèrent à manquer ainsi à sa parole. La châsse d'argent fut faite plus tard aux frais de la société. Les reliques du Saint y furent solennellement placées le 14 novembre 1618. Des reliques partielles de saint Georges furent alors renfermées dans un buste. A l'époque de la révolution, la châsse de saint Georges fut dépouillée de ses lames d'argent. On ne toucha point à la caisse qui renfermait ses ossements. L'authenticité de ces reliques a été vérifiée le 15 juin et le 6 juillet 1807. L'an 1816, l'ancienne caisse a été renfermée dans une châsse de bois doré, ainsi qu'on la voit aujourd'hui.

6. Au dix-septième siècle, les reliques de saint Georges furent exposées à la vénération des fidèles dans l'une des chapelles qui entourent le rond-point du sanctuaire. Cette chapelle était autrefois dédiée à sainte Marguerite ; plus tard elle prit le nom des douze Apôtres, à cause d'un fait extraordinaire dont nous parlerons en son lieu ; elle porte enfin aujourd'hui le nom de saint Georges. Les principaux traits de la vie et du martyre du Saint sont reproduits en relief sur une des parties latérales. L'histoire de son combat avec le dragon doit être placée au rang des fables. Si on représente ce Saint tenant un dragon sous ses pieds, c'est uniquement pour reproduire d'une manière symbolique l'éclat des nombreuses victoires qu'il remporta sur le démon par son glorieux martyre.

### Saint Cyr et sainte Julitte.

1. Issue du sang des rois de l'Asie, Julitte était

née à Icône. Les édits de Dioclétien contre les chrétiens étant parvenus dans la Lycaonie, Domitien fut chargé de les exécuter. Julitte, pour éviter la persécution se retira à Seleucie, et de là à Tarse en Cilicie, avec son fils nommé Cyr, enfant âgé de trois ans, et deux filles qui la servaient. Alexandre, gouverneur de Tarse, la fit arrêter avec son fils. Elle parut avec intrépidité devant le tyran, tenant son enfant entre ses bras. A toutes les questions qui lui furent adressées, elle ne répondit que par ces mots : Je suis chrétienne. Le juge ordonna qu'elle fût étendue et frappée avec des nerfs de bœuf.

A l'égard du jeune Cyr, le juge voulut qu'on le portât sur ses genoux. L'enfant étendait sans cesse ses mains innocentes vers sa mère, et ne répondait aux caresses d'Alexandre que par des coups, des cris et des larmes ; lorsque sa mère disait : *Je suis chrétienne*, Cyr répétait à son tour : *Je suis chrétien*. Le juge irrité le saisit alors par le pied et le jeta avec force par terre. Cette innocente victime expira bientôt baignée dans son sang. Julitte vit avec joie le martyre de son enfant. Les transports qu'elle ne pouvait contenir augmentèrent la fureur du tyran ; il ordonna qu'elle fût déchirée avec des ongles de fer et qu'on lui versât de la poix brûlante sur les pieds : elle eut, à la fin, la tête tranchée.

2. Les corps des saints martyrs furent jetés au lieu où l'on mettait les cadavres des malfaiteurs ;

mais les deux filles qui avaient accompagné la Sainte enlevèrent secrètement ces corps et les enterrèrent dans un champ voisin de la ville. Sous le règne de l'empereur Constantin, une de ces filles qui vivait encore découvrit aux fidèles le lieu où reposaient ces reliques, qui furent alors pour la première fois divisées. La principale partie fut transportée à Antioche de Syrie. Vers la fin du quatrième siècle, saint Amateur, évêque d'Auxerre, apporta d'Antioche dans les Gaules les reliques de saint Cyr et de sainte Julitte ; il en fit plusieurs distributions à diverses églises, et particulièrement à celles de Nevers et de Toulouse. Les ossements envoyés à Toulouse furent déposés dans la basilique de Saint-Saturnin.

3. L'élévation solennelle des corps de saint Cyr et de sainte Julitte eut lieu l'an 1450. La châsse d'argent qui les renfermait fut donnée par messire Pierre de Rosergio, archevêque de Toulouse, et messire Jean de Jeanhiac, abbé de Saint-Saturnin. Quelques reliques de la tête de saint Cyr furent placées plus tard dans un buste d'argent. L'authenticité de ces ossements a été vérifiée et reconnue le 6 juillet 1807 par M. de Barbazan, vicaire-général de Mgr. l'archevêque de Toulouse.

4. Les corps de saint Cyr et de sainte Julitte reposent dans l'une des chapelles qui règnent autour de l'abside. Cette chapelle était autrefois dédiée à

saint Martial. Quelques traits de la vie de ces Saints ont été reproduits en relief sur les portes latérales. La châsse de bois doré, dans laquelle sont renfermées aujourd'hui les reliques, a été faite en 1816. Nous ne possédons pas à Toulouse, comme on l'a cru communément jusqu'à ce jour, et comme le disent les légendes, les corps entiers de ces saints martyrs, mais seulement une portion assez considérable de ces corps. L'église de Ravenne, en Italie, a cru long-temps posséder les corps de saint Cyr et de sa mère. On prétendait que leurs ossements reposaient dans le grand autel de l'église de saint Jean-Baptiste, bâtie l'an 438. L'an 1605, le cardinal Aldobrandin, archevêque de Ravenne, visita cet autel. Une *capsule* d'ivoire fut trouvée renfermant quelques ossements de femme et d'enfant; du reste, aucun titre n'indiquait l'authenticité de ces reliques. On voit que les prétentions de l'église de Ravenne, pas plus que celles de l'église de Nevers, ne sauraient nuire à la croyance bien fondée que nous avons de posséder à Toulouse des reliques considérables de ces saints martyrs.

### Saint Asciscle et sainte Victoire.

1. Saint Asciscle et sainte Victoire étaient originaires de Cordoue en Espagne, et souffrirent le martyre dans la persécution de Dioclétien. On ne connaît pas les circonstances de ce martyre : s'il faut

ajouter foi à un ancien lectionnaire, les deux Saints furent cités au tribunal de Dion et souffrirent d'horribles tortures : Asciscle fut fouetté, et Victoire reçut des coups sous la plante des pieds. Le tyran fit ensuite jeter ces généreux confesseurs dans un feu très-ardent ; mais ils furent épargnés par les flammes. Précipités dans le fleuve, ils ne purent être submergés par les eaux ; attachés à d'énormes roues au-dessus d'un feu dévorant, ils échappèrent à ce nouveau supplice. Les martyrs furent jetés une seconde fois dans la prison où Victoire fut visitée par des femmes païennes qu'elle convertit. La Sainte périt sous les coups de flèche dont elle eut le côté percé. Asciscle eut la tête tranchée. Une noble femme nommée Emilienne rendit les honneurs de la sépulture aux corps des saints martyrs. Tels sont les détails rapportés dans ce lectionnaire, détails dont nous ne garantissons pas l'authenticité.

2. Il est certain que le tombeau de saint Asciscle et de sainte Victoire était situé dans un des faubourgs de Cordoue. Une église très-célèbre fut construite en leur honneur. Auprès de ce temple se trouvait un vaste établissement dans lequel étaient renfermés une magnifique bibliothèque et un collége pour les jeunes clercs. Le martyrologe de saint Jérôme, qui marque la fête de ces Saints au 18 novembre, dit que ce jour-là on cueillait des roses au lieu de leur martyre, et que cette merveille se renouvelait

tous les ans. Les ossements de saint Asciscle et de sainte Victoire étaient encore à Cordoue au milieu du sixième siècle, puisque Agila, roi des Goths, étant venu assiéger cette ville l'an 550, profana leur tombeau, et fut puni de son sacrilége ayant perdu la vie dans une sortie que les assiégés firent contre ses troupes.

3. Saussaye dans son martyrologe gallican, et Tillemont dans son histoire ecclésiastique, assurent que les corps de saint Asciscle et de sainte Victoire furent apportés d'Espagne par Charlemagne, et qu'il les déposa à Toulouse dans l'église de Saint-Saturnin. Nous croyons beaucoup plus probable d'admettre que ce fut sous le règne de ce prince, plutôt que par ce prince lui-même, que ces reliques furent apportées à Toulouse. Une conjecture qui n'est pas dénuée de vraisemblance, reconnaît les Toulousains prisonniers à Cordoue, comme les auteurs de cette translation. Vers l'an 792, pendant que Louis-le-Débonnaire se trouvait auprès de son père en Bavière, l'émir Abdelméléc, à la tête d'une armée de Sarrasins, entra dans la Septimanie et vint jusqu'à Narbonne. Guillaume Court-Nés, comte de Toulouse, leva aussitôt des troupes dans la ville et les pays toulousains, et marcha contre l'émir. Le comte fut vaincu, mais les Sarrasins ne poussèrent pas plus loin leurs conquêtes ; ils revinrent en Espagne emmenant avec eux beaucoup de prisonniers, parmi lesquels on comptait un grand nombre

de Toulousains. L'émir Issem se servit de ses prisonniers pour achever la construction de la superbe mosquée de Cordoue, qu'Abderame son père avait commencée. On croit que les Toulousains, revenant dans leur pays, emportèrent avec eux une partie assez considérable des ossements de saint Asciscle et de sainte Victoire, dont le tombeau situé hors de la ville, et dans un pays soumis alors à des infidèles, offrait une occasion favorable à un pieux enlèvement. On garde à Cordoue plusieurs ossements des saints martyrs ; toutefois la basilique de Saint-Saturnin possède la plus grande partie de leurs reliques.

4. Les reliques de saint Asciscle et de sainte Victoire reposaient autrefois dans un tombeau de pierre placé au-dessous de celui de saint Exupère. Quelqu'autre portion était renfermée dans un vase aussi de pierre ayant la forme d'un bassin. Urbain II plaça quelques-unes de ces reliques dans le grand autel du chœur à l'époque de la consécration solennelle qu'il fit de la basilique, ainsi que nous l'avons dit plus haut. Plusieurs années plus tard, ces reliques furent déposées dans une châsse antique de bois peint, et la châsse fut placée autour du rond-point, au lieu où on la voit encore aujourd'hui. L'authenticité des reliques de saint Asciscle et de sainte Victoire a été vérifiée et reconnue le 26 juin et le 6 juillet 1807 par M. de Barbazan, vicaire-général de Mgr. l'archevêque. Sainte Victoire ne

doit pas être regardée comme la sœur de saint Asciscle, mais comme la compagne de son martyre.

### Saints Claude, Nicostrat, Symphorien, Castor et Simplice.

1. Adon, archevêque de Vienne, dans son martyrologe, place ces martyrs sous Dioclétien et Maximien. Ils jouissaient d'une assez grande considération auprès de l'empereur, à cause de leur habileté dans l'art de la sculpture. On dit que les quatre premiers convertirent Simplice à la véritable foi, et se firent instruire et baptiser par l'évêque Cyrille. Les païens les accusèrent comme chrétiens auprès de l'empereur, et déclarèrent que ces sculpteurs refusaient d'obéir aux ordres du prince qui leur avait commandé une statue d'Esculape. L'empereur les renvoya devant le tribun Lampadius qui leur dit : Adorez le soleil. Nous n'adorons, répondirent-ils, que le Dieu du ciel et de la terre et Jésus-Christ son fils. Ils furent alors jetés dans la prison publique, dépouillés de leurs vêtements et déchirés avec des ongles de fer. Pendant qu'on exerçait ces horribles tortures sur les martyrs, Lampadius expira saisi par l'esprit malin. Dioclétien, plein de fureur, ordonna que les saints fussent renfermés vivants dans des cercueils de plomb. Ce qui fut exécuté.

2. Quarante jours après, un chrétien nommé

Nicodème retira les ossements des martyrs, et leur donna la sépulture. Les circonstances merveilleuses qui accompagnent le récit d'Adon ont fait douter de l'authenticité de ces actes. Il ne faut pas confondre les martyrs dont nous venons de parler avec d'autres saints qui portent à peu près les mêmes noms, et qu'on honore à Rome sous le titre de *Quatre couronnés*. Ces derniers étaient frères et appartenaient à la préfecture de Rome, et furent aussi martyrisés sous Dioclétien. Quant aux saints dont il est question dans cet article, il est certain qu'ils reçurent à Rome la couronne du martyre dans la persécution de Dioclétien : ils furent enterrés dans le cimetière de la voie Lavicane. Le Pape Léon IV transporta leurs ossements dans l'église dédiée sous le titre de *Quatre couronnés*.

3. On ne saurait placer la translation des ossements de ces saints à Toulouse sous le règne de Charlemagne, puisque ce prince mourut l'an 814, et que Léon IV ne monta sur le siége apostolique que l'an 847. Toutefois ce pontife est désigné dans l'histoire comme ayant opéré la première translation de ces reliques. Nous croyons donc qu'elles demeurèrent assez peu de temps dans l'église des Quatre couronnés, et qu'elles furent apportées à Toulouse sous le règne de Charles-le-chauve. La ressemblance des noms dans les anciens titres peut expliquer cette erreur. Le martyrologe gallican parle de cette translation sans désigner l'époque précise ; les autres auteurs ne la contrarient pas.

4. Les corps des saints martyrs demeurèrent pendant bien des siècles ensevelis dans la basilique, et renfermés dans des tombeaux de pierre jusqu'à l'année 1644. Le 13 novembre de cette année, on procéda avec beaucoup de solennité à l'élévation de ces reliques et de celles de saint Edmond. M. de Monchal, archevêque de Toulouse, présida à cette imposante cérémonie, dont nous donnerons les détails à l'article suivant. Les ossements des saints martyrs furent placés alors dans deux châsses semblables de bois doré. Ces châsses, sur lesquelles se trouvait représentée l'histoire du martyre de ces saints, furent déposées aux cryptes dans la chapelle de Saint-Edmond, où elles sont encore aujourd'hui. Les têtes des martyrs étaient renfermées dans un buste de bois doré. L'authenticité de toutes ces reliques a été vérifiée et reconnue, le 1er et le 6 juillet 1807, par M. de Barbazan, vicaire-général de Mgr. l'archevêque de Toulouse.

### Saint Edmond, Roi d'Angleterre.

1. D'après les meilleurs historiens d'Angleterre, Edmond descendait des anciens rois anglo-saxons, du pays des Est-Angles, qui forma plus tard les comtés de Nord-Folk, Suffolk, Cambridge et Huntington. Obba, roi des Est-Angles, désirant terminer ses jours à Rome dans les travaux de la pénitence, remit sa couronne à Edmond, âgé alors

de quinze années. Il fut couronné le jour de Noël 855, au château de Burum, sur le Stour, par saint Humbert, évêque des Est-Angles. Il fut le modèle des bons rois par toutes les brillantes qualités dont il était orné. Sous son règne, la Religion et les bonnes mœurs, l'intégrité et la justice fleurirent dans ses Etats. Il se montra toujours le père des pauvres et des malheureux : une éminente piété rehaussait en lui l'éclat des autres vertus. Il apprit par cœur le Psautier, et passa pour cela une année entière à son château de Honstanton ; le livre dont il se servait a été long-temps gardé à l'abbaye de Saint-Edmonsbury.

2. Quinze années s'étaient écoulées depuis qu'Edmond était sur le trône, lorsque des pirates danois, ayant à leur tête Hinguar, débarquèrent en Angleterre, et passèrent l'hiver au milieu des Est-Angles. Edmond fit un traité avec ces barbares; mais s'apercevant bientôt que ce traité ne servait qu'à pallier leurs affreux brigandages, il rassembla des troupes, marcha contre eux, et les battit près de Thetford. Les Danois renforcèrent leur armée. Edmond se trouvant trop faible pour résister aux infidèles, se retira vers son château de Fralimgham, dans la province de Suffolk. Les barbares lui firent plusieurs propositions qu'il refusa d'accepter, parce qu'elles blessaient la Religion et la justice. Pendant qu'il fuyait, les infidèles l'investirent à Hoxon sur la Waveney : il fut pris et traîné, chargé de chaînes,

à la tente du général danois. Edmond répondit aux nouvelles propositions qui lui furent faites, que la Religion lui était plus chère que la vie, et qu'il ne consentirait jamais à offenser son Dieu. Hinguar ayant ordonné d'attacher le prince à un arbre, le fit déchirer à coups de fouet. Les infidèles décochèrent ensuite sur son corps une grêle de flèches ; enfin il eut la tête tranchée. On place sa mort vers l'an 870.

3. Les barbares jetèrent la tête du saint dans la forêt voisine, et laissèrent son corps sur le lieu même de son martyre. La tête fut bientôt retrouvée et ensevelie avec son corps à Hoxon. Quelque temps après, ses ossements furent transportés à Kingston, appelé depuis Saint-Edmonsbury. En 920, la crainte des barbares fit porter les reliques à Londres où elles restèrent, pendant trois années, dans l'église de Saint-Grégoire ; plus tard, elles furent de nouveau reportées à Saint-Edmonsbury. En 1020, le roi Canut fonda au même lieu une nouvelle église et une abbaye en l'honneur du saint martyr ; il les fit bâtir avec la plus grande magnificence. D'après les historiens d'Angleterre, rien n'égalait l'étendue et la beauté de cette célèbre abbaye où les arts réunis semblaient avoir épuisé toutes leurs richesses.

4. Au commencement du treizième siècle, l'abbaye de Saint-Edmonsbury eut beaucoup à souffrir

des ravages de la cruelle guerre de Louis, fils de Philippe-Auguste, et de Jean-sans-Terre. Ce dernier prince, cherchant à repousser les armes victorieuses du fils de France, parcourut en désespéré les provinces de Norfolk et de Suffolk, pillant de toute part églises et monastères. Une mort honteuse vint mettre un terme à ses malheurs et à ses crimes. Louis paraissait devoir jouir long-temps de la couronne d'Angleterre, lorsque le jeune Henri-Plantagenet, fils de Jean-sans-Terre, réunit autour de lui un parti nombreux, et força Louis d'aller en France chercher un secours d'hommes et d'argent. Pendant l'absence de Louis, la plupart des barons anglais se tournèrent du côté de Henri III. A son retour, les armées successives qu'il leur envoya pour combattre les partisans du jeune monarque furent complettement vaincues; il fut lui-même retenu assiégé dans Londres par Guillaume, grand-maréchal d'Angleterre. Réduit à l'extrémité, il jura de quitter l'Angleterre avec tous les Français, et regagna tristement les côtes de France, ayant perdu par ses fautes le royaume qu'il avait conquis par celles d'un autre. Quelques années avant son expédition d'Angleterre, Louis s'était déjà croisé contre les Albigeois, et était venu à Toulouse l'an 1215. Ce fut l'année suivante 1216, que les barons anglais députèrent des ambassadeurs à Philippe-Auguste, pour le prier d'envoyer son fils régner en Angleterre. En 1219, Louis avait quitté ce royaume, comme nous venons de le rapporter.

5. Si le prince français avait laissé une couronne en Angleterre, il avait du moins apporté en France une précieuse relique, le corps de saint Edmond. D'après les chroniqueurs et les légendaires qui tous sont unanimes sur ce point, Louis, avant de quitter l'Angleterre, avait fait enlever les ossements du saint roi du lieu appelé *le Château de Béatrix*, où ils avaient été cachés durant la guerre de Jean-sans-Terre. A peine débarqué sur les côtes de France, Louis se rendit en Aquitaine pour venir au secours d'Amauri de Montfort. Après la prise de Marmande, le prince vint mettre le siége devant Toulouse. La basilique de Saint-Saturnin, située encore hors des murs, se trouva à la disposition de Louis, qui déposa dans son enceinte les reliques du saint roi d'Angleterre. Ce jeune prince avait une singulière dévotion pour les reliques des saints; car, pendant son premier séjour à Toulouse, il demanda à Simon de Montfort de lui procurer quelques reliques de saint Vincent, qu'on gardait à Castres : ce qui lui fut octroyé.

6. Le corps de saint Edmond demeura enseveli, selon la coutume, dans la basilique jusqu'au dix-septième siècle, époque à laquelle eut lieu l'élévation de ces reliques. La ville de Toulouse fut désolée par une affreuse peste dans les années 1628-29-30 et 31 ; les remèdes devenant inefficaces contre la violence du mal, on eut recours à la protection du ciel. Le 12 août 1636, les capitouls firent un vœu

solennel pour l'élévation du corps de saint Edmond dans un châsse d'argent qui devait être donnée par la ville. L'exécution de ce vœu fut différée jusqu'à l'année 1644. Le 13 juillet, Mgr. de Montchal, archevêque de Toulouse, accompagné du chapitre, du premier président au Parlement et de MM. les capitouls, se rendit dans les cryptes, devant le lieu où était enseveli le corps de saint Edmond. Le sépulcre de pierre, qui était renfermé sous une petite voûte dans l'épaisseur du mur, fut ouvert, et l'on procéda à la vérification des reliques dont on dressa la nomenclature. Les ossements furent placés dans une caisse de bois, et la caisse fut déposée dans la chapelle de la Sainte-Epine. La cérémonie de l'élévation fut fixée au 13 novembre. La veille, à quatre heures du soir, Mgr. l'archevêque, le chapitre, les capitouls et MM. du Parlement, se rendirent dans les cryptes, et les reliques furent portées solennellement au milieu de la grande nef. Après les avoir encensées, Monseigneur officia pontificalement. Le lendemain, 13 novembre, Mgr. l'archevêque se rendit, à huit heures du matin, dans la basilique. La nef était ornée de riches tentures; toutes les châsses des saints qui reposent dans l'église étaient disposées sur des gradins. Vis-à-vis le trône de l'archevêque, on voyait les siéges des évêques de la province, qui assistaient à la cérémonie au nombre de huit; et de chaque côté, étaient rangés par ordre les chanoines de Saint-Saturnin, Messieurs du Parlement en robes rouges, les docteurs de l'Université, les trésoriers-généraux de France, les capitouls, et toute la noblesse de la ville : chacun des assistants tenait en ses mains un flambeau allumé; la musique était placée sous les voûtes latérales. Après l'évangile de la messe pontificale, Mgr. l'archevêque monta en chaire pour adresser quelques paroles à l'Assemblée.

7. Après la messe, le prélat monta sur l'estrade où étaient placées les reliques ; et les montrant successivement au peuple, il les renferma dans la châsse d'argent. Pendant cette imposante cérémonie, la musique au dedans et les canons au dehors se firent entendre. Le soir, l'archevêque officia pontificalement aux vêpres. Les reliques de saint Edmond et des autres saints martyrs furent exposées pendant huit jours à la vénération publique. Tous les curés du diocèse vinrent, à la tête de leur paroisse, honorer ces ossements. On compta jusqu'à cinquante processions par jour ; l'affluence fut si grande, qu'on pouvait à peine pénétrer dans l'enceinte de la basilique. Le huitième et le dernier jour, on fit dans l'intérieur de la ville une procession générale ; jamais on n'avait déployé une plus grande magnificence. Quarante-quatre châsses, la plupart d'argent, ornées de pierreries, sortirent de la basilique. La tête du Saint était portée sous un dais de toile d'argent, brodé d'or, aux armes de la ville. Tout le clergé de l'église abbatiale précédait

immédiatement la châsse d'argent qui renfermait le corps du saint roi. Cette châsse était d'un admirable travail. Aux quatre angles se trouvaient des statues représentant les évêques de Toulouse. Au milieu, dans un portique, on voyait la statue de saint Edmond, d'argent massif. Quatre colonnes d'ordre corinthien supportaient une galerie formée par d'élégants balustres. La châsse était couronnée par un dôme quadrangulaire, surmonté d'une brillante croix. Les capitouls soutenaient, au-dessus du corps, un poêle donné aussi par la ville. A la suite du St.-Sacrement porté par Mgr. l'archevêque, on remarquait le premier président du Parlement, le lieutenant-général du Roi, et tous les magistrats de la ville. Le chapitre métropolitain reçut la procession à Saint-Etienne, et l'accompagna ensuite jusqu'à Saint-Saturnin. Le soir, après vêpres, Mgr. l'évêque de Saint-Papoul prononça un discours sur les saintes reliques, et l'on termina la solennité par un feu d'artifice qui fut tiré sur la grande place.

8. Les châsses de saint Edmond, et des saints martyrs dont on fit aussi l'élévation à la même époque, furent déposées dans l'une des chapelles latérales des cryptes qui leur est dédiée. A l'époque de la révolution, la châsse d'argent fut enlevée, mais les reliques principales du Saint demeurèrent dans la basilique. L'authenticité de toutes les reliques de saint Edmond fut vérifiée

et reconnue par M. de Barbazan, le 11 juin et le 6 juillet 1807. La châsse actuelle, où est renfermée la tête du Saint, a été faite en 1834.

### Saint Gilles, abbé.

1. Saint Gilles était Athénien ou Grec de naissance. Guidé par l'amour de la solitude, il quitta sa patrie et aborda dans les Gaules vers les Bouches-du-Rhône au commencement du sixième siècle. Il se retira dans un lieu désert, voisin de la rivière du Gardon, où il trouva un saint solitaire nommé Vérédème, dont les instructions et les exemples furent pour lui d'un très-grand secours. Saint Gilles abandonna sa première retraite pour passer dans une autre, située sur les frontières des diocèses de Nismes et d'Arles, à la droite du Rhône, vers l'embouchure de ce fleuve dans la mer. Il fut découvert dans sa nouvelle demeure par les officiers d'un roi que quelques auteurs ont nommé Flavius, d'autres Wemba, et qui est sans doute le même que Théodoric, roi d'Italie, qui ajoutait à son nom celui de Flavius. Les officiers de ce prince se trouvant un jour à la chasse auprès de la grotte de Saint-Gilles, une biche qui s'y réfugia leur fit découvrir la retraite du pieux solitaire. Ils ne purent se lasser d'admirer la vie pénitente qu'il menait au milieu des bois. Le roi, averti de cette découverte et touché de la vertu du saint personnage, défendit de troubler sa solitude, et lui accorda la

propriété du lieu de sa retraite. Saint Gilles accepta la donation et fixa là sa demeure. Quelques années après, il bâtit en ce lieu un monastère dont il fut le premier abbé. Ce monastère était situé dans une vallée appelée *Flavienne*, du nom de Flavius.

2. On ne doit point confondre notre Saint avec un autre saint Gilles que saint Césaire fit abbé d'un monastère près d'Arles, et qu'il envoya à Rome avec Messien, son secrétaire, pour obtenir du pape Symmaque la confirmation des priviléges de son église. Quant à notre Saint, il parvint à une extrême vieillesse et mourut dans son monastère. On doit regarder comme une erreur historique son voyage à la cour du roi Childebert, le Saint n'ayant jamais quitté sa demeure. On place la mort de saint Gilles vers l'an 547; son corps fut enseveli dans l'église qu'il avait bâtie lui-même en l'honneur de saint Pierre et de saint Paul. Au dixième siècle, Autulphe, abbé de Saint-Gilles, fit l'élévation solennelle des reliques du saint abbé. L'ancienne église fut détruite et remplacée, au douzième siècle, par une magnifique basilique. La châsse d'argent renfermant les ossements du Saint était ornée de riches pierreries.

3. On a cru faussement que le corps de saint Gilles avait été transporté à Toulouse à l'époque de la guerre des Albigeois au treizième siècle. L'auteur de l'histoire de Nismes a prouvé d'une

manière incontestable que cette translation a eu lieu dans l'année 1562, lorsque les religionnaires s'emparèrent de la ville et de l'abbaye de Saint-Gilles. Les chanoines désirant soustraire les ossements du Saint aux horreurs d'une profanation, les remirent entre les mains du sieur de Pousillac, gentilhomme du pays, qui les fit secrètement déposer à Toulouse dans la basilique de Saint-Saturnin. L'historien que nous avons cité rapporte les pièces authentiques à l'appui de cette mémorable translation (1).

4. On assure qu'à l'époque de cette translation, il s'opéra un très-grand nombre de miracles par l'intercession du saint abbé, miracles sur lesquels le sieur de Martyris, chanoine de Saint-Saturnin, composa une relation détaillée. Le corps de saint Gilles fut renfermé, au dix-septième siècle, dans une châsse revêtue de lames d'argent, dans laquelle il a été conservé jusqu'à la révolution. La châsse fut alors dépouillée des images d'argent qui la recouvraient et déposée dans la sacristie des *Corps saints*. L'authenticité de ces reliques a été vérifiée et reconnue le 6 juillet 1807 par M. de Barbazan, vicaire-général de Mgr. l'archevêque de Toulouse. Le corps du Saint repose dans l'une des chapelles latérales des cryptes qui lui est dédiée.

(1) *Histoire de Nîmes*, par Ménard, tome 4, page 357.

5. Les comtes de Toulouse avaient une grande dévotion à saint Gilles, et donnaient ordinairement son nom à leur fils aîné. Nous voyons Louis, duc de Berri, offrir un bassin d'argent, deux lampes de même métal et 250 florins pour l'entretien du luminaire qui devait éclairer le tombeau du saint abbé. — Les nombreux pèlerinages que l'on faisait à son tombeau donnèrent naissance à la ville de Saint-Gilles qui fut prise au seizième siècle par les Calvinistes, et reprise ensuite par les Catholiques. Il existe quelques portions du corps de ce Saint dans beaucoup d'autres églises, et particulièrement à Lisbonne, à Cologne, à Bologne, et à Rome dans l'église Sainte-Agathe.

### Saint Gilbert, abbé en Angleterre.

1. Le chapitre de Saint-Saturnin célébrait la fête de saint Gilbert le quatrième jour de février, ce qui fait supposer que le Saint dont on possède les reliques dans la basilique, est le même que saint Gilbert de Sempringham, fondateur des Gilbertins, dont la fête est marquée à ce même jour dans les anciens martyrologes. On lit dans un recueil de pièces, déposé aux archives, que le corps d'un saint Gilbert fut trouvé dans l'église de Saint-Saturnin le 11 octobre 1265 ; et cependant j'ai lu dans un martyrologe anglican que le corps de ce Saint était encore dans son monastère de Sempringham, au commencement du règne de

Henri VIII, qui régnait au seizième siècle. Il faut donc supposer ou que l'auteur du martyrologe anglican s'est trompé, ce qu'on ne peut croire, ou que les reliques gardées à Toulouse n'appartiennent pas au fondateur des Gilbertins, ce que nous ne saurions admettre, ou que quelques portions du Saint ont été trouvées, au treizième siècle, dans la basilique ; ce qui nous paraît beaucoup plus probable. On ne doit pas, en effet, oublier que, dans la nomenclature des reliques, on prenait souvent la partie d'un corps pour le corps entier.

2. D'après ces observations et la date positive de l'invention des reliques de saint Gilbert, vers la fin du treizième siècle, il faut placer nécessairement la translation de ces reliques d'Angleterre en France, au moins au commencement du même siècle. Ce calcul nous rapporte précisément à l'époque de la translation du corps de saint Edmond par Louis VIII. Saint Gilbert venait d'être placé au nombre des Saints par le Pape Innocent III ; son culte était déjà répandu en Angleterre : il ne serait donc pas étonnant que le père de saint Louis, qui nous est représenté dans l'histoire comme un grand *chercheur* de reliques, eût apporté avec lui à Toulouse quelques ossements du Saint. A la vérité, nous ne donnons cette observation que comme une simple conjecture ; mais cette conjecture ne nous paraît pas dénuée de fondement. Il est, en effet,

certain qu'on a trouvé des reliques de saint Gilbert dans la basilique, au treizième siècle, et que ces reliques ont toujours été regardées comme appartenant au corps du fondateur des Gilbertins. Puisqu'il n'est question, après cela, que d'apprécier l'époque de leur translation, on ne peut du moins refuser un certain degré de probabilité au sentiment que nous avons émis. Du reste, quand l'existence et la dénomination d'une relique sont certaines dans un lieu quelconque, l'ignorance où l'on est de l'époque de sa translation, n'est pas un titre pour rejeter la translation elle-même.

3. Saint Gilbert naquit à Sempringham, dans la province de Lincoln. Elevé au sacerdoce, il ouvrit une école où il enseigna à une nombreuse jeunesse les principes des sciences et les maximes de la piété. Il forma plus tard dans sa patrie deux communautés religieuses, l'une pour les hommes et l'autre pour les femmes, et leur donna des constitutions particulières. Telle fut l'origine de l'ordre des Gilbertins, approuvé par Eugène III. Gilbert prit le gouvernement de son ordre et devint le modèle de tous ses Religieux par sa mortification et sa profonde humilité. Indignement calomnié, il supporta toutes ces injures avec une héroïque patience. Il mourut à l'âge de cent six ans, le 4 février 1190. Le Pape Innocent III le canonisa en 1202.

4. Les reliques partielles de saint Gilbert furent

trouvées dans la basilique de Saint-Saturnin, le 11 octobre 1265, c'est-à-dire 63 ans après sa canonisation ; leur élévation solennelle eut lieu le 24 mars 1517 : elle fut faite par l'évêque de Grenoble et l'abbé de Saint-Saturnin, en présence du cardinal de Lebret, évêque de Pampelune ; du parlement, des capitouls, et du chapitre de l'église abbatiale. Ces ossements furent alors placés dans une châsse revêtue de lames de cuivre argenté, telle qu'on la voit encore aujourd'hui. Pendant la révolution, cette châsse fut déposée dans la sacristie des *Corps saints*. M. de Barbazan, vicaire-général de Mgr. l'archevêque, vérifia l'authenticité de ces reliques, le 6 juillet 1807 ; elles reposent autour du rond-point du sanctuaire.

5. Il existait autrefois dans la chapelle de Sainte-Suzanne un reliquaire d'argent placé au côté droit et sur lequel étaient inscrits ces mots : *Tête de saint Gilbert.* Ces reliques n'appartenaient pas, à ce que nous croyons, au Saint dont nous venons de parler. Les boiseries sculptées, qui forment le revêtement de la chapelle, paraissent indiquer que ces reliques étaient de saint Gilbert, abbé de Neuffontaines en Auvergne. On voit, en effet, un gentilhomme qui renonce au monde, et offre à Dieu son or et son épée ; il reçoit le titre et les marques de la dignité abbatiale, et consacre à la construction d'un monastère les ruines d'un édifice qu'il possédait dans le monde. Ces traits sont indiqués dans l'inscription suivante :

CASTRUM ET BONA DEO DICAT,
ABBATIAM EX CASTRO ÆDIFICAT.

Or, tous ces traits se trouvent dans la vie du saint abbé de Neuffontaines [1]. Gentilhomme d'Auvergne, Gilbert passa la plus grande partie de sa vie au service des rois Louis-le-Gros et Louis-le-Jeune. De retour de la croisade, il vendit tous ses biens et en fit deux parts : la première fut donnée aux pauvres, la seconde fut employée à fonder deux monastères, l'un pour les hommes, et l'autre pour les femmes. Il soumit son premier monastère à l'ordre de Prémontré, et fut créé premier abbé de Neuffontaines : il y mourut en 1152. Sept ans après sa mort, son corps fut transporté dans l'église de l'abbaye. En 1625 son tombeau fut ouvert, et l'on fit alors une distribution de ses reliques à plusieurs églises. Il est probable que la basilique de Saint-Saturnin fut enrichie, à cette époque, de quelques parcelles de ses ossements. Il n'est point fait mention de cette relique dans le procès-verbal de l'année 1807 [2].

---

[1] Baillet, *Vie des Saints*, 3 Octobre.

[2] Les Bollandistes pensent que les ossements de saint Gilbert qui reposent dans la basilique sont ceux d'un abbé de Saint-Saturnin. Cette assertion est dénuée de toute espèce de preuves. Les anciennes inscriptions portaient le nom de saint Gilbert d'Angleterre. (BOLL., *tom.* 1, *maii.*)

## Saint Thomas d'Aquin.

1. Saint Thomas, dont la vie est assez connue, mourut le 7 mars 1274, dans la quarante-huitième année de son âge, à Fosse-Neuve, célèbre abbaye de l'ordre de Citaux, dans le diocèse de Terracine. Ses obsèques furent magnifiques ; l'évêque de Terracine y officia ; tous les religieux et les ecclésiastiques de la province y assistèrent. Quelque temps après la mort du Saint, l'abbé de Fosse-Neuve, Dom Jacques de Florence, accompagné de deux religieux, transporta secrètement le corps du Saint dans la chapelle de Saint-Etienne, à l'entrée du cloître. Le corps ne demeura pas longtemps dans cette chapelle, et on le transporta de nouveau au lieu de sa première sépulture. Quinze années après la mort de saint Thomas, Pierre Dumont, abbé de Fosse-Neuve, fit ouvrir son tombeau. Ce fut alors qu'on détacha la main droite pour la donner à la comtesse de San-Severino, soeur du saint docteur. Cette relique fut d'abord placée dans la chapelle du château, et plus tard dans l'église des Dominicains de la ville de Salerne. En 1304, les religieux de Fosse-Neuve, désirant dérober avec plus de facilité le trésor qu'ils possédaient, à toutes les recherches, détachèrent les chairs des os et placèrent ces restes précieux dans une belle châsse. Saint Thomas fut canonisé l'an 1323 ; vingt-six ans après cette canonisation, les reliques furent confiées au comte de

Fondy. Le roi de Naples envoya à ce comte une célèbre ambassade, pour le conjurer de lui remettre ce sacré dépôt. Le comte résista à la prière du monarque, et les reliques furent de nouveau transportées à Fosse-Neuve, et déposées dans la tour du clocher. Mais le comte se repentant bientôt de sa condescendance pour les religieux de ce monastère, fit enlever le corps et le garda jusqu'à ce qu'enfin il le remit entre les mains des Frères prêcheurs.

2. La remise du corps fut faite au mois de février 1368. Le général des Dominicains annonça à la cour de Rome et à celle de Naples qu'il était en possession de ces reliques. A cette nouvelle, les religieux de Fosse-Neuve accusèrent auprès du pape le général comme coupable d'un vol sacrilége. Urbain V, qui avait été Bénédictin, se montra très-irrité contre le général des Frères prêcheurs. Ce dernier se rendit à Rome et se présenta, après Pâques, à l'audience de Sa Sainteté. Le pape, en le voyant, s'écria : *Benè veneris, latro ; tu furatus es corpus sancti Thomæ.* Le général se jetant aussitôt aux pieds du pape répondit par ces paroles de l'Ecriture : *Sanctissime Pater, frater et caro nostra est.* Cette réponse parut satisfaire le pontife; son indignation se calma ; il admit le général au baiser de la bouche, et rendit enfin en sa présence le décret suivant: « De l'autorité de Notre-Seigneur » J.-C., et de celle des bienheureux apôtres saint » Pierre et saint Paul, et de la nôtre, nous accor-

» dons pour toujours, à vous et à votre Ordre, le
» corps de saint Thomas d'Aquin. Je prétends,
» continua le pontife, qu'on vous rende de plus le chef
» de votre saint Docteur, et que vous le fassiez porter
» avec son corps dans le même lieu ».

3. La tête de saint Thomas avait été séparée de son corps par les religieux de Citaux. Cette relique avait été placée dans la chapelle du château de Piperne. Le pape Urbain V expédia une bulle pour se faire remettre cette insigne relique ; et la commission en fut donnée à Guillaume de Lordat, noble Toulousain, officier distingué de la cour du Pape. Cet abbé se rendit aussitôt à Fosse-Neuve, où ayant réuni l'abbé et ses religieux, il les somma ainsi que les magistrats de Piperne, en vertu de la bulle, de lui représenter la tête du saint Docteur, qui lui fut aussitôt remise dans un reliquaire de vermeil. L'abbé de Lordat se rendit ensuite à Fondy, où il intima les mêmes ordres aux religieux de saint Dominique, possesseurs du corps du Saint. Ce corps lui fut aussitôt remis. Le commissaire du Pape partit donc de Fosse-Neuve, emportant avec lui ces précieuses reliques ; il fut accompagné par les religieux de Citaux, les Frères prêcheurs, et les principaux habitants de Fondy et de Piperne. Le troisième jour d'août, ils arrivèrent à Monte-Fiascone : les reliques furent placées dans la chapelle pontificale, et remises le quatre août, jour de la fête de saint Dominique, entre les mains du général.

Le pape qui se trouvait alors à Monte-Fiascone, s'adressant au général, lui dit : « Je vous avais laissé la liberté de déterminer avec votre chapitre dans quelle des deux villes de Paris ou de Toulouse vous feriez porter ces reliques; mais parce que je prévois que les fortes sollicitations qu'on vous fera de toutes parts vous ôteraient peut-être la liberté d'agir selon vos désirs, je révoque cette permission, et je choisis moi-même la ville et votre maison de Toulouse où je n'ignore pas que vous avez une église magnifique, et où le peuple est fort pieux. D'ailleurs, on vient d'établir dans la même ville une faculté de Théologie dont je veux que saint Thomas soit le docteur et le maître, à cause de la solidité et de la pureté de sa doctrine ».

A la prière du maître du sacré palais, le Pape permit que le bras droit du Saint fût porté à Paris, pour être placé dans l'église du couvent de son ordre.

4. Urbain V voulut prescrire lui-même l'ordre dans lequel on devait transporter les saintes reliques. La châsse qui les renfermait fut scellée du sceau du pontife. Le procureur-général des Dominicains, deux anciens religieux, et l'auditeur du cardinal évêque d'Albano, accompagnaient toujours le corps qu'ils ne devaient jamais perdre de vue, et précédaient le père général de demi-journée. Celui-ci couchait

où les autres avaient dîné, et dînait le lendemain là où ils avaient passé la nuit. Après deux mois de marche, ils arrivèrent heureusement au monastère de Prouille sur la fin de novembre 1368. Ils s'arrêtèrent un mois entier pendant qu'on faisait à Toulouse les préparatifs nécessaires pour la réception des reliques. La veille de Noël, on quitta Prouille. Le 26 janvier, on s'arrêta à Avignonet, et de là à Villefranche. A Montgiscard, deux guérisons miraculeuses s'opérèrent. Le dimanche 28 janvier 1369, les reliques furent déposées, au point du jour, dans une petite chapelle appelée Notre-Dame *de Pheretra* ( la chapelle de Saint-Roch ). Le même jour, tout le clergé régulier et séculier se rendit processionnellement à cette chapelle pour prendre les reliques. On assure que plus de cent cinquante mille personnes sortirent de la ville à la suite de Louis, duc d'Anjou, qui assista à la cérémonie. On y voyait encore les archevêques de Toulouse et de Narbonne ; les évêques de Lavaur, Beziers et Aire ; les abbés de Saint-Saturnin et de Symorre ; les Cours, l'Université et tous les ordres de la ville. Un dais tout étincelant d'or et de pierreries était porté au-dessus des reliques par le Duc et les principaux seigneurs de sa cour. Autour de la châsse flottaient six étendards : les deux premiers étaient aux armes de France, le troisième portait celles de la maison d'Anjou, le quatrième celles du Pape, le cinquième celles de la maison d'Aquin, et le sixième celles de la ville de Toulouse. L'archevêque de Narbonne prononça le panégyrique du Saint ; les reliques furent déposées dans l'église des Frères prêcheurs ; et à l'offertoire de la messe solennelle, le duc d'Anjou donna cinquante francs d'or ( quinquaginta francos auri ).

5. L'an 1587, on fit une vérification solennelle des ossements du saint docteur en présence des capitouls. La châsse fut ouverte, et on trouva vingt-cinq os de couleur rougeâtre dont la nomenclature était désignée sur un ancien catalogue. Le monument élevé à la gloire de l'illustre docteur ne paraissait pas encore digne de lui : c'est ce qui porta plus tard les religieux Dominicains à construire, en son honneur, un magnifique mausolée. A cet effet, un chapitre général fut assemblé l'an 1628, et il fut décidé qu'on renfermerait les précieuses reliques dans une châsse de vermeil. Cette châsse, d'un travail admirable, fut exécutée à Paris. Le Roi Louis XIII donna quatre mille livres ; le duc de Montmorency, gouverneur du Languedoc, quatre mille ; l'archevêque de Narbonne, quinze cents ; l'assemblée du clergé de France, trois cents ; les présidents du Parlement, six cents ; la ville, six cents ; les fidèles, une somme considérable qui n'est point désignée. Le jour de la Pentecôte, l'ancienne châsse fut ouverte en présence d'un peuple immense ; les ossements furent successivement montrés aux fidèles, et placés ensuite dans la châsse de vermeil. Pendant huit jours, les saintes reliques

furent exposées à la vénération publique. Chaque jour, on prononça le panégyrique du Saint en diverses langues, et on soutint des thèses publiques sur la doctrine du saint docteur en présence des membres de l'Université et du Parlement, qui pendant ces huit jours ne tint pas ses audiences ordinaires. Charles de Montchal, archevêque de Toulouse, ordonna une procession solennelle pour le jour de la sainte Trinité. Après la messe pontificale qui fut célébrée dans l'église des Jacobins, la procession se mit en marche; elle était composée de tous les ordres du clergé régulier et séculier. On y voyait les évêques de Mirepoix, de Lavaur, d'Alet, de Saint-Pons et de Lodève. La châsse du Saint était portée par les Dominicains, et entourée des députés de toutes les maisons de l'ordre. La procession fit station à l'église métropolitaine. Henri de Bourbon, prince de Condé, premier prince du sang, attendait le corps sur le seuil du grand portail de l'église; il se prosterna avec toute sa cour devant la châsse, se plaisant à donner ainsi un témoignage public de sa vénération profonde pour le saint docteur. On n'avait jamais déployé à Toulouse une plus rare magnificence : toutes les maisons étaient ornées de riches tentures, et partout on voyait l'image du Saint; les flambeaux étaient si multipliés, qu'ils paraissaient effacer même la clarté du jour. Dix-huit candélabres de bronze supportaient autant de torches ardentes pour représenter les dix-huit ouvrages du docteur angélique. Après la procession, la châsse fut placée sur le superbe mausolée qui avait été élevé pour la recevoir. Ce mausolée terminait la partie gauche de la grande église et s'élevait jusqu'à la voûte. Il était à quatre faces, dont l'orientale et l'occidentale étaient ornées d'un double rang de grandes colonnes de marbre jaspé, et des statues de plusieurs Papes qui ont consacré par leurs éloges la doctrine de saint Thomas. Indépendamment des deux grands autels sur lesquels on célébrait tous les jours les saints mystères, on dressait deux autres autels sur les faces du midi et du nord le jour de la fête du Saint; en sorte que quatre prêtres célébraient en même temps la messe aux pieds du mausolée. Ce mausolée a été détruit à l'époque de la révolution.

6. La châsse de vermeil renfermant les reliques du Saint demeura dans l'église des Jacobins jusqu'en l'année 1792. Un décret de l'assemblée nationale avait ordonné la suppression de tous les ordres religieux, l'an 1790. Ce décret s'exécutait en France avec une désolante brutalité. Les Dominicains de Toulouse se virent donc forcés de quitter leur monastère : leur expulsion fut si prompte, qu'ils ne conçurent même pas le dessein de mettre la châsse et les ossements du Saint en lieu de sûreté. Ils comptèrent sur la Providence pour la conservation de ces précieuses reliques ; la Providence ne trompa point leur espoir. La constitution civile du clergé avait été proclamée en 1791, et dans la même

année les premiers évêques constitutionnels furent sacrés à Paris. L'évêque intrus, sous le titre de Métropolitain du sud, arriva quelque temps après à Toulouse. Le corps de saint Thomas se trouvait encore sous son mausolée, lorsque deux religieux de Saint-Dominique, qui avaient prêté le serment à la constitution, proposèrent à l'évêque de faire transporter la châsse dans la basilique de Saint-Saturnin. Cette proposition fut acceptée, et l'évêque ne craignit pas de faire cette translation processionnellement, et les religieux dont nous avons parlé, eurent le triste courage d'accompagner les ossements du saint docteur dans le nouvel asile que le ciel leur avait donné. Le 27 février 1794, la châsse fut dépouillée des lames de vermeil qui la recouvraient. Quant à la caisse qui renfermait les reliques, elle fut déposée dans les cryptes. La tête du Saint avait été aussi transportée avec le corps. En 1807, M. de Barbazan fit la vérification solennelle de toutes les reliques du saint docteur. En 1825, on procéda à une dernière vérification de ces précieux ossements ; et c'est à cette époque que l'on plaça ces reliques à la chapelle du Saint-Esprit, dans une châsse très-riche de bois doré, comme on l'y voit aujourd'hui. La tête du Saint est renfermée dans un buste aussi doré.

Reliques partielles. — Objets précieux qui ont appartenu à des Saints. — Trésor de la Basilique.

1. *Une épine de la couronne du Sauveur*. — On

croyait généralement, au treizième siècle, que la sainte couronne se gardait à Constantinople sous les empereurs français qui régnèrent après la prise de cette ville l'an 1204. Baudouin II, de la maison de Courtenai, empereur de Constantinople, vint implorer le secours des princes latins contre les Grecs; et pour gagner le cœur de saint Louis, il lui offrit la sainte couronne. Le Roi ayant accepté ce présent, la couronne fut retirée des mains des Vénitiens à qui les Grecs l'avaient donnée en gage, et fut apportée en France l'an 1239. Le Roi alla recevoir la sainte couronne à cinq lieues de Sens, accompagné de toute sa cour, ainsi que du clergé de la province. Il porta lui-même cette relique insigne, assisté seulement du comte d'Artois, son frère, nus pieds et tête nue, depuis l'église de Saint-Antoine-des-Champs jusqu'à Notre-Dame. Les évêques, les prêtres, les princes, les grands du royaume et les soldats étaient aussi nus pieds; tout le peuple fondait en larmes. La couronne du Sauveur fut enfin déposée au palais du Roi, dans la chapelle de Saint-Nicolas; et deux ans après, elle fut transportée dans la sainte chapelle que Louis fit bâtir avec une magnificence vraiment royale.

L'épine que l'on garde dans la basilique de Saint-Saturnin a été donnée par Alphonse de Poitiers, frère de saint Louis et époux de la princesse Jeanne, fille de Raymond VII, dernier comte de Toulouse: ainsi le rapportent les anciennes légendes. Il faut placer cette donation dans l'année 1251, époque à laquelle le comte Alphonse et Jeanne, sa femme, firent leur entrée à Toulouse, et reçurent le serment de fidélité de leurs vassaux. Plusieurs auteurs, et en particulier Guillaume Durand, évêque de Mende, qui avait vu la sainte couronne [1], assurent qu'elle était de jong marin, espèce d'arbrisseau qui croît en abondance dans la Judée, ayant des pointes dures, longues et très-piquantes. L'épine honorée dans la basilique, soumise à l'examen, confirme cette opinion. Cette épine était autrefois renfermée dans un magnifique reliquaire de vermeil. Le 27 février 1794, le tube de cristal qui contenait l'épine fut enlevé avec soin du reliquaire, et placé dans le tabernacle de la chapelle du Saint-Esprit. Cette précieuse relique demeura renfermée dans ce tabernacle pendant toute la révolution. Le 23 juillet 1795, le tube contenant la sainte épine fut renfermé dans un reliquaire de bois doré, scellé de trois sceaux de M. de Fontanges. En 1818, cette relique a été enfin placée dans un très-beau reliquaire d'argent. La sainte épine repose dans l'une des chapelles des cryptes qui lui est dédiée. On rend de très-grands honneurs à cette relique ; elle n'est jamais portée dans l'intérieur de l'église que par un prêtre revêtu du surplis et de l'étole, et accompagné de flambeaux : on l'expose une fois la semaine à la véné-

---

[1] Durandi Guill., *rationale divinorum officiorum*, lib. 6, c. 17.

ration publique. Dans les processions des *Corps Saints* de la basilique, elle occupe la place la plus éminente ; elle est toujours portée sous un riche pavillon par des diacres revêtus de leurs dalmatiques. Les édifices devant lesquels elle passe, sont ornés de tentures ; on lui offre l'encens, et le peuple se prosterne devant elle.

2. *De la robe de la sainte Vierge.* — Cette relique paraît être très-ancienne dans la basilique, puisque nous la trouvons mentionnée dans des inventaires qui remontent à une antiquité assez reculée. On sait que l'impératrice Pulquerie et l'empereur Marcien, ayant fait bâtir la magnifique église des Blaquernes à Constantinople en l'honneur de la sainte Vierge, et désirant trouver son corps, s'adressèrent à Juvénal, alors évêque de Jérusalem, qui leur dit que son tombeau était à Gethsemani; mais que ses ossements ne s'y trouvaient pas. Cette réponse de Juvénal combattrait l'opinion qui est aujourd'hui la plus accréditée, et qui place la mort de la sainte Vierge à Ephèse. M. de Tillemont observe qu'il est très-possible qu'on ait trouvé à Jérusalem quelque tombeau vide sur lequel était gravé le nom de Marie, et que c'est sur cette inscription qu'on aura cru faussement posséder son tombeau. L'impératrice, frustrée dans son attente, désira au moins posséder tout ce qui avait appartenu à cette auguste Vierge. On fit, selon son désir, de grandes recherches ; et c'est à cette époque

qu'il faut placer la découverte de plusieurs objets consacrés par le souvenir de la Mère de Dieu. Parmi ces objets, il faut distinguer *sa robe*. Elle fut trouvée, disent d'anciens auteurs [1], chez une vieille femme juive, et portée solennellement à Constantinople sous l'empereur Léon. L'impératrice Vérine la fit mettre dans une châsse de vermeil, et la fit déposer ensuite dans l'église des Blaquernes. Un prêtre appelé Théodore avait écrit une relation de la translation de cette relique de Jérusalem à Constantinople, et les Grecs ont institué une fête particulière en l'honneur de cette translation. L'existence de cette relique à Constantinople nous fait penser que la portion de cette robe qui est honorée à Saint-Saturnin, a dû être portée, au temps des croisades, par quelque comte de Toulouse. Cette relique était renfermée, avant la révolution, dans un buste d'argent de la sainte Vierge. Elle a été vérifiée une première fois au mois d'octobre 1644 par M. Dutilh, vicaire général, en présence du premier président de Bertier et de plusieurs autres personnages ; elle a été vérifiée encore en 1807 par M. le vicaire général de l'archevêque de Toulouse.

3. *Fragments de reliques.* — Nous donnerons ici la nomenclature exacte de ces parcelles, en

---

[1] *Chroniq. d'Harmato. In notis du Cange, in annales Zonaræ*, tom. 2, *collec. Byzantina*.

suivant l'ordre de leur vérification solennelle qui a eu lieu en 1807. La plupart de ces fragments ont été apportés de Rome ou de plusieurs monastères dans la basilique.

*Une pierre du tombeau du Sauveur.* — Cette pierre, enveloppée dans une étoffe de soie, portait pour inscription en lettres anciennes ces paroles : *Isti sunt lapides de sepulcro Domini nostri* ; elle a été placée dans une boîte scellée du sceau de l'autorité. — Une relique *de saint Nicolas*, enveloppée dans une toile grossière ; elle a été renfermée dans une boîte scellée du sceau de l'autorité. — Une relique *de saint Christophe*, enveloppée dans une étoffe de soie grise ayant cette inscription: *De maxillâ sancti Christophori martyris*, renfermée dans une boîte ovale et scellée. — Une relique portant cette inscription : *Magna petra lapidis quæ dicitur esse de sepulcro Christi*, renfermée dans une boîte ovale et scellée. — Une relique *de saint Blaise, martyr*, enveloppée dans une étoffe de soie rouge, renfermée dans une boîte ovale et scellée. — Une relique ayant pour titre : *De mensâ Domini*, renfermée dans une boîte ovale et scellée. — Une relique de *la tête de saint Barthélemi, apôtre*, enveloppée dans plusieurs étoffes de soie rouge, et accompagnée de deux certificats de l'an 1614 et de l'an 1644, renfermée dans une boîte ovale et scellée. — Une relique *de saint Orens*, évêque d'Auch, enveloppée dans une étoffe de soie verte, accompagnée d'une attestation par laquelle il conste que le 29 mars 1662 et le 20 mai 1710, le buste dans lequel étaient les reliques a été réparé par deux orfèvres différents, en présence des prieurs et religieux de la communauté de Saint-Orens [1], renfermée dans une boîte ovale et scellée. — Une relique apportée de la chapelle de Saint-Julien, et qui fut reconnue pour être de saint Blaise, martyr ; elle fut placée dans une boîte ovale et scellée. La chapelle de Saint-Julien était un prieuré dépendant de l'abbaye de Saint-Saturnin. — Une relique portant cette inscription : *De petrâ in quâ Virgo Maria peperit Filium suum* ; une autre, intitulée : *De maxillâ sancti Juliani, martyris* ; une autre, désignée par ces mots en langue vulgaire : *Aissi de la pel de moussu sant Bourtoumieu, apostel ; et n'y a dous poussés* ; une autre portant pour titre : *De tumulo sanctæ Luciæ* ;

---

[1] L'an 1265, des religieux du monastère de Sainte-Croix du Clair-Dieu, au diocèse de Liége, vinrent s'établir à Toulouse. Ils obtinrent, de l'abbé de Saint-Saturnin, certaines terres, près de la porte de Pouzonville, sur lesquelles ils bâtirent une église et un monastère. Cet établissement ayant été détruit durant les guerres du pays, ces religieux achetèrent une maison connue sous le nom de l'hôpital de Guillaume de Trèmes. Auprès de cet hôpital se trouvait une ancienne chapelle dédiée à Saint Orens. Cette chapelle leur fut donnée par la ville, et c'est de là que cette maison prit le nom de Monastère de Saint-Orens. L'an 1354, le prieur du monastère d'Auch, envoya aux religieux de Toulouse des reliques de ce saint que l'on conserve aujourd'hui dans la basilique. (Catel, *Mém. du Lang.*, p. 265.)

une autre avec cette inscription : *De la mâchoire de saint Julien*, par nous visitée ce 11 avril 1610 : l'attestation est signée du vicaire général du cardinal de Bonsi, archevêque de Toulouse; elle est accompagnée de deux certificats de visite faite par ordre du cardinal de Joyeuse. Toutes ces reliques furent placées, les premières dans le reliquaire où elles se trouvaient, et les dernières dans des boîtes ovales et scellées. — Une relique avec cette inscription : *De præsepe Domini*, renfermée dans un reliquaire et scellée. — Des reliques de *saint Pierre* et *saint Paul*, enfermées avant la révolution dans une tour d'argent, et placées aujourd'hui dans un élégant reliquaire aussi d'argent. — Une relique de *saint Guillaume, duc d'Aquitaine*, renfermée dans un reliquaire et scellée. — Des reliques des saints Fiolent, Jucond, Elidore, Blande, Simplicien, martyrs; de sainte Agathe; des ossements de saint Etienne, premier martyr; de la vraie croix; des ossements de saint Barthélemi; du tombeau de la sainte Vierge, de celui de sainte Lucie; des saints Victrice et Servate, martyrs; de saint Crescent et saint Sérein; de saint Pie V, pape. — Une pierre du martyre de saint Etienne, conservée dans la basilique de temps immémorial, et renfermée dans une châsse d'argent donnée par une bienfaitrice. Cette bienfaitrice avait obtenu la guérison instantanée de son fils unique en priant devant cette relique; elle voulut perpétuer le souvenir de sa reconnaissance dans le don qu'elle fit de cette châsse d'argent. — Une relique des SS. Innocents, dont l'authenticité fut vérifiée et reconnue le 9 juillet 1807. — Plusieurs autres reliques appartenant à des Saints dont les noms sont inconnus, et quelques autres fragments appartenant à des Saints dont les corps reposent dans l'enceinte de la basilique. Toutes les reliques partielles dont nous venons de tracer la série ont été successivement apportées à Saint-Saturnin de divers lieux de la chrétienté, de Rome en particulier. On doit aussi un assez grand nombre de ces fragments à la piété des fidèles qui, après leur mort, les laissaient à la basilique comme un précieux héritage qui devait trouver naturellement sa place dans le temple auguste où se pressent les corps de tant d'illustres martyrs.

4. *Objets précieux.* — Lorsqu'on fit la translation des reliques de saint Thomas de l'église des Dominicains à la basilique de Saint-Saturnin, on porta avec elles plusieurs objets qui étaient conservés avec vénération dans le monastère. C'est ainsi que le trésor de la basilique s'est enrichi du christ de saint Dominique; c'est celui dont le Saint se servait dans ses travaux apostoliques; il est placé au-dessus du rétable de l'une des chapelles du rond-point. On garde encore dans la basilique une chasuble du même Saint, et l'habit de saint Pierre, martyr. On voit dans la sacristie un beau portrait de saint Thomas d'Aquin, peint d'après nature.

Le prieur du couvent des Minimes, qui pendant la révolution fut chargé du gouvernement spirituel de l'église de Saint-Saturnin, déposa dans la basilique deux objets qui avaient appartenu à saint François de Paule, fondateur de son ordre [1]. La basilique possède encore *la tête* et *le cœur* de Dom Jean de la Barrière, fondateur de l'ordre des Feuillens, au diocèse de Toulouse. La vie de cet homme extraordinaire étant peu connue, nous croyons devoir en offrir ici un abrégé au lecteur : les événements que nous allons rapporter ajouteront un nouveau degré à la vénération dont ses restes sont entourés au milieu de nous.

Jean de la Barrière était issu de l'une des plus illustres familles du vicomté de Turenne, en Querci. Son père se nommait Barthélemi de la Barrière, gentilhomme plein d'honneur et de probité, et sa mère Léonarde de Amadon. Il naquit à Saint-Céré, au diocèse de Cahors, le 23 avril 1544. Il fit paraître, dès ses premières années, d'heureuses inclinations et une très-grande aptitude pour les sciences ; il eut pour maître le célèbre Arnault d'Ossat, devenu depuis cardinal. Étant encore jeune, il fut pourvu de l'abbaye de Notre-Dame de Feuillens, de l'ordre de Citaux, au diocèse de Rieux dans le comté de Comminges. Charles de Crussol, fils du duc d'Uzès, venait de

---

(1) Sa coupe et sa calotte.

donner sa démission de cette abbaye. Jean de la Barrière fut nommé en 1562 ; il garda cette abbaye en commande jusqu'en l'année 1573 où, touché de la grâce, il résolut de quitter le monde et de régulariser son monastère. On le vit, quelque temps après, faire sa profession solennelle dans l'abbaye d'Aunes, au diocèse de Toulouse.

Il se rendit ensuite à Feuillens, et trouva cette maison dans un état de relâchement difficile à décrire. La proposition qu'il fit de sa réforme fut rejetée avec hauteur par des religieux qui passaient leur vie dans l'oisiveté et la mollesse. Découragé par la douleur, le pieux abbé forma le projet de se retirer dans une profonde solitude; mais d'Ossat, à qui il avait communiqué ce dessein, ranima son courage et donna de grands éloges à sa vertu. Jean de la Barrière céda aux conseils de son ancien maître, et la réforme fut établie à Feuillens. Tous les anciens religieux abandonnèrent l'abbaye, et ce grand homme se trouva seul au milieu de cette maison avec son courage et ses larmes. En 1577, il reçut des novices ; et dans peu d'années, il se trouva à la tête de cent cinquante religieux. Tout ce qu'on raconte de la vie des anciens Pères du Désert, se trouva retracé, mais d'une manière encore plus parfaite, à Feuillens : dix-huit onces de pain par jour, des légumes, des fruits, et l'eau pure, étaient la seule nourriture des religieux ; ils prenaient leurs repas à terre, marchaient nus pieds, et couchaient sur la dure. Un jeûne presque continuel, un silence absolu ; des habits pauvres et grossiers, des macérations effrayantes pour la nature, telle était la règle de cette nouvelle réforme. Ce monastère devint bientôt une maison accusatrice pour l'ordre de Citaux ; l'orage éclata de toutes parts ; mais la vertu du saint abbé triompha de tous les obstacles, et le pape Grégoire XIII le soutint de son autorité. Le pontife fonda lui-même, à Rome, une maison de sa réforme aux thermes de Dioclétien. Le Roi de France, Henri III, lui demanda soixante religieux pour peupler un monastère qu'il désirait fonder à Paris. Jean de la Barrière se rendit aux vœux du prince : il partit pour la capitale de la France, à la tête de sa colonie. On fit ce voyage à pied, et en chantant des psaumes. Les populations étonnées se pressaient sur les pas de ces voyageurs, et leur marche fut un véritable triomphe. Le Roi les attendait à Vincennes. Ils se prosternèrent en sa présence, et reçurent la bénédiction du cardinal de Bourbon qui accompagnait le monarque. Le saint réformateur attirait tous les regards, tant était frappant le caractère de sainteté qui était empreint sur toute sa personne.

Après la fondation du monastère de Paris, l'abbé de Feuillens partit pour Rome où il tint un chapitre général de son ordre, dans lequel ses nouvelles constitutions furent approuvées, avec quelques adoucissements que l'on crut nécessaires, et qui furent introduits par Clément VIII. Jean de la Barrière mourut quelque temps après dans son monastère de Saint-Bernard de Rome, le 25 avril 1600. Il était âgé de 56 ans. Pendant sa maladie, la comtesse de S^te-Fleur, mère du cardinal Sforce, préparait elle-même tous les remèdes qui lui étaient ordonnés. Ses funérailles furent si belles, que l'on disait depuis par proverbe : *On ne vous fera pas d'aussi belles funérailles qu'à l'abbé de Feuillens.* Son cœur, sa tête et ses pieds furent envoyés en France; le corps fut enseveli derrière le grand autel. L'an 1626, on fit bâtir un très-beau sépulcre de marbre au milieu de l'église, et ses ossements y furent transportés. La tête et le cœur du pieux Abbé furent remis à Mgr. de Sponde, évêque de Pamiers, pour les porter à Feuillens; les pieds furent envoyés au monastère de Paris.

A la révolution de 93, le monastère des Feuillens fut entièrement dévasté. La caisse renfermant la tête et le cœur de Jean de la Barrière fut portée à Toulouse, et déposée à la Maison-de-ville, en vertu d'un décret qui ordonnait de transporter à la Municipalité tous les objets abandonnés dans les monastères. Un ancien serviteur de la maison des Feuillens établie à Toulouse, fut averti de l'existence de ce dépôt; après bien de sollicitations, il eut le bonheur d'obtenir ces restes précieux, et il les garda avec soin jusqu'à la fin de la révolution. Lorsque Dom Charles Papillon, prieur de l'abbaye des Feuillens, fut rentré en France, il vint fixer son séjour à Toulouse. Alors ce fidèle serviteur remit entre ses mains le dépôt qu'il avait gardé avec tant de soin. Le prieur désirant confier ce dépôt à la basilique de Saint-Saturnin, après avoir vérifié l'authenticité de ces restes précieux, les fit placer dans l'un des piliers de la chapelle qui est aujourd'hui dédiée à Notre-Dame de Bonne-Nouvelle, en présence du clergé de la paroisse, et de toutes les religieuses Feuillentines qui se trouvaient alors à Toulouse. Cette cérémonie eut lieu l'an 1810. Le cœur est renfermé dans un vase d'argent. On conserve encore dans la basilique une *capsule* d'ébène, incrustée d'ornements d'ivoire coloriés, dans laquelle les restes de Jean de la Barrière étaient renfermés à Feuillens.

On trouvera dans la partie des annales l'exposé fidèle de tous les événements auxquels nous devons la conservation des reliques de la basilique pendant la révolution française.

Le plan que nous avons adopté dans cet ouvrage ne nous permet pas d'entrer dans de grands détails sur les immenses richesses de la basilique, les objets précieux, les vases d'or, les ornements magnifiques, les châsses d'argent ornées de pierreries, les lampes aussi d'argent, et les joyaux admirables qu'elle possédait. Nous ne faisons que les indiquer ici. On comptait quarante-quatre châsses ou bustes d'argent, et le 27 février 1794 on enleva de la basilique deux mille quatre cents marcs d'argenterie. Parmi les objets précieux qui étaient gardés à Saint-Saturnin, on distinguait 1º une pierre précieuse d'un très-grand prix, nommée *Camaïeu*, dont l'histoire est assez curieuse. Il paraît que ce joyau avait été donné à la basilique sous le règne des princes Carlovingiens. Clément V le demanda au chapitre de Saint-Saturnin, offrant de faire bâtir à ses frais un pont sur la Garonne. Ce joyau lui fut refusé. François Ier fut plus heureux : il l'obtint, et le céda plus tard à Clément VII. Ceux qui voudraient savoir des détails plus circonstanciés sur le camaïeu, pourraient consulter les annalistes qui en ont tracé la *portraiture*. — 2º L'évangélistaire de Charlemagne. Ce magnifique manuscrit avait été fait par un certain Godescalc en l'année 780, par les ordres de Charlemagne et de la belle Hildegarde son épouse. Les caractères sont en argent et en or sur des feuilles de velin teintes en pourpre. Il contient les évangiles de l'année, le calendrier de l'époque, et des vers en l'honneur de Charlemagne. Il était enfermé dans un coffre d'argent-doré, enrichi de pierres de couleurs : les mystères de la Passion étaient représentés sur ce coffre. Arraché au vandalisme révolutionnaire, cet évangélistaire fut donné à Bonaparte en 1811, et déposé dans le cabinet de la bibliothèque du Louvre. — 3º Le cor d'ivoire appelé *Cor de Rolland*, héros fameux de toutes les épopées chevaleresques du moyen âge. J'ignore le nom du chroniqueur qui a attaché cette page *sonore* de notre histoire au mur de la basilique : ce cor d'ivoire a été du moins plus heureux que *Durandart*, l'invincible épée qui fut brisée contre la pierre par le guerrier de Roncevaux. — 4º Un ongle noir de griffon, garni d'argent. — 5º Un coffre de cuivre *armaillé*, dans lequel était renfermée une relique de la vraie croix : ce coffre dont la description appartient à la savante archéologie, se trouve encore dans la basilique. — 6º. Un très-beau reliquaire appelé *Tabernacle*, orné de reliefs ou figures d'argent. — 7º Un autre reliquaire appelé *Prophéta*, d'un travail admirable enrichi de pierres précieuses. — 8º Une pierre précieuse de diverses couleurs, ayant *six pans*, disent les anciens inventaires.

Tous ces objets précieux ont été enlevés de la basilique en l'année 1794. On montre encore à Saint-Saturnin des gants d'évêque ou d'abbé, et une crosse, qui remontent à une très-haute antiquité. La nomenclature de tous ces objets, et de beaucoup d'autres qu'il serait trop long d'énumérer ici, se trouve dans un livre déposé aux archives, sous le titre de *Jocalia pretiosa*.

## CHAPITRE XXII.

Examen critique de l'authenticité des Reliques qui reposent dans la Basilique.

Les recherches exactes que nous avons faites, la sévérité de notre critique, et notre impartialité, doivent nécessairement établir la vérité de cette conséquence : les reliques qui sont honorées à Saint-Saturnin sont authentiques. Plaçons cependant encore ici quelques observations importantes.

Nous divisons en deux classes les reliques de la basilique : reliques *locales* et reliques *étrangères*. Quant aux premières, qui appartiennent à des Saints qui sont morts au milieu de nos pères, leur authenticité ne peut présenter aucune difficulté. De ce nombre sont les corps des saints Saturnin, Honorat, Hilaire, Sylve, Exupère, Raymond, Honest, Papoul. Quant aux secondes, il en est pour lesquelles nous possédons des témoignages irrécusables qui fixent l'époque et les auteurs de leur translation : telles sont les reliques de saint Edmond, de saint Gilles, de saint Georges, de saint Thomas d'Aquin, de la sainte Epine. Parmi ces mêmes reliques *étrangères*, il en est enfin pour lesquelles nous possédons des procès-verbaux authentiques, qui déterminent d'une manière précise l'époque de leur invention et élévation, ou des inventaires très-anciens qui font mention de l'existence de ces corps dans la basilique : telles sont les reliques des Apôtres, des quatre Couronnés, des saints martyrs Ascicle et Victoire, Cyr et Julitte, de sainte Suzanne de Babylonne, et de saint Gilbert. Il nous semble que pour établir maintenant l'authenticité des reliques qui appartiennent à cette dernière catégorie, il suffit de constater un seul fait : Des traditions certaines, des témoignages irrécusables, attestent-ils l'existence immémoriale de ces reliques dans la basilique ? Ce fait, solidement établi, dirime à lui seul toute controverse. En effet, quand une basilique, dont la fondation remonte jusqu'aux premiers siècles du christianisme, possède une relique clairement désignée, et que cette possession n'est point contestée, à titre égal d'ancienneté, par l'existence simultanée de la même relique en un autre lieu, cette possession immémoriale devient alors un véritable titre, et toutes les objections que l'on peut faire touchant l'ignorance où l'on est de l'époque, de l'auteur ou du mode de translation, sont purement négatives et ne sauraient infirmer une prescription de douze siècles. Or, lisez les écrits des annalistes composés d'après des pièces originales ; déroulez devant vous les chartes des Rois et les bulles des Pontifes ; consultez les événements de l'histoire : vous verrez partout qu'au huitième siècle, par exemple, la basilique reçut les reliques de quelques Apôtres et de plusieurs autres Saints de la libéralité des princes Carlovingiens ; qu'au temps des croisades elle en reçut encore de la piété des comtes de Toulouse ; que, placée au sein de la chrétienté, elle était devenue fameuse dans tout l'univers connu, à cause des reliques précieuses dont elle était enrichie ; que les souverains Pontifes, dans la consécration de ses autels, plaçaient les ossements qu'elle gardait dans ses cryptes ; que les foudres de Rome menaçaient tous ceux qui auraient osé porter une main sacrilége sur les corps dont elle était la dépositaire fidèle ; qu'on ne pouvait donner un seul fragment de ces reliques sans la permission expresse du Saint-Siége ; et qu'enfin, au milieu des calamités publiques, l'on voyait les peuples effrayés se presser dans son sanctuaire, jusqu'à ce que les prières et les larmes attachées à ces tombeaux eussent désarmé la colère du ciel. Voilà ce que nous trouvons dans nos annales et nos archives. L'époque de l'invention de toutes ces reliques est déterminée ; les majestueuses cérémonies de leur élévation sont décrites ; qu'importe, après cela, qu'on ignore le temps précis de leur translation ? Une possession incontestée et immémoriale, la croyance générale de l'univers catholique, l'autorité des Pontifes, et les respects de douze générations, ne sont-ils pas des titres aussi authentiques qu'un parchemin scellé et parafé ? Du reste, ces titres écrits qu'on nous demande, nous pourrions aujourd'hui les offrir, si nous n'avions acquis la triste certitude, par l'examen détaillé de toutes les archives de la basilique, que beaucoup de chartes, de pièces originales, de procès-verbaux ont été égarés. Les lacunes que présentera le relevé général des archives qui sera imprimé à la fin de cet ouvrage, porteront jusqu'à la dernière évidence la vérité de notre assertion. Ainsi, par exemple, nous ne doutons pas qu'il n'existât aux archives des pièces originales relatives à la translation d'une partie plus ou moins considérable du corps de saint Jacques-le-Majeur, de Compostelle à Toulouse; car on ne peut douter de l'authenticité de cette relique, sans attaquer ce fait historique qui est cependant incontestable : Tous les pèlerins qui allaient visiter le tombeau de l'apôtre de la Galice, venaient ensuite à Saint-Saturnin se prosterner devant cette autre portion de ses reliques. La même observation s'applique aux corps de plusieurs autres Saints. Il faut maintenant expliquer ou justifier les inscriptions que les légendaires ont gravées sur les tombeaux des Apôtres à Saint-Saturnin. Pourquoi, nous dit-on, annoncer que l'on possède les corps entiers des Saints, si réellement on n'en possède qu'une partie? La réponse est facile. Lorsque dans les premiers siècles chrétiens on trouvait quelque relique considérable, on la plaçait ou sous l'autel, ou dans quelqu'autre partie du temple; l'on regardait dès-lors cet autel et le lieu où reposaient les ossements comme le tombeau du Martyr. Or, comme un tombeau est naturellement destiné à renfermer le corps tout entier, on gravait sur l'autel ou sur la pierre ces mots : *Ici repose le corps de tel Saint* ; quoique assez souvent il n'y eût, et sous l'autel et sous la pierre, qu'une portion de ce corps. Plus tard on procéda à l'élévation solennelle des reliques. Alors parurent les châsses d'or et d'argent, et les bustes précieux : deux formes exclusives furent généralement adoptées pour ces custodes, la châsse et le buste. Trouvait-on une relique qui était reconnue pour être une partie de la tête d'un Saint ? c'était le *buste* qui la recevait ; et l'on gravait sur cette custode : *Tête du Martyr.* La relique trouvée était-elle toute autre partie du corps ? c'était la châsse ou tombeau qui la recevait ; et on gravait sur cette custode : *Corps du Martyr ;* en sorte que l'inscription, se trouvant principalement en harmonie avec la forme extérieure du reliquaire, n'indiquait pas toujours que la tête ou le corps fussent là gardés dans l'intégrité absolue de leurs parties. Si l'auteur de la vie des Saints (M. Baillet) avait su observer dans sa pesante érudition ce fait agiographique, que le savant Pape Benoît XIV a consigné dans l'un de ses immortels ouvrages, il n'aurait pas soulevé tant de difficultés puériles sur les prétendues *doublures* des corps des Saints ; il aurait au contraire très-judicieusement conclu, par exemple, que les inscriptions identiques, qui se trouvent et à Rome et à Toulouse sur les tombeaux de quelques Apôtres, n'indiquent pas que le corps de tel Saint s'est multiplié *par miracle*, plaisanterie de mauvais goût et qui dénote une ignorance large de l'antiquité sacrée ; mais qu'elles signifient que Toulouse et Rome possèdent chacune une portion plus ou moins considérable de ce corps. Ainsi, nous ne voulons pas qu'on efface ces inscriptions, mais qu'on les explique. Si nous avons attaqué plus haut les prétentions de l'église de Saint-Saturnin, au sujet de la posssession de certains *corps saints* dans leur entier, notre attaque toute pacifique ne portait que sur la croyance erronée où l'on aurait pu être que ces corps y reposaient sans exclusion de la plus petite de leurs parties, et nullement sur les inscriptions elles-mêmes.

Puisque le nom de Baillet s'est rencontré sous notre plume, il n'est pas hors de propos d'examiner ici et de réfuter les opinions de cet auteur au sujet du corps de sainte Suzanne de Babylone, qui repose dans la basilique. Voici comment il s'exprime : « En l'année 1511, se fit dans Toulouse la transla- » lation des reliques que l'on crut devoir prendre » pour celles de Suzanne par une relation arrivée » à un ecclésiastique de Bordeaux, appelé de Bosco, » quinze ou seize ans auparavant ». Il y a dans ce passage une grave erreur historique. Il est faux que les reliques trouvées dans la basilique aient été attribuées à sainte Suzanne sur la relation du prêtre de Bordeaux ; elles furent reconnues à l'inscription qui fut trouvée à côté des ossements de la Sainte ; la relation ne servit qu'à indiquer le lieu où ces reliques reposaient. « Les simplicités » qui paraissaient dans cette relation de Bosco, » n'étaient que trop capables de la rendre suspecte; » cependant on voulut bien n'y avoir point d'égard » à Toulouse ». Pourquoi rejeter une narration à cause de la manière dont elle est rapportée ? Les simplicités du récit ne s'expliquent-elles pas et par le caractère du narrateur, et le temps où il vivait, et une certaine *confusion d'idées*, résultat naturel de la multiplicité des visions ou des songes ? Après avoir lu attentivement cette relation, on distingue facilement le principal de l'accessoire. Un prêtre est injustement accusé d'avoir volé les offrandes de l'église où il remplissait l'office de sacristain ; dans sa douleur il se prosterne aux pieds du sanctuaire, et conjure le ciel de faire connaître son innocence. Il cherche dans ses souvenirs quel est le Saint qui, par une analogie de position avec la sienne pourra s'intéresser à lui. L'histoire de Suzanne de Babylone se présente naturellement à son esprit: elle aussi, a été calomniée. Il l'invoque ; la Sainte lui apparaît dans une vision ou réelle ou imaginaire, peu importe ; elle lui assure que son innocence sera reconnue, et en preuve lui annonce que son corps repose dans la basilique de Saint-Saturnin de Toulouse. En effet, son innocence est reconnue, et les reliques sont trouvées. Telle est la première partie de la relation. Dans la seconde, le prêtre n'est plus dans l'église ; il est dans sa maison, il se couche et s'endort. Pendant son sommeil, il croit entendre un grand bruit et une voix qui crie : Au feu ! au feu ! Il s'éveille, et voit le lieu où il repose comme éclairé par la lueur d'un vaste incendie. Un jeune homme, revêtu de l'habit de Carme, se présente et lui dit : Je suis Daniel. Il s'établit un curieux dialogue entre le prêtre et le prophète. Tout à coup sainte Suzanne arrive par la fenêtre et se mêle à la conversation. Le prêtre est très-indiscret dans ses demandes, et les saints personnages très-complaisants dans leurs réponses; ils ont l'extrême bonté de retracer au prêtre, jour par jour, la suite des événements par lesquels son innocence sera reconnue.

Il existe, comme on voit, une grande différence entre la première partie de la relation et la seconde. Dans la première, on ne trouve qu'une ou deux circonstances personnelles au narrateur, qui pourraient passer pour des simplicités. Ainsi, par exemple, Bosco, en apercevant la Sainte, fait le signe de la croix et dit : Si vous êtes *bonne chose*, dites-le-moi. Et ensuite : Passez à ma droite, car il n'y a que les mauvais esprits qui se tiennent à la gauche. Dans la seconde partie, au contraire, ce vacarme effroyable, ces cris : Au feu ! cette robe de Carme que porte Daniel, l'arrivée de la Sainte par la fenêtre, et la conversation des personnages, nous paraissent très-suspects. La nouvelle apparition de la Sainte avec le prophète Daniel peut être vraie, mais toutes les circonstances qui l'accompagnent ont été évidemment recueillies par une trop aveugle crédulité après avoir été ajoutées au récit. On n'a donc admis à Toulouse que les deux apparitions, sans avoir égard à toutes les circonstances étrangères. Beaucoup d'événements certains ont été placés au rang des fables, parce qu'il leur a manqué, pour les transmettre à la postérité, un historien exact et fidèle.

« Toute cette histoire, continue Baillet, n'a » pour fondement qu'une espèce de tradition qui » insinue que ces reliques avaient été apportées » par Charlemagne, au retour d'un voyage contre » les Sarrasins ». Ce n'est pas sur une *espèce* de tradition, mais sur une opinion accréditée que reposait l'existence de ces reliques à Toulouse. Voici comment s'exprime l'évêque de Bordeaux, dans sa lettre à l'abbé de Saint-Saturnin :

« Nous avons appris que vous possédiez dans » l'église de votre monastère le corps de sainte » Suzanne de Babylonne, et que sa fête y était » célébrée. Nous attendons de votre bienveillance » quelques informations à ce sujet ».

L'abbé de Saint-Saturnin lui répond :

« Nous n'avons point encore découvert, d'après

» des monuments authentiques, l'existence de ce
» corps ; je dois cependant vous prévenir qu'il
» existe en général parmi les fidèles une opinion
» accréditée, qui assure à notre église la possession
» de ces reliques ; peut-être se trouvent-elles
» parmi les corps des Saints que nous gardons ici,
» et dont le nom nous est encore inconnu. Il y a
» dans cette église un pilier sur lequel est attachée
» une image de cette Sainte, et on récite souvent
» devant cette image des Antiennes et des
» Oraisons [1] ».

On voit par cette lettre que la plupart des reliques de la basilique n'étaient point encore élevées, et que la tradition sur l'existence du corps de sainte Suzanne était bien établie : l'événement montra que cette tradition reposait sur de solides fondements. Il est inutile de pousser plus loin la critique d'un ouvrage qui déplut à beaucoup d'hommes judicieux, et que l'on trouve rempli d'observations dont il serait très-facile de montrer ou l'exagération ou la fausseté.

---

[1] Nicol. Bertr., gest. Tolo., fol. 69.

## CHAPITRE XXIII.

Institutions religieuses établies dans la basilique. — Indulgences accordées par les souverains Pontifes.

L'esprit d'association a toujours été le caractère distinctif du christianisme. Effet naturel et nécessaire de la grande unité, il a dû porter les hommes à tendre au même but par la diversité des moyens. Cet esprit, fécond dans son action, a produit les sociétés particulières, les corps religieux, les confréries : institutions admirables dans leur origine, et que l'on doit regarder comme des témoignages permanents du développement successif des croyances. Aimant à se réunir autour d'un centre commun, elles ont souvent choisi un monument religieux pour leur berceau. C'est ainsi que la basilique en a vu plusieurs naître et se perpétuer dans son sein. La plus ancienne de ces corporations fut établie au X$^e$ siècle, sous le patronage de saint Saturnin. Le corps de cet illustre martyr venait d'être levé de terre ; il était naturel qu'on mît des gardes autour de son tombeau. Ces gardes étaient chargés de veiller à la conservation de ses ossements et à l'entretien des lampes qui brûlaient nuit et jour devant le sépulcre. Nous rencontrons dans nos chroniques l'établissement de plusieurs autres confréries, telles que celles du S. Sacrement, de la Passion, de Notre-Dame-la-Belle, de Saint-Joseph, de Saint-Exupère, de Saint-Giles. L'an 1570, le Parlement, les chapitres de Saint-Etienne et de Saint-Saturnin, et les familles les plus nobles de la ville de Toulouse, se réunirent pour former la confrérie de la Miséricorde pour les prisonniers; elle fut érigée dans la basilique; ses règles furent approuvées par Grégoire XIII. La plus célèbre de toutes ces corporations est celle des *Corps Saints*, dont nous avons déjà parlé. Elle fut premièrement fondée, dans l'année 1100, en l'honneur des six Apôtres dont les reliques se gardent à Saint-Saturnin; elle était gouvernée d'abord par douze et plus tard par soixante-douze surintendants, en l'honneur des soixante-douze Disciples du Sauveur. Les surintendants nouveaux étaient élus tous les ans par les anciens, au jour de la Pentecôte; ils étaient choisis parmi les hommes les plus recommandables de la cité. Le but principal de cette société fameuse était de veiller à la garde des *Corps Saints*; de recevoir les donations et offrandes des fidèles, et de fournir aux frais d'entretien des châsses et custodes. Depuis la révolution, cette corporation n'a point été rétablie, et nous devons avouer que si, d'un côté, son existence présentait de grands avantages, de l'autre elle entraînait bien des abus que nous avons déjà signalés.

Parmi les institutions religieuses établies dans

la basilique, il faut distinguer ces cérémonies extérieures connues sous le nom de *processions*, et auxquelles se rattachait toujours un souvenir historique. La plus célèbre est celle qui avait lieu le 17e jour du mois de mai, en mémoire de l'heureuse fin d'une guerre sanglante dont il faudrait effacer le récit dans nos annales, alors que, catholiques et protestants, sous le faux prétexte de religion, s'entretuaient pour servir des haines personnelles. On déployait une grande magnificence à l'occasion de cette cérémonie : toutes les châsses des Saints y étaient portées ; les cours souveraines, le clergé régulier et séculier, et la noblesse, y assistaient. On y voyait encore beaucoup de pèlerins qui arrivaient des provinces les plus éloignées. Cette procession ne se fait point aujourd'hui.

Le triomphe du catholicisme sur les religionnaires avait eu lieu le jour même de la Pentecôte, 1562, dans la guerre dont nous venons de parler. Au milieu des combats sanglants dont Toulouse fut alors le théâtre, la basilique de Saint-Saturnin fut défendue avec courage contre les attaques des Huguenots. Pendant qu'on se battait au dehors, un peuple immense remplissait l'enceinte du temple, et conjurait le ciel de veiller lui-même à la conservation des précieuses reliques et des richesses déposées dans son sein. Les prières du peuple furent exaucées : la basilique échappa à la fureur des religionnaires. Pour conserver le souvenir de ce bienfait, la ville de Toulouse fonda, à perpétuité, une messe solennelle du Saint-Esprit, qui était célébrée tous les dimanches dans la basilique. La révolution a effacé ce souvenir religieux. On institua aussi une seconde procession, qui devait se faire annuellement au jour de la Pentecôte : cette cérémonie a encore lieu aujourd'hui. Quoique l'institution de cette dernière procession soit placée par les chroniqueurs dans l'année 1562, nous pensons cependant qu'elle est beaucoup plus ancienne, et qu'elle remonte à l'époque où l'église de Saint-Saturnin fut dédiée au Saint-Esprit. — Le 19 mars, jour de saint Joseph, avait lieu une procession solennelle dans la basilique. Le Parlement, les membres du Sénéchal et du Présidial, les avocats et les procureurs y assistaient. — La seconde semaine du carême, les bourgeois de la Bourse assistaient à une procession qui se faisait dans l'intérieur de l'église. Il y avait encore beaucoup de jours dans l'année qui étaient marqués par de semblables cérémonies : le 23 avril, fête de saint Georges; le 14 juin, fête de saint Exupère; le 16 août, fête de saint Roch; et le 1er septembre, fête de saint Gilles. Si nous avons mentionné toutes ces institutions dans cette histoire, c'est pour ne pas laisser perdre un seule page de nos souvenirs.

Il est peu de basiliques en France qui aient été enrichies de plus *d'indulgences* que l'église de Saint-Saturnin. Clément VII accorda, à perpétuité, à ceux qui visiteraient la basilique 50 ans d'indulgencé. Paul V donna une indulgence plénière à ceux qui visiteraient la même église au jour de la Pentecôte. Urbain VIII accorda à tous ceux qui visiteraient sept autels de la basilique, désignés dans la bulle, les mêmes indulgences qui sont attachées à la visite des sept autels de l'église de Saint-Pierre de Rome [1]. Cette dernière indulgence est, comme on le sait, très-précieuse et presque exclusive à Saint-Saturnin dans l'univers catholique. Pie IV, sur la demande des Capitouls, accorda une indulgence, en forme de Jubilé, à tous les fidèles qui assisteraient à la procession du 17 mai, et visiteraient ce jour-là la basilique [2]. On peut apprécier, par tous ces actes du siége apostolique, combien l'église de Saint-Saturnin était vénérée par Rome elle-même. Si ces faveurs précieuses étaient dignes de la reconnaissance de nos aïeux, la manière dont elles étaient sollicitées doit exciter l'admiration de la postérité : c'étaient les Cours souveraines et les Magistrats de la cité qui portaient aux pieds des Pontifes romains l'expression des vœux publics. Alors l'érection d'une confrérie, l'éta-

---

[1] Les sept autels de la basilique sont : 1º le grand autel du Chœur ; 2º l'ancien autel de Paroisse, aujourd'hui chapelle du Sacré-Cœur ; 3º l'autel du Saint-Esprit ; 4º l'autel de saint Georges ; 5º l'autel de sainte Susanne de Babylone ; 6º l'autel de saint Cyr et sainte Julitte ; 7º l'autel de saint Sylve.

[2] Il serait à désirer qu'on sollicitat auprès du Saint-Siége la translation de cette indulgence à la procession de la Pentecôte.

blissement d'une cérémonie religieuse, la concession d'une indulgence, étaient l'objet de l'allégresse publique. Siècles heureux, où l'exemple des grands exerçait sur le peuple une salutaire influence, et où la foi chrétienne, dans sa belle simplicité, était toujours vive et féconde !

## CHAPITRE XXIV.

De l'Abbaye de saint Saturnin. — Chronologie de ses abbés. — Priviléges. — Donations.

On ne saurait regarder saint Exupère comme le fondateur de cette célèbre abbaye ; et rien ne prouve que les moines de Toulouse, dont il est parlé dans les écrits de saint Jérôme, aient été religieux de ce monastère. L'opinion, qui place sa fondation au temps de Louis le-Débonnaire, est beaucoup plus probable. Primitivement cette abbaye fut occupée par des moines ; à ceux-ci succédèrent des clercs séculiers qui, au onzième siècle, sous le pontificat de Grégoire VII, embrassèrent la règle de saint Augustin. Quelque temps après leur réforme, les chanoines de l'abbaye eurent des démêlés considérables avec Izarn, évêque de Toulouse, au sujet de la juridiction qu'il prétendait exercer sur leur église. La cause fut portée au tribunal du souverain Pontife qui prit les chanoines sous sa protection, et leur donna pour défenseur Richard abbé de Saint-Victor de Marseille. Cependant Izard cherchait toujours à expulser les chanoines ; soutenu par Guillaume, comte de Toulouse, il parvint à les chasser, et mit en leur place, l'an 1077, des moines de l'abbaye de Moissac. Grégoire VII désapprouva la conduite de l'évêque et du comte, et ordonna que les chanoines fussent remis en possession de leur abbaye. Raymond de St.-Gilles accorda de très-grands biens à cette abbaye. Guillaume, comte de Poitiers, doit être placé au rang de ses bienfaiteurs. Alfonse Jourdan lui rendit tous les biens dont l'avait dépouillée le comte Bertrand, son frère.

Depuis quelques années, les immenses richesses accumulées dans l'abbaye contribuèrent à relâcher les liens de la discipline : c'est ce qui détermina le pape Clément VII à séculariser l'abbaye, tant dans le chef que dans les membres. La bulle de sécularisation est datée du 5 des kalendes d'octobre de l'an 1526. Nous donnons ici la série de tous les abbés de Saint-Saturnin, depuis le onzième siècle jusqu'à la destruction de l'abbaye.

I. *Pierre I$^{er}$* souscrivit, l'an 1098, aux chartes du comte Guillaume en faveur du monastère de Saint-Saturnin. Il n'a jamais eu que le titre de Prieur.

II. *Munion*. Il est fait mention de lui en qualité

de prieur du monastère dans les lettres du comte Bertrand, qui fonda le village de Blagnac.

III. *St.-Raymond I.* Il était chanoine de Frédelac avant d'être nommé prieur de Saint-Saturnin. Il était né au château de Durban, et appartenait à une très-illustre famille. Destiné d'abord à porter les armes, il se retira ensuite dans le monastère de Frédelac (Pamiers). Il fut élu prieur de Saint-Saturnin l'an 1101, et gouverna le monastère jusqu'à 1104, époque à laquelle il fut élevé sur le siége épiscopal de Balbastro. On place sa mort au 21 juin 1126.

IV. *Raymond Willelmi* est regardé comme le premier abbé de Saint-Saturnin. Il se rendit par ordre du pape Calixte, l'an 1119, à l'abbaye de Saint-Théodard, pour y défendre les droits de son église. Il apposa sa souscription aux lettres d'Alfonse Jourdan, par lesquelles il restitue à l'abbaye de Saint-Saturnin les biens usurpés par son frère. On place sa mort vers l'an 1139.

V. *Hugues I.* On trouve une bulle d'Innocent II, adressée à cet abbé l'an 1140. Il passa un accord avec le prévôt du chapitre de Saint-Etienne touchant la sépulture des chevaliers. Il fut choisi pour arbitre l'an 1168, entre les Bénédictins de Grand-Selve et les Prémontrés de la Capelétte. Elevé sur le siége épiscopal de Toulouse, il n'abandonna point son abbaye ; et ce fut en sa qualité d'abbé qu'il céda en fief quelques terres aux moines du Grand-Selve.

VI. *Pons de Montpezat.* Il était abbé l'an 1176. Il passa un accord avec l'abbé du Grand-Selve touchant le fief de *Gausinag.* L'an 1178, il présenta au légat du Pape Pierre Moran, de Toulouse, regardé comme le chef des hérétiques dans cette ville, et lui fit accorder l'absolution de son hérésie. Il mourut en 1183.

VII. *Guillaume de Cantés.* Il est désigné comme témoin dans une charte de l'évêque Fulcran, l'an 1200. Il signa en cette même qualité les lettres de privilége que Pierre de Castelnau et Radulfe, légats du Saint-Siége, avaient accordées aux habitants de Toulouse qui s'étaient maintenus dans la profession de la foi catholique. Il mourut le 5 janvier de l'an 1212.

VIII. *Jordan.* Il fut élu abbé l'an 1212. Les historiens ont fait de lui un grand éloge ; ils l'ont représenté comme très-versé dans les sciences divines et humaines. Il céda aux religieuses de Prouille un hôpital situé à Toulouse, à la porte Arnaud-Bernard. Il donna en fief plusieurs terres à Guillaume, abbé de Belle-Perche. Il assista à la mort de Raymond-le-Vieux, comte de Toulouse, qui avait été frappé par les foudres de Rome. Il mourut l'an 1233.

IX. *Bernard de Gentiac.* Il fit des réglements très-utiles pour son abbaye. Il est fait mention de lui, sous l'année 1259, dans les archives de Montpellier. Il céda au noble chevalier Bertrand de Marestan, en fief perpétuel, une portion du domaine de Luberville. Il fut inhumé dans la chapelle de Notre-Dame du Salut.

X. *Armand de Villemur.* Il est parlé de lui sous l'année 1269, époque à laquelle il reçut les lettres d'Alfonse, comte de Toulouse, par lesquelles ce seigneur accorde à l'abbaye de Saint-Saturnin la terre de Vacquiés et ses dépendances. Il accorda, l'an 1256, à Bertrand, abbé de Grand-Selve, l'autorisation de bâtir une église sur le territoire de son abbaye.

XI. *Sanche de Assada.* Il mourut l'an 1301.

XII. *Raymond Aton.* Il institua l'ordre des Chanoinesses de Saint-Saturnin, sous la règle de saint Augustin. Il assista, l'an 1307, dans l'abbaye de Lezat, à la découverte des reliques de saint Antoine. L'an 1318, il fut élu premier évêque de Mirepoix.

XIII. *Pierre Letessier.* Il naquit au bourg de

Saint-Antonin au diocèse de Rodéz. Il fut élu abbé l'an 1318. Vice-chancelier de l'Eglise romaine, il obtint de Jean XXII des lettres de protection pour les Dames de Saint-Saturnin. Il est fait mention de lui, sous l'année 1320, dans un acte du même Pontife touchant l'acquisition de la chartreuse de Cahors. Après avoir rempli les fonctions de légat auprès de plusieurs cours souveraines, il fut fait cardinal sous le titre de St.-Etienne au Mont-Coelius, et mourut à Avignon l'an 1330.

XIV. *Amilius de Lautrec.* Il est fait mention de lui dans les lettres adressées par Jean XXII à l'évêque de Mirepoix, au sujet du différend survenu entre cet abbé et les Dames chanoinesses. Accusé d'hérésie par Gautier de la Neuf-Ville, viguier de Toulouse, il se disculpa de cette accusation, et fut absous par le parlement de Paris. Il fut élevé, l'an 1327, sur le siége de Castres.

XV. *Hugues II.* Il fut choisi pour arbitre dans un différend entre Gaston de Foix et Simon d'Arquier, au sujet de la ville de Lautrec, que chacun de ces seigneurs prétendait lui appartenir. Il fut assez heureux pour apaiser cette querelle. Il mourut l'an 1356.

XVI. *Jean de Nogaret*, né à Toulouse et professeur en droit canon. Il mourut l'an 1361, et fut enterré dans la chapelle de Notre-Dame du Salut.

XVII. *Ramnulphe de Valignac.* Il mourut l'an 1375, et fut enterré dans la chapelle de Notre-Dame du Salut.

XVIII. *Pierre-Vital Blasini*, mort l'an 1397.

XIX. *Antoine de Bruyères de Chalabys.*

XX. *Aimeric Natalis.* Il s'attacha au parti de Benoît XIII, et fut nommé par ce Pontife conservateur des priviléges de l'ordre de Citaux. Il fut élevé plus tard à l'évêché de Condom.

XXI. *Bernard d'Aurival.* Il est fait mention de lui dans une charte de l'an 1411. Il mourut l'année suivante et fut inhumé dans la chapelle de Notre-Dame du Salut.

XXII. *Foulques de la Rouère*, né à St-Léonard au diocèse de Limoges, et docteur en droit canon. Nommé conservateur des priviléges de l'ordre des Frères prêcheurs, il est le premier abbé que nous voyons prendre place, en qualité de conseiller-clerc, au parlement de Toulouse. Il mourut l'an 1455.

XXIII. *Jean de Janhac*, du diocèse de Limoges. Il mourut l'an 1444.

XXIV. *Bernard du Rosier*, abbé en 1468,

depuis élevé sur le siége de Toulouse ; il fit faire de grandes réparations à la basilique.

XXV. *Jean, cardinal Joffredi*, mort en 1420.

XXVI. *Gilles du Val* ou *Labal*, conseiller du Roi Louis XI, protonataire apostolique. Il est fait mention de lui sous l'année 1478.

XXVII. *Laurent Lallemand*, évêque de Grenoble, était encore abbé de Saint-Saturnin en 1573.

XXVIII. *Laurent Lallemand*, évêque de Grenoble et neveu du précédent. Il poursuivit auprès de Clément VII la sécularisation du chapitre de Saint-Saturnin, et l'obtint. Il dégrada le frère Louis de Rochette de l'ordre des Frères prêcheurs, qui avait été condamné aux flammes pour crime d'hérésie. Il mourut l'an 1561.

XXIX. *Jean-Baptiste de Simiane*, sous l'année 1571.

XXX. *François de Simiane*. Il fonda dix prébendes dans l'église de Saint-Saturnin, et donna au chapitre le droit de présentation à ces places. Il mourut en 1587.

XXXI. *François, cardinal de Joyeuse*, doyen

du Sacré-Collége, archevêque de Toulouse. Il mourut en 1615.

XXXII. *Louis de Nogaret de la Valette*, cardinal, archevêque de Toulouse, garda l'abbaye jusqu'à l'année 1639.

XXXIII. *Jean Coeffier Ruzé d'Effiat*, fils d'Antoine d'Effiat, maréchal de France. Il mourut l'an 1698.

XXXIV. *François Sanguin de Livry*, fils du marquis de Livry. Il mourut l'an 1698.

XXXV. *Henri de Rosset de Ceilhes de Roscoel* fut nommé abbé de Saint-Saturnin en 1729, et mourut en 1748.

XXXVI. *François-Henri de Fleurigny*, chancelier de Bourges. Il fit faire dans l'église de Saint-Saturnin beaucoup de fouilles, pour détruire l'opinion populaire qui prétendait que la basilique était construite sur un lac.

XXXVII. *François de Narbonne Lara*, de la maison des comtes de Narbonne, a été le dernier abbé de Saint-Saturnin à l'époque de la révolution de 93.

Les abbés de Saint-Saturnin jouissaient de très-grands priviléges : ils étaient conseillers-clercs au parlement de Toulouse, et conservateurs de tous les priviléges de l'Université de la même ville. Les papes Martin V et Clément VI leur accordèrent tous les insignes de la dignité épiscopale, mitre, crosse et anneau, le droit d'accorder cent jours d'indulgence, et d'user d'un autel portatif dans leurs voyages pour célébrer les divins mystères. Ils avaient juridiction épiscopale sur toutes les paroisses dépendantes de leur abbaye et nommaient à douze canonicats de leur chapitre : leurs revenus s'élevaient à la somme de quarante mille livres de rente. Ces abbés commandataires résidaient très-peu de temps dans leur riche abbaye. Jaloux de leurs prérogatives, ils eurent souvent de violents démêlés avec les évêques et archevêques de Toulouse, qui s'efforçant quelquefois de saisir quelque autorité dans l'abbaye, éprouvaient une résistance que les promesses ou les menaces ne purent jamais fléchir.

Avant le pontificat de Grégoire VII, l'abbaye de Saint-Saturnin fut déclarée exempte de la juridiction de l'Ordinaire, et placée sous l'autorité immédiate du Saint-Siége. Grégoire confirma cette exemption, et plusieurs autres Pontifes la confirmèrent à leur tour. Jusqu'à l'année 1335, le nombre des chanoines qui composaient le chapitre avait été illimité. Jean XXII limita ce nombre à 30, et plus tard il fut réduit à 24. L'abbé, comme nous l'avons dit, nommait aux canonicats du côté droit ; le chanoine de semaine nommait à ceux du côté gauche. Il y avait encore 10 prébendes qui se donnaient au concours, 10 prêtres de chœur nommés par le chapitre, et une maîtrise composée d'un maître de chapelle, d'un sous-maître, et de 7 enfants de chœur. Le chapitre de l'église abbatiale possédait de très-grands biens ; le cartulaire des donations, déposé aux archives, renferme les titres originaux de cent quatre-vingt-treize donations faites à l'abbaye, et d'autant de baux à fief passés en sa faveur. Il faut observer, à la gloire du chapitre, qu'il faisait un noble usage de ses immenses richesses ; ses revenus étaient employés au soulagement des pauvres et à l'entretien de la basilique ; et lorsqu'on parcourt l'inventaire des ornements et joyaux que possédait cette église, on a l'explication naturelle de l'honorable emploi de ces inépuisables ressources.

Les bâtiments de l'abbaye étaient assez vastes, mais simples. Le cloître était formé par des arcades en ogives supportées par d'élégantes colonnettes. Dans l'intérieur du cloître se trouvaient deux chapelles ; l'une appelée Notre-Dame de Bonne-Nouvelle : elle fut bâtie en 1642 par les libéralités d'un riche marchand de Toulouse, nommé Sébastien Taffin ; l'autre chapelle portait le nom de Notre-Dame du Salut : c'était là que se trouvaient les tombeaux des abbés de Saint-Saturnin. Derrière le cloître et autour du chevet de l'église, se trouvait le cimetière des nobles qui devint le sujet de tristes contestations. Sur la partie latérale du cimetière, on voyait des arcs à plein-cintre supportés par des colonnettes, et dans l'intervalle d'un arc à l'autre étaient placés les tombeaux de pierre ou de marbre des évêques, comtes, chevaliers et nobles de la cité de Toulouse.

Ces tombeaux étaient surchargés d'épitaphes : nous en avons recueilli une que nous retraçons ici pour donner une idée de l'emphatique versification de ces inscriptions tumulaires. Elle était gravée sur le sépulcre du chanoine Fauré :

SI, POUR AVOIR DRESSÉ DES PALAIS MAGNIFIQUES,
ET POUR INSTITUER DES JEUX APRÈS SA MORT,
ON SE REND IMMORTEL ; COMBIEN PLUS HÉROIQUES
JUGERONS-NOUS LES FAITS DE CE FAURÉ QUI DORT...
ET COMBIEN DOIT-ON PLUS LONGUEMENT FAIRE BRUIRE
SON NOM DANS L'UNIVERS ; CAR DÉVOT IL LAISSA,
COMME VOULOIR IL EUT PAR SES VERTUS RELUIRE,
TROIS OBITS ; L'UN AU JOUR PROPRE QU'IL TRÉPASSA ;
L'AUTRE POUR TOUS LES JOURS SUR SA TOMBE PESANTE,
LE TIERS EST A CHACUN SAMEDI EN L'HONNEUR
DE LA VIERGE MARIE, AVEC ELLE PRÉSENTE,
PRIERÉS DONCQUES DIEU QU'IL LUI COMBLE SON HEUR.

Ces tombeaux ont été violés, ces colonnes détruites ; l'abbaye a été renversée jusque dans ses fondements, et il ne reste pas même aujourd'hui une seule ruine qui puisse attester aux générations futures l'existence de ce monastère fondé par des Rois et illustré par de si grands souvenirs.

# ANNALES

## DE LA BASILIQUE ET DE L'ABBAYE

DE

# SAINT-SATURNIN,

Depuis leur fondation jusqu'à nos jours.

---

### QUATRIÈME SIÈCLE.

Année 380. — Nous commençons ces annales à la fondation de la basilique de Saint-Saturnin par saint Sylve, qu'il faut placer vers l'an 380 de l'ère chrétienne. Ce Pontife jeta les fondements du temple, destiné à recevoir les ossements de saint Saturnin, hors des murs de la ville, au même lieu où l'édifice est situé aujourd'hui. La première basilique se trouvait placée au milieu d'une vaste campagne inculte et abandonnée. Ceux qui ont prétendu que cette église était primitivement bâtie sur pilotis, au-dessus du fameux lac sacré d'où le proconsul Cépion enleva l'or de Toulouse, ne donnent aucune preuve solide de leur opinion. On a cru, sur une expression de l'ancien légendaire qui a écrit la vie de saint Sylve, que ce pontife employa des sommes immenses à jeter les fondements de l'édifice, et que ces fondements pourraient être ceux de l'église actuelle : il est assez difficile de fixer sur ce point la vérité de l'histoire. Saint Sylve mourut avant d'avoir terminé son ouvrage, et laissa à son successeur le soin d'achever la basilique.

### CINQUIÈME SIÈCLE.

406. — Saint Exupère continue et termine le temple commencé par saint Sylve. On s'accorde à dire que ce fut dans les premières années de son pontificat qu'il consacra la basilique, et y fit la translation solennelle des reliques de saint Saturnin. L'église commencée par saint Sylve, et terminée par saint Exupère, n'existe plus aujourd'hui : l'époque à laquelle elle fut construite paraît indiquer qu'on avait suivi dans sa construction la belle architecture grecque. De savants archéologues ont pensé que les gracieux chapitaux placés au-dessus des colonnettes qui décorent les galeries supérieures, appartenaient à ce premier temple. Il existait certainement un monastère à Toulouse au temps de saint Exupère, puisque nous connaissons les noms de Sisinnius, de Minerve et d'Alexandre, qui avaient

embrassé l'état monastique dans cette dernière ville. La haute protection que saint Exupère accordait aux religieux pourrait faire croire, qu'à l'exemple de plusieurs évêques qui firent bâtir des monastères auprès des tombeaux des martyrs, il fut le fondateur de celui de Saint-Saturnin, et que les moines dont nous avons parlé appartenaient à ce monastère, qui du reste n'avait aucun rapport avec l'abbaye dont la fondation est beaucoup plus reculée.

466. — Bien des années s'étaient écoulées depuis la translation des reliques de saint Saturnin dans la basilique ; les peuples venaient de toute part prier auprès de son tombeau, et y chercher un asile contre les calamités que l'inondation des barbares attiraient sur les Gaules. Le nom de Saturnin était au loin répandu, et l'on vit en ce temps un illustre évêque, guidé par le sentiment d'une tendre dévotion, venir en pèlerinage au tombeau du saint Martyr. Cet évêque était saint Arnulphe de Tours. Voici comment s'exprime à ce sujet l'auteur de sa vie : *Progrediens Tolosam adiit, deniquè ad Saturnini sepulcrum in orationibus vacans........* On veut que Maxime, dont Sidoine Appollinaire fait mention dans sa lettre à Turnus, ait été en ce même temps évêque de Toulouse. Il n'est point dit cependant qu'il ait été évêque de cette ville. Lorsque Sidoine Appollinaire nous décrit la vie de ce personnage, la modestie de ses vêtements,

la frugalité de sa table, il ne donne nullement à connaître qu'il fût évêque : tout ce qu'on peut conclure de ses paroles, c'est qu'il était prêtre. L'église de Toulouse paraît avoir été sans pasteur durant un assez long espace de temps, depuis saint Exupère jusqu'à Héraclius qui vivait l'an 505.

## SIXIÈME SIÈCLE.

**541.** — On place dans cette année le pontificat de saint Germier à Toulouse. Il faut avouer que les actes que l'on suppose écrits par Précieux, l'un de ses disciples, sont évidemment d'une date postérieure, et ont été composés vers le onzième siècle : ils méritent peu de confiance. Selon ces actes, Germier naquit à Jérusalem ; il vint à Toulouse, accompagné de ses deux disciples, Dulcide et Précieux : son arrivée à Toulouse eut lieu vers l'an 508, époque à laquelle Clovis s'approcha de cette dernière ville. Saint Germier y fixa son séjour. Il fut fait sous-diacre et diacre par Grégoire, évêque de Saintes, et sacré plus tard évêque de Toulouse, à Paris, par le même prélat. Clovis fit à saint Germier des présents considérables, et lui donna des terres situées dans le diocèse de Toulouse. C'est dans l'une de ces terres qu'il fit bâtir une église en l'honneur de saint Saturnin, et un monastère de saint Martin. Il fut enseveli à Doz, lieu voisin de Muret. On y bâtit un monastère qui dépendit ensuite de l'abbaye de Lézat. Les reliques de saint Germier furent plus tard transférées dans l'église Saint-Jacques de Muret.

571. — Chilpéric ayant hérité des états de Charibert son frère, nomma Launebolde duc de Toulouse, ville comprise dans son nouveau royaume. Fortunat, évêque de Poitiers, nous a laissé un poème à la louange de ce duc. Launebolde fit bâtir une église à Toulouse en l'honneur de saint Saturnin, au lieu où le saint martyr avait été d'abord enseveli. Elle porte aujourd'hui le nom de Notre-Dame du Taur. Toutefois l'édifice actuel n'est point celui de Launebolde : ce seigneur était Goth d'origine ; il avait une éminente piété, et ne se servait de ses immenses richesses que pour le bien de l'église et le soulagement des pauvres. Bertrude, sa femme, ne le cédait en rien à son époux ; elle fonda plusieurs monastères de vierges. Ils laissèrent une fille qui hérita de leur fortune.

581. — Didier avait succédé à Launebolde dans le duché de Toulouse. La guerre éclata entre Chilpéric et Childebert son neveu. Montmaule, général de Childebert, remporta une éclatante victoire sur Didier qui combattait pour Chilpéric. Didier, après sa défaite, se mit à la tête de nouvelles troupes, et marcha à la conquête du Périgord et de l'Agenais, qui appartenaient à Gontrand, roi de Bourgogne. Dans cette guerre, il devint le persécuteur de la femme de Raynoalde, gouverneur de l'Agenais.

Cette princesse s'était sauvée dans l'église de Saint-Caprais d'Agen. Didier, violant tous les droits d'asile, l'arracha de ce temple, la dépouilla de ses richesses, et la conduisit captive à Toulouse. L'infortunée parvint à tromper la vigilance de ses gardes, et se précipita dans l'église de Saint-Saturnin où elle trouva un asile beaucoup plus assuré que le premier. Ce fait nous montre qu'il existait à cette époque un monastère attaché à l'église du martyr, dans lequel étaient inviolablement gardées les personnes qui pouvaient user du privilége d'asile.

## SEPTIÈME SIÈCLE.

636. — Dagobert devenu maître de la monarchie française, envoya le duc Baronte à Toulouse, pour s'emparer des trésors de Charibert son frère. Les anciennes chroniques de Saint-Denis prétendent que ce seigneur enleva en même temps les reliques de saint Saturnin dans le dessein de faire sa cour à Dagobert, qui les plaça dans l'église de Saint-Denis. Ces chroniques ajoutent, qu'à la suite de cet enlèvement sacrilége, tout le pays Toulousain fut frappé d'une affreuse stérilité, qui s'étendit même jusqu'aux femmes et aux femelles des animaux; que la quatorzième année du règne de Dagobert, les Toulousains envoyèrent des députés aux religieux de Saint-Denis pour réclamer les reliques de leur apôtre, et offrirent en échange d'autres reliques; que les religieux de Saint-Denis accédèrent à la

prière des députés, et que le corps de saint Saturnin fut rendu à Toulouse. Nous avons déjà discuté ce fait extraordinaire, et montré qu'il n'était pas admissible.

## HUITIÈME SIÈCLE.

**721.** — Les Sarrasins, sujets des califes d'Asie, pénètrent en Espagne vers l'an 712. Zama marche à leur tête. Le royaume des wisigoths, en Espagne, devient leur conquête, ainsi que celui des wisigoths dans la Septimanie. Narbonne est prise. Le siége est mis devant Toulouse. Eudes défend cette ville et taille en pièces l'armée des Sarrasins. La basilique de Saint-Saturnin, bâtie par saint Exupère, fut presqu'entièrement détruite pendant ce siége. Le monastère fut aussi renversé. L'opinion la plus probable soutient que la seconde basilique et le monastère furent reconstruits sur les ruines des premiers sous l'empire de Charlemagne, et par son fils Louis-le-Débonnaire. Nous avons développé et soutenu plus haut cette opinion. C'est donc, ce semble, avec raison qu'on peut regarder Louis-le-Débonnaire comme le fondateur de l'abbaye de Saint-Saturnin. Ce fut au huitième siècle que plusieurs reliques furent déposées dans la basilique : les unes étaient apportées d'Espagne et d'Italie, et les autres d'Orient. Les corps des saints Saturnin, Honorat, Hilaire et Sylve reposaient depuis longtemps dans la première basilique. Ensevelis dans la terre et renfermés dans des tombeaux de pierre, ils échappèrent ainsi à la ruine du premier temple. On croit que ce fut à peu près à la même époque que le monastère de Saint-Saturnin, primitivement occupé par des moines dès le temps même de saint Exupère, fut érigé en abbaye ; des clercs séculiers prirent alors la place des anciens moines, et ce fut là la première révolution opérée dans ce monastère.

## NEUVIÈME SIÈCLE.

843. — Charles-le-Chauve, devenu roi d'Aquitaine, entreprend de s'emparer de Toulouse, sur Pepin. Il se présenta devant cette ville le 13 mai de l'an 843; il établit son quartier-général dans l'abbaye de Saint-Saturnin, située hors des murs de la ville. Ce fut dans cette abbaye qu'il délivra plusieurs diplômes : le premier en faveur d'Elie, abbé de Lagrasse au diocèse de Carcassonne ; le second en faveur d'Eléazar, abbé de *Saint-Pierre-de-Cubières* au diocèse de Narbonne ; la troisième en faveur de Centulle, abbé de *Saint-Polycarpe* au même diocèse. Le 31 mai, Charles délivra une charte en faveur de Berarius, archevêque de Narbonne, par laquelle il donnait à cette église le village de *Cesséras*. Quelques jours après, il tint une diète dans laquelle on dressa un capitulaire en faveur des ecclésiastiques de la Septimanie, qui se plaignaient des vexations des évêques. Le 20 juin, Charles leva le siége et prit la route de l'Albigeois. Arrivé

au château d'*Aveins*, maison royale située sur les rives du Tarn, il donna, à la prière de Samuel, évêque de Toulouse, une charte par laquelle il prend sous sa protection et sauvegarde les églises de Saint-Etienne, de la Daurade, et le monastère de Saint-Saturnin avec toutes les personnes et biens qui en dépendent, faisant défense à tous juges d'inquiéter ni troubler lesdites églises en leurs possessions.

844. — Charles-le-Chauve mit de nouveau le siége devant Toulouse, le 11 mai de cette année 844. L'abbaye de Saint-Saturnin le reçut encore. Il fallait que les bâtiments fussent assez vastes pour loger ce prince et toute sa cour. Ce fut dans cette abbaye qu'il délivra plusieurs diplômes que nous allons mentionner : 1º en faveur de Domnule, abbé de *Saint-Pierre-de-Basalu* au diocèse de Gironne ; 2º en faveur des descendants des Espagnols qui s'étaient réfugiés dans le diocèse de Beziers sous le règne de Charlemagne : il les confirma dans la possession héréditaire des terres d'*Aspiran* et d'*Alignan* qu'on leur disputait ; 3º en faveur de Théofrid, descendant des Espagnols ; 4º en faveur du monastère de *Sainte-Grate* au diocèse d'Urgel. Il confirma encore les priviléges de plusieurs autres églises.

Pendant que Charles occupait l'abbaye de Saint-Saturnin, il souilla ce monastère par une de ces atrocités qui révolteront toujours les cœurs généreux. Bernard, fils de saint Guillaume, comte de Toulouse, avait été créé comte de Barcelonne et duc de Septimanie, après l'exil de Béra qui possédait ces dignités. Louis-le Débonnaire l'avait appelé à sa cour, l'avait élevé à la charge de son premier ministre, et lui avait confié les intérêts du jeune prince Charles son fils. Son élévation lui suscita des jaloux, qui l'accusèrent de plusieurs crimes auprès de l'empereur. Il fut banni de la cour ; il y revint cependant quelque temps après, et chercha à se justifier dans la diète de Thionville. On le vit ensuite favoriser assez ouvertement l'esprit de révolte qui animait Pépin, roi d'Aquitaine, contre son père. Louis, indigné contre le duc de Septimanie, le dépouilla de toutes ses dignités. L'espérance de rentrer en possession de toutes les places dont il avait été dépouillé, lui fit entreprendre la défense de l'empereur contre ses trois enfants révoltés. L'heureux succès de son entreprise lui fit rendre toutes les dignités qu'on lui avait ravies. Après la mort de Pépin, premier roi d'Aquitaine, il soutint le parti du jeune Pépin contre Charles-le-Chauve. Il encourut la disgrâce de ce dernier ; mais bientôt il se réconcilia avec lui, et chercha à rapprocher ces deux princes. Vassal de Charles et de Pépin, il passa tour à tour d'un parti à l'autre. Il garda cependant une parfaite neutralité à la bataille de Fontenai ; et voyant que la fortune s'était déclarée en faveur de Charles, il envoya son fils Guillaume à ce dernier pour l'assurer de sa fidélité. La guerre éclata de nouveau entre ces deux princes. Charles vint mettre alors le siége devant Toulouse, comme nous l'avons dit plus haut. Bernard y soutint d'abord le parti de Pépin, et s'efforça ensuite de faire la paix avec Charles. Cette paix fut conclue et signée par les deux parties avec le sang de l'Eucharistie. Bernard se rendit auprès de Charles dans le monastère de Saint-Saturnin. Ce prince était assis sur son trône, entouré des grands de sa cour. Il se leva pour embrasser Bernard. Mais, tandis qu'il le soutenait de la main gauche, il lui enfonça de la droite un poignard dans le sein. Couvert de sang, Charles descendit du trône, et foulant aux pieds le cadavre de Bernard : Malheur à toi, dit-il, qui as osé souiller le lit de mon père et de ton seigneur ! Paroles frappantes qui rappelaient les coupables intrigues de l'impératrice Judith et du duc de Septimanie. Le corps de cet infortuné demeura deux jours sans sépulture devant la porte du monastère de Saint-Saturnin. Samuel, évêque de Toulouse, en l'absence de Charles, lui fit de magnifiques funérailles, et grava sur son tombeau une épitaphe *en langue romane*. Charles, à son retour, irrité contre l'évêque, fit effacer l'épitaphe et renverser le tombeau. C'est ainsi que l'abbaye de Saint-Saturnin devint le théâtre de la mort tragique d'un puissant seigneur, qui effaçait des qualités brillantes par de grands défauts, et devint la triste victime de son caractère ambitieux et dissimulé.

### DIXIÈME SIÈCLE.

**960.** — Cette année, Hugues I<sup>er</sup>, évêque de Toulouse, fit dans son testament de grandes largesses au monastère de Saint-Saturnin. La patrie de cet évêque est inconnue : il occupait le siége de Toulouse vers l'an 926. Il écrivit avec ses comprovinciaux au pape Jean X, pour lui demander le pallium en faveur d'Aymeric, archevêque de Narbonne. En 937, il assista au concile d'Ausède dans la province de Narbonne, et souscrivit l'an 940 aux donations faites au monastère de Saint-Pons, et approuva en 943 la fondation du prieuré de Cambon au pays toulousain. Il donna à Loup, primicier et archidiacre de Saint-Etienne, une terre sur laquelle était située l'église Sainte-Marie de Trémes-Aigues. Cette église fut donnée à Guarin, abbé de Cuxa en Roussillon. Bernard, évêque de Couserans, à la prière d'Hugues, fit la dédicace de cette église ; l'abbaye de Bolbonne fut depuis bâtie sur les ruines de cette église. Le testament d'Hugues est daté de l'an 960. Ce prélat mourut vers l'an 971. Raymond I, comte de Rouergue et marquis de Gothie, donna aussi de très-grands biens au monastère de Saint-Saturnin.

### ONZIÈME SIÈCLE.

**1007.** — Le pape Jean XVIII confirma toutes les donations faites à l'église de Saint-Saturnin.

**1029.** — La basilique carlovingienne reçut, cette année, la visite solennelle du bon roi Robert. Ce prince, frappé d'abord par les foudres de Rome, à cause de son mariage avec Berthe, reconnut sa faute et l'expia. Sa piété le porta, quelque temps avant sa mort, à visiter les lieux de dévotion les plus célèbres du royaume. Il vint à Toulouse, et se rendit avec toute sa cour à la basilique de Saint-Saturnin. Le peuple accouru en foule sur les pas du prince, ne pouvait s'empêcher d'admirer cet excellent monarque prosterné sur le tombeau du martyr. Il fit publiquement ses dévotions en présence des évêques et de la noblesse, et laissa au monastère de Saint-Saturnin des témoignages de sa royale munificence.

Nous plaçons à peu près vers la même époque, en l'année 1034, la destruction de la basilique bâtie sous les princes carlovingiens. Les détails de cet événement ont été donnés dans la première partie de cette histoire.

**1060.** — La basilique est reconstruite sur le plan qui existe aujourd'hui par les soins de Pierre Roger, évêque de Toulouse : la mort l'empêche de terminer ce monument. On pense avec raison qu'il jeta les fondements de l'élégante abside. Il faut placer à cette époque plusieurs donations faites à la basilique par diverses personnes. Les pièces authentiques, conservées encore aux archives, nous permettent de transmettre à la postérité le nom de ces illustres bienfaiteurs.

1º *Oger de Miremont* et *Thècle* sa femme, donnent au monastère de Saint-Saturnin de Toulouse l'église Saint-Martin de *Campaja* avec toutes ses dépendances et droits seigneuriaux, voulant que le prévôt de l'église de Saint-Saturnin en ait la libre et pleine puissance, et qu'aucun de ses descendants n'y puisse rien prétendre. Ladite église était située *in pago adurensi*.

2º *Belhomme* et ses sœurs donnent à l'église de Saint-Saturin le fief de *la Valette* avec ses dépendances et appartenances; plus le fief de *Fontenille*, la moitié de la terre de *Carraire*; plus le fief de *Catlépe*.

3º Nous trouvons en l'an 1060 une donation faite à l'église de Saint-Saturnin entre les mains d'*Unald*, prévôt de cette église, de la quatrième partie des biens de l'église de *Drigmil* et quelques autres terres. L'usufruitier était tenu de payer annuellement à ladite église, le jour de la fête de saint Thomas, huit pains, huit gélines, et quatre setiers de grain. Le nom du donateur est inconnu. C'est le premier acte dans lequel il soit fait mention du prévôt du chapitre qui, à cette époque éloignée, était composé de clercs séculiers qui avaient succédé aux moines primitifs.

4º *Raymond Fort* et *Hugon* son fils donnent au chapitre de Saint-Saturnin un fief situé près de la rivière de l'Hers ; ce fief, dont le nom n'est pas énoncé dans l'acte, était tenu par divers particuliers.

5º *Pons Bernard de Pieta* cède aux prévôt et chanoines de Saint-Saturnin tous les droits qu'il peut avoir sur le village de *Saint-Georges*. Le lieu où ce village est situé n'est point indiqué.

6º *Artimond Pons* et *Bonnet Bainguier* donnent à l'église et aux chanoines de Saint-Saturnin l'église de *Crosia*, la terre de *la Salvetat* et plusieurs autres lieux.

7º *Bernard Jourdan* et *Guillemette* sa femme cèdent pour un an seulement à l'église et chapitre de Saint-Saturnin tous les droits qu'ils avaient sur l'église de *Columario*, pour la somme de cent sols.

**1073.** — Sous le comte Guillaume IV, un différend assez singulier s'éleva entre les chanoines de Saint-Etienne et ceux de Saint-Saturnin, au sujet des sépultures des habitants de cette ville. L'un de ces chapitres prétendait avoir sur l'autre le droit exclusif de donner la sépulture dans le cimetière de son église aux familles nobles de la cité. La discussion fut assez loin portée pour appeler l'attention de l'évêque Izarn, prélat réformateur, et de quelques autres évêques. On passa un accord dans lequel il fut stipulé que l'évêque, le comte et les chevaliers, leurs veuves et leurs enfants seraient enterrés dans le cimetière de Saint-Saturnin, qui fut appelé pour cette raison le *cimetière des nobles* : ce cimetière était situé derrière le chevet de la basilique. Cette distinction de sépultures a quelque chose de puéril quand la mort réduit à une égalité parfaite toutes les conditions humaines.

**1076.** — Vers ce temps, une heureuse révolution arriva dans le chapitre de Saint-Saturnin. Nous avons déjà dit que, depuis bien des années, des clercs séculiers avaient pris la place des premiers moines. Hildebrand, en montant sur la chaire de Pierre, avait communiqué une impulsion étonnante à l'état religieux. Grâce à l'austérité de sa vertu et à la force de son génie, les abus disparaissaient et la réforme s'établissait de toute part. Dociles à cette impulsion, les clercs séculiers de Saint-Saturnin embrassèrent la vie commune ou canoniale avec la règle tirée de saint Augustin. Les clercs étaient certainement régularisés en 1076, comme il conste de la donation que leur fit alors l'évêque de Périgueux de l'église de Saint-Cyprien. Giraud, évêque de Cahors, donna aussi vers le même temps, aux clercs de Saint-Saturnin de Toulouse, l'église du Vigan, dans son diocèse, pour y vivre selon la règle de saint Augustin et des autres Pères. Nous allons voir ces chanoines dans une terrible lutte avec l'évêque de Toulouse, d'abord vaincus, ensuite vainqueurs, demeurer paisibles possesseurs de leurs droits.

**1077.** — Les chanoines de Saint-Saturnin venaient de se régulariser, lorsque Izard et son chapitre prétendirent exercer une entière juridiction et avoir des droits particuliers sur leur église. Les chanoines portèrent leur plainte à Grégoire VII, qui ayant reconnu que l'église de Saint-Saturnin dépendait immédiatement du Saint-Siége, sous la redevance annuelle de dix sols à l'Eglise romaine, la mit sous la protection immédiate du Saint Siége, et leur accordait en même temps quelques priviléges. Le chapitre de Saint-Etienne trouva moyen de leur ravir ces priviléges. Nouvelle plainte des chanoines au Pape. Grégoire VII écrivit alors au cardinal Richard, abbé de Saint-Victor de Marseille, et lui manda que l'église de Saint-Saturnin étant soumise à son autorité immédiate, et les chanoines qui la desservaient vivant régulièrement, il obligeait le chapitre de Saint-Etienne et l'évêque de Toulouse à ne plus les inquiéter et à leur rendre justice. On croyait cette affaire heureusement terminée, lorsque l'évêque Izarn, qui était un prélat assez entreprenant, suscita une nouvelle querelle aux chanoines. Il passa un accord avec Hunaud, abbé de Moissac, par lequel il céda à cet abbé et à celui de Cluni l'église de Saint-Saturnin pour y établir des moines.

On ne sait trop à quel titre l'évêque fit cette cession ; quoi qu'il en soit, elle fut acceptée sous quelques réserves particulières en faveur de l'évêque. Ce dernier avait eu le soin de mettre dans ses intérêts le comte Guillaume IV qui affectionnait beaucoup les moines. Le comte ratifia le traité et se chargea de l'exécution. Il fit venir les moines ; et sur le refus des chanoines de céder la place, il les chassa de vive force du monastère. On aurait lieu d'être étonné que l'évêque ne modérât pas le zèle impétueux du comte, s'il ne s'était placé dans une fausse position en sollicitant en sa faveur des priviléges que le comte lui avait accordés. Il avait été décidé qu'il n'y aurait jamais d'abbé à Saint-Saturnin, et que la communauté serait gouvernée par un prévôt, sous l'autorité de l'abbé de Cluni.

La conduite du comte excita une indignation générale. Les chanoines expulsés portèrent leur affaire au Pape. Grégoire VII écrivit à Guillaume une lettre sévère. Celui-ci reconnut sa faute, et restitua l'église aux chanoines. Ils rentrèrent triomphants dans leur abbaye. Guillaume, par un acte solennel, promit de les laisser paisibles possesseurs de leur église, révoqua l'accord passé entre Izarn et l'abbé Hunauld et consacra cet acte au nom de tous ses enfants par la religion du serment. L'histoire ajoute que l'évêque Izarn ne se tint pas pour vaincu ; mais qu'ayant fait un voyage à Rome, il obtint du Pape la révocation du premier privilége qu'il avait accordé. Ces événements nous conduisent jusqu'à l'année 1083.

**1083.** — Saint Raymond continue la construction de la basilique de Saint-Saturnin, que Pierre Roger avait relevée de ses ruines. Il conduisit le bâtiment jusqu'au-dessus des fenêtres. Nous n'ajouterons rien ici à ce que nous avons dit déjà de ce Saint dans la première partie de cette histoire.

**1090.** — Le pape Urbain II rend, en faveur du prévôt et du chapitre de Saint-Saturnin, une bulle datée du 5 des calendes d'avril, par laquelle il confirme tous les priviléges accordés par Grégoire VII, les maintient dans la possession des biens qu'ils possèdent ou pourront posséder à l'avenir, leur accorde encore la possession du cimetière dont ils jouissaient depuis 40 ans. Tous ces priviléges sont donnés à condition qu'ils vivront religieusement en commun, et que vivant régulièrement, ils n'auront rien en propre. Il leur enjoint d'observer avec exactitude les constitutions apostoliques, celles de saint Jérôme et de saint Augustin.

**1092.** — Bernard de Marènes et ses frères donnent à l'église de Saint-Saturnin les églises d'*Artilongues*, de *Cépède*, et quelques autres biens avec leurs dîmes. La donation est faite du consentement de l'archevêque d'Auch.

**1096.** — Urbain II consacre avec beaucoup de solennité la basilique de Saint-Saturnin, le 24 mai, en présence d'un très-grand nombre d'évêques. Comme nous l'avons déjà observé, Raymond de St-Gilles assista à cette cérémonie. Au mois d'octobre suivant, le Pape publia une bulle par laquelle il exempte l'église de Saint-Saturnin de la juridiction ordinaire. Vers la fin du même mois, Raymond de St.-Gilles quitta Toulouse, et partit pour la Croisade à la tête de cent mille hommes. S'il faut ajouter foi à une ancienne tradition, le comte, avant son départ, vint se prosterner devant le tombeau de saint Saturnin, et déposa quelques instants ses armes aux pieds d'un crucifix antique, que l'on conserve encore avec soin dans la basilique. Aucun historien ne fait mention de cette dernière circonstance.

**1097.** — Izarn, évêque de Toulouse, avait retenu la quatrième partie des oblations faites à l'église de Saint-Saturnin. Urbain II, qui se montra toujours très-favorable à cette église, donna une bulle par laquelle il termine ces longs démêlés, en adjugeant au chapitre de Saint-Saturnin, la quatrième partie des oblations. Dans cette bulle, il dit avoir fait lui-même la consécration de Saint-Saturnin, et confirme l'institut des chanoines, leur défendant de changer d'ordre, d'avoir rien en propre après qu'ils auront fait profession, confirme toutes les dignités du chapitre, et défend à aucun évêque ou archevêque de prononcer sans sa permission ou celle de son légat, aucune sentence d'interdiction ou d'excommunication contre ladite église. Cette bulle fut donnée dans le monastère de Saint-Gilles, le 14 des kalendes d'août.

**1098.** — Bertrand, fils de Raymond de St-Gilles, se porta à de grands excès contre la basilique de Saint-Saturnin. Il enleva les biens dont Raymond de St-Gilles, son père, avait doté l'abbaye, viola le cloître extérieur, et détruisit même quelques bâtiments. La basilique ne dut alors sa conservation qu'à la présence de Guillaume de Poitiers, qui vint tout à coup se présenter devant Toulouse pour s'emparer de cette ville. Toulouse lui ouvrit ses portes, et Bertrand prit aussitôt la fuite. Le comte de Poitiers et la comtesse Philippia, sa femme, prirent sous leur sauvegarde l'église et le monastère de Saint-Saturnin. Par leurs pieuses largesses, la basilique fut entièrement terminée telle qu'on la voit aujourd'hui, à quelques constructions près qui sont d'une époque plus récente. Parmi les donations nombreuses que le comte de Poitiers fit à l'abbaye de Saint-Saturnin, on remarque celle du village de Saint-Pierre de Blagnac sur la Garonne, avec toutes ses dépendances. On trouve dans l'acte de donation le nom du prévôt du chapitre de Saint-Saturnin, qui souscrivit en cette qualité à cet acte. Ce prévôt s'appelle Pierre : on croit que c'est celui qui dans le nécrologe porte le nom de Villamonté.

**1100.** Pendant que le comte de Poitiers partait pour la Palestine, Bertrand, fils de Raymond de St-Gilles, rentrait en possession des biens de son père. Il chercha à effacer les excès qu'il avait commis contre la basilique, en confirmant par un acte solennel toutes les donations faites par le comte Guillaume. Cette charte porte la date du mois de décembre ; elle fut souscrite par Munion, prévôt du chapitre de Saint-Saturnin.

Le 4 des kalendes de décembre, le pape Pascal II donne, en faveur du chapitre de Saint-Saturnin, une bulle dans laquelle il confirme toutes les donations et priviléges du chapitre, et renouvelle toutes les défenses d'Urbain II, son prédécesseur. La bulle fut donnée à Saint-Jean-de-Latran.

### DOUZIÈME SIÈCLE.

**1101.** — Saint Raymond de Balbastro est élu prieur du monastère de Saint-Saturnin. Ce saint était né au château de Durban, situé sur les confins des diocèses de Toulouse et de Couserans. On croit qu'il descendait des anciens comtes de Carcassonne, de Foix et de Comminges ; il embrassa la vie canoniale dans l'abbaye de Saint-Antonin-de-Frédelas (Pamiers). Doué des plus rares vertus, orateur éloquent, il dut à son mérite son élection à la dignité de prieur de Saint-Saturnin : il en remplit les fonctions jusqu'à l'année 1104, époque à laquelle il fut placé sur le siége épiscopal de Balbastro. Il gouverna cette église jusques en l'année 1126 qui fut celle de sa mort.

**1104.** — Bernard d'Albinac, Adémar son frère, et Blanche sa sœur, confirment en faveur du chapitre de Saint-Saturnin la donation déjà faite de tous les biens qui leur ont été vendus ou donnés par leur prédécesseur. La confirmation est faite moyennant la somme de 35 sols que le chapitre a donnés; l'acte est écrit par Raymond de Pétra-Pertusa.

**1117.** — Raymond Willelmi est élu cette année premier abbé de Saint-Saturnin. Deux années après son élection, il se rendit par ordre de Calixte II au monastère de Saint-Théodard, pour défendre les droits de son église contre les chanoines de la cathédrale. N'ayant pu répondre aux arguments qu'on lui objectait, le Pape renvoya la cause jusqu'à la fête de la Vierge appelée *Hypapante*. Il eut le talent de maintenir plus tard les exemptions de son église. Il est fait mention de lui dans les lettres de Guillaume, évêque de Périgueux, l'an 1123, et souscrivit l'an 1126 à la charte d'Alphonse Jourdan, par laquelle ce comte restitue les biens usurpés par son frère. On place la mort de Raymond à l'an 1139.

**1119.** — Le 4 des nones de janvier, le pape Gélase II donna une bulle par laquelle il confirme en faveur de l'abbé et chanoines de Saint-Saturnin, les priviléges accordés par ses prédécesseurs. Cette bulle fut donnée à l'époque du voyage que ce Pape fit en France pour éviter la persécution de l'empereur Henri V au sujet des investitures.

Le pape Calixte II consacra, le 16 de juillet, l'autel de saint Augustin dans l'église de Saint-Saturnin. Sur la fin du concile que le Pape présida à Toulouse, Aicard, prévôt de la cathédrale de cette ville, demanda que l'église de Saint-Saturnin fût déclarée dépendante de la cathédrale. Les chanoines de la basilique déclinèrent cette dépendance, prétendant que leur église appartenait à Saint-Pierre. Cette affaire ne pût être terminée, et Calixte quitta Toulouse sans l'avoir jugée. Les chanoines de Saint-Etienne le suivirent jusqu'à Fronton dont il dédia l'église. Le Pape allait confirmer les priviléges de Saint-Saturnin, lorsque Amélius, évêque de Toulouse, et le prévôt firent opposition. Le Pape étant arrivé à l'abbaye de Saint-Théodard (Montauban), reçut à son audience les chanoines des deux églises. Ils ne purent encore s'accorder, et le Pape renvoya l'affaire. On conçoit combien ces interminables disputes étaient de nature à édifier les peuples. C'était un assez singulier spectacle que de voir un Pape traîner à sa suite deux chapitres ennemis, dont l'un voulait écraser l'autre.

**1120.** — Michel, évêque en Espagne, donne à Raymond, abbé de Saint-Saturnin, et à son chapitre, l'église de Servaria avec toutes ses appartenances, dîmes, oblations, autres biens et droits. La donation est datée du mois de mars et souscrite en présence de Raymond de Balbastro.

**1125.** — Amaluin de Blanquefort, au nom de son épouse et de ses enfants, donne à Raymond, abbé de Saint-Saturnin, et à son chapitre, les dîmes, prémices, oblations et autres droits qui lui appartiennent dans l'église de Julhiac; de plus, le terroir de Ségunac avec toutes les censives, albergues, terres, prés, bois et droits seigneuriaux qui en dépendent. Cette donation est écrite par Raymond et datée du mois de mars.

On doit placer à peu près à la même époque la relaxation faite à Raymond, abbé de Saint-Saturnin, et aux chanoines de ladite église, par Sanche Porcelli, Raymond et Guillaume ses fils, d'un fief qu'ils tenaient desdits abbé et chanoines. L'acte n'est point daté ni signé, et le fief n'est point désigné.

Raymond Pierre, sa femme et ses enfants donnent à Raymond Guillaume, abbé de Saint-Saturnin, et aux chanoines de ladite église, plusieurs terres, bois et jardin situés auprès de l'ancienne église dite Montamalger. Cet acte, qui n'est ni signé ni daté, paraît avoir été fait pour obtenir, en faveur du donateur et de ses enfants, le droit de sépulture dans le cimetière de Saint-Saturnin.

1126. — Le comte Alphonse Jourdan confirme, en faveur de l'église de Saint-Saturnin, toutes les donations faites par Raymond son père. Il est fait mention dans cet acte des violences exercées contre la basilique par le comte Bertrand. Il ne menace de rien moins que des peines éternelles de l'enfer ceux qui désormais oseraient attenter contre les droits de cette église. L'acte est daté du 8 des kalendes de mai.

1140. — Hugues Ier succéda à Raymond Wilelmi dans la dignité abbatiale de l'église de Saint-Saturnin. Il est fait mention de lui dans une bulle d'Innocent II, et dans une donation faite au monastère de Grand-Selve l'an 1147. Il fit un accord avec le prévôt de Saint-Etienne, touchant la sépulture des chevaliers de Toulouse : accord confirmé par Alexandre III. Hugues fut choisi pour arbitre l'an 1168, dans une convention passée entre les moines de Grand-Selve et les Prémontrés ; il fut fait évêque de Toulouse l'an 1172, et conserva toujours le titre d'abbé de Saint-Saturnin jusqu'à sa mort.

1141. — Le 12 des kalendes d'avril, Innocent II donne une bulle en faveur de l'abbé et chanoines de Saint-Saturnin. Il y confirme toutes les donations déjà faites à cette église et les priviléges accordés par ses prédécessurs. Il donne la permission, sur le refus de l'évêque diocésain, de s'adresser à un autre évêque pour recevoir de lui le St-Crême, l'huile des infirmes et des cathécumènes, faire consacrer les autels et églises, recevoir de lui les ordres sacrés. Il fait défense de bâtir des oratoires et chapelles dans la paroisse Saint-Saturnin sans la permission du chapitre. Ce dernier doit payer au Pape et à ses successeurs annuellement six sols, monnaie vieille de Poitiers. La bulle est signée du Pape et de plusieurs cardinaux.

1145. — Le chapitre de Saint-Saturnin porta plainte devant Raymond de Lautrec, évêque de Toulouse, contre le chapitre de Saint-Etienne, sur ce qu'il n'assistait pas, comme il y était obligé, à la procession solennelle qui se faisait le jour de St-Jean l'Evangéliste dans l'église de Saint-Saturnin. Nous ne connaissons ni l'origine de cette obligation pour le chapitre de Saint-Etienne, ni l'issue de cette affaire. Raymond de Lautrec, devant qui fut portée cette plainte, est le même qui en 1154 obtint du roi Louis-le-Jeune un diplôme en faveur des églises de Saint-Saturnin, de Saint-Etienne et de la Daurade. Nous avons cependant trouvé dans les archives une transaction datée de la même année, et passée entre les deux chapitres au sujet des processions : ce qui nous porte à croire que cette affaire fut terminée à l'amiable.

**1146.** — Guillaume de Bruguières fait une vente par voie d'accord à Hugues, abbé de Saint-Saturnin, et à son chapitre, de tous les droits qu'il avait sur le dixmaire de Baystan, sans faire aucune réserve pour lui ou ses descendants.

**1147.** — Saint Bernard vint cette année à Toulouse. L'hérétique nommé Henri, qui parcourait depuis long-temps les provinces de la France, s'était long-temps arrêté dans cette dernière ville d'où il répandait ses dogmes pernicieux dans les pays voisins. Le pape Eugène III, qui arrivait en France pour prêcher la croisade, instruit du progrès que faisait dans le pays Toulousain la secte d'Henri, en fut alarmé. Il nomma le cardinal Albéric, évêque d'Ostie, légat du St-Siége, avec ordre de se rendre sur les lieux pour combattre les hérétiques. Ce cardinal pria saint Bernard de l'accompagner dans cette légation.

Toulouse reçut saint Bernard avec une vénération singulière. Tous les jours il y prêcha publiquement; et ses discours, accompagnés des plus éclatantes merveilles, délivrèrent la ville du fléau de l'hérésie. Pendant son séjour à Toulouse, qui fut d'assez courte durée, il logea avec sa suite dans le monastère de Saint-Saturnin. Tous les chanoines réguliers, qui l'occupaient, furent témoins d'un éclatant prodige que le Saint opéra sur l'un d'entre eux. Un chanoine nommé Bernard, qui exerçait la médecine, était depuis 7 mois attaqué d'une violente paralysie; il fut guéri miraculeusement par les prières du Saint. Ce chanoine, par reconnaissance, suivit saint Bernard à Clairvaux où il se fit religieux; il devint ensuite abbé de Valdéan dans le Toulousain. On connaît l'histoire de la prédication de saint Bernard à Verfeil, et la lettre qu'il écrivit aux habitans de Toulouse pour les féliciter de leur attachement à la foi.

1154. — Louis-le-Jeune se rendit à Toulouse vers la fin de cette année; il revenait alors d'Espagne où il avait été faire un pèlerinage à Saint-Jacques en Galice. Il s'arrêta quelque temps à Toulouse, à son retour; et s'étant rendu dans le chapitre de Saint-Saturnin, il y donna une charte, à la prière de Raymond V, comte de Toulouse, en présence des principaux citoyens, par laquelle il confirma les priviléges accordés à l'église de Saint-Saturnin par Charles-le-Chauve, son prédécesseur.

De 1156 à 1166. — On trouve dans cet espace de dix années plusieurs donations faites à l'abbé et au chapitre de Saint-Saturnin par plusieurs particuliers. Ces donations reposent principalement sur les droits à certains fiefs. Parmi les donataires, on distingue Béringuier fils de Raymond Babtisat, Hugues et Athon.

**1169.** — Alexandre III donne une bulle en faveur de l'abbé et du chapitre de Saint-Saturnin, par laquelle il confirme tous les priviléges accordés par ses prédécesseurs et les donations faites à l'église. Il défend de bâtir dans la paroisse de Saint-Saturnin aucune église ou oratoire sans la permission du chapitre, sauf les priviléges accordés aux chevaliers du Temple et de St-Jean-de-Jérusalem ; il défend encore à toutes personnes d'interdire l'église de Saint-Saturnin, ni de donner aucune sentence contre elle sans l'autorisation du Pape ou de son légat. La bulle donnée à Bénévent, est datée du 5 des ides de mai, et la troisième année du pontificat d'Alexandre.

Ce même Pape avait déjà donné en **1159** une première bulle, par laquelle il ordonne aux curés des églises de Vals, Vic-de-Sos, Siguer et Selles, de prendre et recevoir de l'église de Saint-Saturnin le saint Crême et les saintes Huiles, ainsi qu'ils ont fait depuis quarante ans.

On trouve, cette même année, une donation faite à l'abbé de Saint-Saturnin, par Marhriés, de la dîme d'une terre située à Fabas.

**1175.** — Alexandre III donne encore une bulle en faveur de l'abbé et du chapitre de Saint-Saturnin, par laquelle il confirme de nouveau tous les priviléges et donations faites à cette église.

Il donne de plus le pouvoir au chapitre, lorsque le siège de Toulouse sera vacant, d'appeler un des évêques voisins pour ordonner les clercs dans son église. La bulle, donnée à Anagnie, est signée du Pape et de plusieurs cardinaux, et datée du 8 des kalendes d'avril.

1177. — Nous trouvons, cette année, plusieurs titres concernant l'acquisition de quelques domaines faite par le chapitre de Saint-Saturnin, ainsi que plusieurs donations peu importantes en faveur de la basilique.

1178. — L'église de Saint-Saturnin devint, cette année, le théâtre d'un événement assez remarquable. Nous avons déjà parlé plus haut des Manichéens modernes qui s'étaient répandus en Languedoc d'une manière effrayante. Trente ans auparavant, saint Bernard était venu à Toulouse pour les combattre; mais cette hérésie n'avait pas été entièrement détruite. La lettre que Raymond V, comte de Toulouse, écrivit au chapitre général de Citeaux, au sujet de cette hérésie, montre assez les malheurs qu'elle avait attirés à sa suite. Le roi d'Angleterre et le roi de France avaient d'abord formé une ligue pour combattre ces sectaires; mais ils crurent qu'il serait beaucoup plus utile d'envoyer à Toulouse des hommes savants, capables de ramener les peuples à la véritable foi. Pierre, cardinal-prêtre du titre de St-Chrysogone, légat en France; Guarin, archevêque de Bourges; Réginald, évêque de Bath en Angleterre; Jean de Belles-Mains, évêque de Poitiers; Henri, abbé de Clairvaux, et plusieurs autres ecclésiastiques de distinction, furent choisis pour cette célèbre mission, et se rendirent à Toulouse. Ils y furent très-mal reçus. Les premières prédications eurent cependant quelques succès; les hérétiques furent sommés de comparaître, et ne répondirent point à l'appel. Le légat enjoignit alors à tous les citoyens dont la foi n'était pas suspecte, de dénoncer les hérétiques. Parmi ceux qui le furent à cette occasion, était un laïque nommé Pierre Mauran, qu'on regardait comme le chef de la secte. C'était un vieillard fanatisé : il se disait saint Jean l'Evangéliste, et prêchait dans des assemblées nocturnes revêtu d'une espèce de dalmatique. Il était riche, possédait deux châteaux, l'un à la ville, l'autre à la campagne, et se servait de son immense fortune pour soulever le peuple. Il fut cité devant le légat. On lui demanda raison de sa foi. Mauran, poussant un profond soupir, soutint qu'il n'était pas hérétique, et cependant nia formellement la présence réelle du Sauveur au Sacrement. A ce blasphème, les missionnaires répandirent des larmes, et livrèrent Mauran au comte de Toulouse, qui le fit jeter dans les prisons publiques. La crainte de la mort sembla le ramener à la vérité. Il promit de faire pénitence et de se convertir. La basilique de Saint-Saturnin fut choisie pour être le théâtre de cette pénitence. Le peuple fut averti, et le concours fut si grand dans l'église, que le légat pût à peine trouver la place nécessaire pour dire la messe. Mauran entra dans l'église nu, en caleçon et sans chaussure, conduit d'un côté par l'évêque de Toulouse, et de l'autre par l'abbé de Saint-Saturnin, qui avaient été le prendre dans sa prison, et qui ne cessèrent de le fustiger avec une poignée de verges dans les rues et les places publiques, jusqu'aux degrés de l'autel. Là, il abjura ses erreurs, et fut condamné à visiter tous les jours diverses églises de Toulouse, nus pieds, et en prenant la discipline. Ses châteaux furent rasés, et ses biens ne devaient lui être rendus qu'après son pèlerinage à la Terre-Sainte. L'abbé de Saint-Saturnin, qui joua un rôle important dans cet événement, était Pons de Montpezat, qui avait succédé à Hugues I. Il mourut l'an 1183.

On trouve dans cette année une donation faite en faveur du chapitre de Saint-Saturnin, par Armand de Leus, de tous droits qu'il disait avoir sur l'église de Renneville.

1184. — Le comte Raymond cède au chapitre de Saint-Saturnin certains droits sur des dîmes, attachés à des terres situées entre le Lhers et la Garonne.

Arnaud de St-Denis cède au même chapitre les

dîmes de l'enclos de Saint-Denis de la Condomine.

Guillaume de Cantez est élu, cette année, abbé de Saint-Saturnin, et succède à Pons de Montpezat. On ignore le lieu de la naissance de ce personnage. Il signa plus tard, en qualité de témoin, les priviléges que Pierre de Castelnau et Radulfe, légats du Saint-Siége, accordèrent aux habitants de Toulouse qui s'étaient montrés fidèles à la foi catholique.

## TREIZIÈME SIÈCLE.

**1212.** — Guillaume de Cantez mourut cette même année et eut pour successeur Jourdain, que les historiens représentent comme un homme d'une éminente piété et très-versé dans les lettres humaines. Il est fait mention de lui dans une charte de l'abbaye de Bonnefonds au diocèse de Comminges. Saint Dominique jeta bientôt après, à Toulouse, les fondements de son ordre. Dans le cours de sa mission pour la conversion des hérétiques, il avait établi sa principale résidence au monastère de Prouille qu'il avait fondé. Pierre Cellani et Thomas, citoyens de Toulouse, lui donnèrent en 1215 leurs maisons situées près le château Narbonnais. Nous voyons l'abbé Jourdain céder à saint Dominique l'hôpital situé à la porte d'Arnaud-Bernard, pour les besoins des Dames de Prouille et les Frères qui devaient prendre soin d'elles, tant pour le spirituel que pour le temporel. Plus tard, l'abbé Jourdain assista Raymond-le-Vieux à sa mort. Ce comte, frappé par les foudres de Rome, mourut presque de mort subite. Il perdit d'abord la parole, mais il conserva la mémoire et sa connaissance ; Jourdain vint le voir, et le comte lui tendit les mains par un mouvement de dévotion : il expira aussitôt. L'abbé de Saint-Saturnin fut choisi pour arbitre dans plusieurs circonstances, à cause de l'esprit conciliant qui le caractérisait.

1214. — Nous trouvons, cette année, une donation faite à l'abbaye de Saint-Saturnin, par d'Ispagne et sa femme, de leurs corps et biens.

1215. — L'abbé de Saint-Saturnin et le prévôt de Saint-Salvi d'Albi font entr'eux une association de prières et de secours temporels. Cette association est datée du quatorzième jour des kalendes d'octobre.

Les grâces particulières, obtenues par l'intercession des Saints dont les reliques reposent dans la basilique, augmentaient tous les jours la dévotion des peuples envers eux. Ainsi voyons-nous, cette année, quelques habitans de Toulouse fonder une rente annuelle de 5 sols 4 deniers toulousains pour l'entretien du luminaire des Corps Saints. Cette rente est établie sur certaines maisons situées derrière l'église de Saint-Pierre-des-Cuisines.

**1216.** — Le pape Innocent III donne une bulle par laquelle il confirme tous les priviléges accordés par ses prédécesseurs à l'abbaye de Saint-Saturnin, et fait défense à toutes personnes de bâtir aucune église ou oratoire dans la paroisse Saint-Saturnin, sans la permission du chapitre.

**1224.** — Donation faite par un inconnu à l'église de Saint-Saturnin de la troisième partie de 1200 sols, sur trois jardins situés à Castelmoron et à la porte d'Arnaud-Bernard.

**1233.** — Une discussion s'éleva, cette année, entre le chapitre de Saint-Saturnin et l'évêque de Toulouse, Raymond de Falgar. L'évêque demandait au chapitre le droit de procuration, et réclamait la troisième partie des fruits de l'archidiaconé de Villelongue. Le chapitre soutenait qu'en vertu des priviléges accordés à l'abbaye par les Papes, l'évêque avait des prétentions ouvertement injustes. L'affaire fut portée au tribunal du pape Grégoire IX. Le Pontife nomma juges les abbés de Grand-Selve et de Montauban, qui envoyèrent une commission au prieur du monastère de la Daurade, à l'effet de citer l'évêque de Toulouse devant les délégués du Pape dans l'église de la Daurade.

On trouve, cette même année, une donation faite à l'église de Saint-Saturnin par la veuve de Geraud-Poitevin.

**1234.** — Bernard de Gentiac est élu abbé de Saint-Saturnin. Il dressa plusieurs réglements utiles pour la discipline de son monastère. On croit qu'il fit construire le cloître de l'abbaye et la chapelle de Notre-Dame du Salut, spécialement destinée à la sépulture des abbés. Il est le premier qui y ait été inhumé. Son tombeau était placé immédiatement sous l'autel de cette chapelle.

**1236.** — Il paraît que la discussion dont nous avons parlé plus haut fut suivie d'une sentence d'excommunication lancée par l'évêque de Toulouse contre le chapitre de Saint-Saturnin, puisque cette année le pape Grégoire IX commit l'abbé de Saint-Théodard de Montauban pour annuler cette sentence d'excommunication, déclarant que le chapitre relevait immédiatement du Saint-Siége.

La dame Bernarde de Béringuier fait donation, pour le luminaire des Corps Saints, des rentes et droits seigneuriaux sur certains immeubles qu'elle possédait et qui sont désignés au titre.

**1237.** — Le prévôt de Saint-Salvi d'Albi prononce une sentence arbitrale entre l'évêque de Toulouse et l'abbé de Saint-Saturnin, par laquelle il est ordonné que le chapitre de la basilique jouira des exemptions et priviléges accordés par les souverains Pontifes. Il est également prononcé sur toutes les discussions qui existaient au sujet de l'établissement des vicaires perpétuels et des portions congrues.

**1238.** — Guillaume de Montogis et Gaillarde sa femme, Bernard de Canet et Inde sa femme, donnent à l'abbé et chapitre de Saint-Saturnin tous les fiefs et autres droits seigneuriaux sur les biens désignés au titre.

Il est rendu une nouvelle sentence arbitrale entre l'évêque de Toulouse et son chapitre, l'abbé de Saint-Saturnin et son chapitre, au sujet des églises de Saint-Julien-du-Vilar, de Cepet, de Pins et autres lieux. La sentence est rendue par Gaillard de Rabastens, prévôt de Saint-Salvi d'Albi, et Arnaud de Campanhan, sacristain de Saint-Antonin de Pamiers.

**1242.** — Les bailes de la table des Corps Saints font l'achat de six deniers toulousains de censive annuelle, assignés sur certains immeubles désignés au titre. La rente est payable au jour et fête de saint Thomas. On voit par ce titre que la fameuse association, connue sous le nom de *Table des Corps Saints*, était depuis long-temps établie.

**1243.** — Le pape Innocent IV confirme et réforme certains articles de la transaction passée entre l'abbé et le chapitre de Saint-Saturnin, au sujet de la nomination et réception des chanoines.

**1245.** — Cette bulle ne termina pas entièrement les différends de l'abbé et du chapitre, puisque l'on trouve, cette année, une sentence arbitrale au sujet de l'administration des biens temporels de l'abbaye et la réception des chanoines.

**1249.** — Les bailes de la table des Corps Saints font achat de douze deniers toulousains de censive annuelle sur certaines maisons situées à Toulouse. Les maisons ne sont pas désignées à l'acte. Cette rente est payable le dernier jour de mai.

**1255-57.** — On trouve dans ces années de nouvelles acquisitions faites au profit de la Table des Corps Saints : ce qui prouve les richesses toujours croissantes de cette association.

**1258.** — Cette année est remarquable dans les annales de la basilique, par l'élévation solennelle du corps de Saint-Saturnin. Nous avons raconté toutes les circonstances de cet événement dans l'histoire des reliques du Saint.

**1262.** — Le prieur de Saint-Pierre-des-Cuisines donne à l'abbaye de Saint-Saturnin tous les droits et dîmes qu'il possédait sur certains immeubles désignés au titre.

La Table des Corps Saints fait l'acquisition d'une nouvelle rente annuelle.

**1263.** — Bernard de Gentiac, abbé de Saint-Saturnin, mourut cette année, et eut pour successeur Arnaud de Villemur. Urbain IV donne une bulle par laquelle il permet à Arnaud, nouvellement élu, d'aliéner des biens de son église jusqu'à la somme de 300 livres tournois, pour subvenir à ses nécessités. La bulle est datée des ides de janvier.

**1265.** — On trouve, cette année, dans la basilique les corps des saints Sylve, Hilaire, Honorat et Papoul. Les circonstances de l'invention et de l'élévation de ces corps ont été relatées à l'article de ces Saints.

**1266.** — Idelfonse, abbé de Saint-Théodard de Montauban, donne au chapitre de Saint-Saturnin l'église de Saint-Julien de Villarerio avec toutes ses dépendances, sous une certaine redevance annuelle, qui doit être payée au jour et fête de saint Théodard.

Arnaud de Villemur et les religieux Augustins font un accord par lequel le premier cède aux seconds l'hôpital appelé de *Guillaume de Trèmes*, situé à Toulouse, avec ses dépendances. Par cet accord, les Augustins cèdent au chapitre quelques terres situées au faubourg Matabiau.

**1267 à 78.** — Nous trouvons dans cet espace

de onze années 1° quelques donations faites au chapitre de Saint-Saturnin par plusieurs particuliers ; 2° des échanges faits au nom de la *Table des Corps Saints* ; 3° des aliénations de propriétés au nom de cette confrérie, et quelques autres actes qui présentent peu d'intérêt.

1282. — Adémar Maurand donne et lègue aux *Corps Saints* douze deniers de rente annuelle, et au chapitre de Saint-Saturnin tous les droits qu'il a sur certains immeubles, à la charge par le chapitre de faire célébrer tous les ans une messe pour le repos de son âme.

1283. — Cette année, le jour de la fête de saint Jean-Baptiste, les ossements de saint Saturnin furent extraits du tombeau de marbre où ils étaient renfermés, et placés dans une châsse d'argent. Nous avons donné la description de cette châsse à l'article des reliques du Saint.

1285. — Le chapitre de Saint-Saturnin permet à Bertrand Gaufridi, abbé de Grand-Selve, de bâtir sur la paroisse de Saint-Saturnin, à certaines conditions, une grande église et un couvent. Plus tard, on y établit un collége qui était destiné à tous les religieux de l'ordre de Saint Bernard, qui étudiaient dans l'Université de Toulouse. Le proviseur de ce collége était en même temps professeur dans l'Université de Toulouse.

**1294.** — Nous ignorons quel est l'événement qui, cette année, appela la réconciliation de l'église de Saint-Saturnin. L'abbaye était alors vacante par la mort d'Arnaud de Villemur. L'évêque de Toulouse demanda aux chanoines la procuration nécessaire à l'effet de réconcilier l'église. Cette procuration fut refusée : l'évêque fulmina une sentence d'excommunication contre le chapitre. Celui-ci en appela à l'archevêque de Narbonne, et l'official de ce dernier, cassa la sentence de l'évêque.

Les religieuses de Sainte-Magdelaine ou répenties obtiennent du chapitre de Saint-Saturnin la permission de bâtir sur son territoire une chapelle, cimetière et couvent, à la charge par elles de payer une rente annuelle au chapitre.

### QUATORZIÈME SIÈCLE.

**1301.** — Sanche de Aissada avait succédé à Arnaud de Villemur dans le gouvernement de l'abbaye de Saint-Saturnin. Il vécut peu d'années, et mourut en 1301 : il fut enseveli dans la chapelle de Notre-Dame du Salut. Il eut pour successeur Raymond Aton. De son temps, frère Vital Dufour, religieux de l'ordre des Frères-Mineurs, et depuis cardinal et évêque de Bazas, prêchant à Toulouse, fit une si grande impression par ses discours sur plusieurs femmes d'une conduite peu régulière, qu'elles résolurent de se convertir. Il les assembla dans une maison de la paroisse du Taur, dépendante de l'abbé et des chanoines de Saint-Saturnin. La vie austère et pénitente qu'elles menèrent, engagea plusieurs filles de bonnes mœurs et de condition à s'associer avec elles, et elles composèrent ensuite une communauté de 37 religieuses. Raymond Aton, abbé de Saint-Saturnin, édifié de leur vertu, leur donna le voile, et les admit à la profession de la règle de saint Augustin, de l'avis de ses chanoines, comme ils le pratiquaient eux-mêmes, et voulut qu'elles fussent appelées à l'avenir *les Sœurs chanoinesses de Saint-Saturnin* Le pape Jean XXII confirma cet établissement l'an 1318, et donna le titre d'abbesse à la prieure.

1304. — L'official de Toulouse fait défense aux chanoinesses de Saint-Saturnin de se cloîtrer et de porter l'habit de religion. Celles-ci portèrent leur plainte à l'abbé de Saint-Saturnin, qui appela au Saint-Siége de la sentence de l'official. L'affaire dut sans doute être jugée en faveur des chanoinesses, puisqu'elles gardèrent plus tard la clôture.

1308. — Le pape Clément V, qui était Bertrand de Goth, ancien évêque de Comminges, ayant résolu de quitter le séjour de Poitiers, vint d'abord avec toute sa cour à Bordeaux, passa de là à Agen, et arriva à Toulouse suivi de neuf cardinaux. Il fut reçu dans cette ville avec toute la pompe qui convenait à sa dignité. Le jour de l'Epiphanie, il donna un indult en faveur des Capitouls, par lequel il leur permet de nommer à deux places de chanoines dans le chapitre de Saint-Saturnin. Pendant son séjour à Toulouse, le Pape fit aux magistrats l'offre assez extraordinaire de faire construire un pont de pierre à ses dépens, si on voulait lui donner une pierre précieuse que l'on conservait dans le trésor de Saint-Saturnin. On n'accéda pas à la demande du Pontife. Cette pierre devait sans doute être d'un très-grand prix, puisque l'on préféra de se priver d'un objet aussi utile (c'était le pont promis par Clément), que de céder ce joyau. Les registres de l'hôtel-de-ville désignent cette pierre sous le nom de *camayeu* : on croit que c'était un saphir oriental. On attribue à Charlemagne l'offrande de cette pierre précieuse : il n'y a toutefois rien de bien assuré sur ce point. En 1533, le roi François Ier, passant à Toulouse, fit enlever cette pierre, et en fit présent au pape Clément VII. Ce fut sans doute par reconnaissance du bienfait obtenu par l'intercession des Saints dont les corps reposent dans la basilique, que le Prince la dépouilla de ce joyau.

1315. — Il paraît que l'officialité de Toulouse était souvent en guerre avec le chapitre de Saint-Saturnin. On ne sait sur quel fondement l'official refusa, cette année, la sépulture à un chanoine de l'abbaye. C'était un véritable scandale. Aussi vit-on le syndic du chapitre protester avec éclat contre cet abus jusqu'alors inouï. Le scandale mis de côté, c'était une chose assez curieuse de voir l'officialité, peu satisfaite de persécuter les membres vivants du chapitre, s'attacher encore à la cendre des morts.

Le chapitre de Saint-Saturnin, du consentement de Raymond Athon, donne à quelques-uns de ses membres une procuration pour assister au concile de Béziers au sujet des Templiers. Ce concile avait été convoqué par l'archevêque de Narbonne, Gilles Agalin.

1316. — Raymond Athon, abbé de Saint-Saturnin, et son chapitre, donnent par acte de dévotion et de piété au roi Louis X, pour ses projets de recouvrer la Terre-Sainte, tous les biens immeubles qui ont appartenu à Raymond Vascon, chanoine de Saint-Saturnin. Il paraît que ces biens étaient d'une valeur considérable.

Deux ans après cette donation, mourut Raymond Athon. Il assista, l'an 1307, à la découverte que l'on fit dans l'abbaye de Lezat des reliques de saint Antoine. Il fut le premier évêque de Mirepoix, évêché érigé par Jean XXII.

1318. — Pierre le Tissier succéda à Raymond Athon dans le gouvernement de l'abbaye de Saint-Saturnin. Cet abbé était d'abord prieur des chanoines de la collégiale de Saint-Antonin au diocèse de Rhodès. Il fut élevé en 1318 à la dignité abbatiale de Saint-Saturnin. Vice-chancelier de l'Eglise romaine, il usa de son crédit auprès du pape Jean XXII, pour faire confirmer l'institution des Dames chanoinesses de Saint-Saturnin : ce qui eut lieu l'an 1321. Il est fait mention de lui dans le titre de fondation de la chartreuse de Cahors. Après avoir rempli diverses légations auprès des Princes chrétiens, il fut élevé à la dignité de cardinal sous le titre de St-Etienne au Mont-Coelius. Il mourut à Avignon l'an 1330.

**1321.** — Amélius de Lautrec succéda à Pierre le Tissier. Cet abbé appartenait à la noble famille des vicomtes de Lautrec. Il ne vécut pas toujours en parfaite harmonie avec les chanoinesses de Saint-Saturnin, puisque nous trouvons une bulle de Jean XXII, adressée à Raymond Athon, évêque de Mirepoix, dans laquelle ce prélat est nommé pacificateur entre les parties belligérantes. Il arriva en ce temps une singulière aventure à Amélius de Lautrec. Prêchant un jour dans son abbaye sur l'âme de l'homme, il prétendit que l'âme était mortelle de sa nature, et immortelle seulement par la grâce. Gautier de la Neufville, viguier de Toulouse, le dénonça pour ce fait à l'Inquisition. Amélius se défendit, et l'inquisiteur ne trouva, dit-on, rien de répréhensible dans cette proposition. Toutefois le procureur-général en ayant appelé au parlement de Paris, cette cour confirma la sentence de l'inquisiteur, le 20 janvier 1325. Amélius fut depuis promu à l'évêché de Castres.

**1324.** — Jean de Roaxio s'était présenté au chapitre de Saint-Saturnin pour être reçu au nombre des chanoines. Son admission avait rencontré de grands obstacles. Le prétendant s'était adressé directement au roi Charles IV. Il avait de puissantes protections auprès du Prince, et avait obtenu des lettres royales par lesquelles il était nommé chanoine indépendamment du chapitre. Lorsque le roi Charles IV vint à Toulouse, au mois de janvier 1324, le chapitre lui adressa de très-humbles remontrances qui, pour le moment, demeurèrent sans effet. Mais le Roi, étant de retour à Paris, adressa des lettres au sénéchal de Toulouse, par lesquelles il mande que si le monastère de Saint-Saturnin a été placé sous la sauvegarde des rois de France, il fasse cesser les poursuites intentées contre le chapitre pour refus d'admission du chanoine. Cet ambitieux prétendant ne fut pas heureux dans ses poursuites : il ne méritait pas de l'être.

**1329.** — Hugues II est nommé abbé de Saint-Saturnin, à la place d'Amélius de Lautrec. On ignore la patrie de cet abbé.

**1330.** — Nous trouvons, cette année, des lettres-patentes du roi Philippe VI, par laquelle il amortit, à la prière de Louis duc de Bourbon, en faveur du chapitre de Saint-Saturnin, vingt livres tournois de rente annuelle, sans fiefs ni haute justice, acquise ou à acquérir pour la fondation d'un cierge de trois livres qui doit brûler devant le corps de saint Gilles, de nuit et de jour, depuis le vendredi matin jusqu'au dimanche matin, et de deux lampes qui doivent brûler continuellement et à jamais l'une devant le corps de saint Gilles, et l'autre devant celui de saint Saturnin.

**1331.** — Jusqu'à cette année le nombre des chanoines de Saint-Saturnin avait été illimité. On comprend que la facilité d'entrer dans ce corps, qui à cette époque possédait de grandes richesses, devait favoriser beaucoup d'ambitions. Jean XXII, par une bulle datée d'Avignon, la quinzième année de son pontificat, limita le nombre des chanoines à 30, défendant que ce nombre soit jamais dépassé.

**1332.** — L'abbaye de Saint-Saturnin relevant immédiatement du Saint-Siége, il était nécessaire que par rapport aux diverses censures que ces membres pouvaient encourir, il y eût à leur portée un juge ecclésiastique qui pût donner l'absolution de ces censures. Gaucelin, évêque d'Albi, fut délégué du Saint-Siége pour désigner ce juge. Il délégua, cette année, le prieur des Ermites de saint Augustin de Toulouse, à l'effet d'absoudre les chanoines de Saint-Saturnin des gros péchés et excommunications.

**1339.** — Hugues Roger, abbé de Saint-Saturnin, fut choisi pour arbitre dans un différend assez remarquable. Le roi Philippe rendit à Gaston comte de Foix la justice qui lui appartenait dans la ville et territoire de Lautrec, moyennant la somme de 28,000 fr. Le chevalier Simon d'Arquier était en possession du château de Lautrec, et prétendait le tenir en toute justice d'Aymar, connétable de France, et conséquemment refusait de céder à Gaston ce château. L'abbé de Saint-Saturnin, et un Jacobin nommé frère Goufier, furent pris pour arbitres entre le comte et le chevalier. Le comte eut le château et le chevalier huit mille livres.

**1340.** — Le 6 mars de cette année, Béringuier Daydé lègue par son testament à l'œuvre de Saint-Saturnin, pour suppléer à l'entretien de l'huile nécessaire aux deux lampes qui ont été données au luminaire des corps de saint Saturnin et de saint Gilles par Louis duc de Bourbon, un immeuble désigné dans le testament, Cette donation est faite à certaines conditions, et particulièrement à la condition d'une messe qui doit être célébrée le jour de son décès, de la même manière qu'on la célèbre pour un abbé. On voit par ce testament que Louis de Bourbon comte de Clermont donna au luminaire des corps de saint Saturnin et de saint Gilles deux lampes d'argent avec 250 florins, ainsi qu'un bassin d'argent. L'argent est destiné à fournir l'huile des lampes, et à entretenir un cierge de trois livres qui doit brûler à perpétuité devant ces corps.

**1342.** — Il s'éleva un différend entre l'archevêque de Toulouse et l'abbé de Saint-Saturnin au sujet de la présentation aux cures dépendantes du chapitre. Ce différend fut terminé par les accords des deux parties. Le chapitre demeura le maître des présentations aux divers bénéfices.

**1347.** — Le syndic du chapitre de Saint-Saturnin fait appel au Saint-Siége de la sentence du commissaire apostolique, qui avait condamné ledit chapitre à payer certain subside que le pape Clément VI avait permis à l'archevêque de Toulouse de lever sur les bénéficiaires non exempts de son diocèse. L'affaire ayant été sérieusement examinée, l'archevêque fut obligé de se désister de ses demandes, et le subdélégué du Siége apostolique rendit, en 1350, une sentence pleinement favorable à l'abbé et aux chanoines de Saint-Saturnin.

**1348.** — Le pape Clément VI, par une bulle donnée à Avignon le 4 des kalendes d'octobre, confirme tous les priviléges donnés par ses prédécesseurs à l'abbaye. Il exempte le chapitre de la juridiction ordinaire de l'évêque diocésain, à la charge de payer annuellement à la chambre apostolique 2 onces d'or.

Par une bulle particulière, le même Pape accorde à Hugues Roger, abbé de Saint-Saturnin, et à ses successeurs, l'autorisation d'user de l'anneau et des autres marques de la dignité pontificale.

1352. — Clément VI expédie une bulle au chapitre de Saint-Saturnin, pour lui ordonner de se rendre aux processions générales à Saint-Etienne. Il paraît que s'appuyant sur ses prérogatives, le chapitre croyait pouvoir se dispenser de cette assistance. Le Saint-Siége était, comme on le voit, obligé d'intervenir presqu'à chaque instant, pour réconcilier ces chapitres, qui s'accordaient difficilement entr'eux.

1356. — Hugues Roger mourut cette année, et eut pour successeur dans le gouvernement de l'abbaye Jean de Nogaret. Ce dernier, issu d'une famille illustre, était docteur en droit canon et professeur célèbre. Il est fait mention de lui en 1360, comme ayant payé le tribut annuel à la chambre apostolique. Il mourut en 1361 et fut enterré dans la chapelle de Notre-Dame du Salut, au côté gauche de l'autel.

Henri comte de Transtamare, frère naturel de

Pierre-le-Cruel, roi de Castille, avait fait un traité avec le roi de France pour conduire au-delà des Pyrénées les brigands connus sous le nom de *compagnies*. Pierre-le-Cruel méritait l'indignation du Pape et du Roi, qui résolurent de le détrôner. Il venait de faire empoisonner la reine Blanche de Bourbon, son épouse, et d'abjurer la Religion catholique. Il fut résolu qu'on enverrait une armée pour lui faire la guerre, et qu'on engagerait les *compagnies* à servir contre lui. Bertrand du Guesclin, chevalier breton, fut choisi pour commander cette expédition : il devait se joindre au comte de Transtamare. Il rassembla ses troupes, qu'on fait monter à 30,000 hommes. De Châlons-sur-Saône, il s'avança vers Avignon; et se dirigeant sur le Bas-Languedoc, il arriva à Toulouse. Il détermina quatre cents Toulousains, appartenant presque tous à la plus haute noblesse, à le suivre dans son expédition d'Espagne. Les noms de ces Toulousains nous ont été conservés dans une ode en langue romane. Avant leur départ, ces braves Toulousains se rendirent tous à la basilique de Saint-Saturnin, et y entendirent une messe solennelle qui y fut célébrée pour l'heureux succès de leurs armes [1]. Pierre-le-Cruel fut détrôné, et Henri mis à sa place.

---

[1] Bé partigoun de bon mati
Tous les mondis de Sant Sarni
Apés abé ausit Messa grana,
È toutis plés de debouseu,
Ramplits de la graça de Deu,
S'en aneguen dret à l'Epaina.

**1375.** — En cette année mourut Ramnulphe de Valignac, qui avait succédé à Jean de Nogaret. Il fut enseveli dans la chapelle de Notre-Dame du Salut sous un tombeau de marbre. Sa mort arriva le 19 mars. Ramnulphe de Valignac était de Limoges.

L'année suivante, Pierre-Vital Blasini fut promu à la dignité abbatiale, et succéda à Ramnulphe. Il est fait mention de cet abbé au sujet d'un accord passé entre le chapitre de l'église cathédrale de Montauban et celui de l'église collégiale de Tescou. Il mourut en 1397, et fut enseveli dans la chapelle de Notre-Dame du Salut, sur le côté droit. Il était professeur en droit canon.

**1385-88.** — On fit cette année, dans la basilique, l'élévation solennelle du corps de saint Jacques-le-Majeur. Le duc de Berry fit, à cette occasion, des présents considérables à l'église abbatiale. Nous avons parlé plus haut, à l'article de saint Jacques, de toutes les circonstances de cette élévation, ainsi que de la qualité des présents offerts.

Le pape Clément VII donna une bulle par laquelle il permet à l'abbé et au chapitre de Saint-Saturnin de donner des reliques à Jean duc de Berry. On voit par cette bulle quel soin on prenait des reliques renfermées dans la basilique, puisqu'on ne pouvait en donner la plus petite portion sans l'autorisation du Saint-Siége.

**1388.** — Messire Jean de Cardailhac, patriarche d'Alexandrie, administrateur de l'église de Toulouse, donne une châsse d'argent pour renfermer la tête de saint Saturnin.

**1393.** — Le lieutenant du sénéchal de Toulouse avait ordonné que l'église de Saint-Saturnin serait du gardiage du Roi. Le syndic du chapitre de Saint-Saturnin fait appel au Saint-Siége de la sentence du sénéchal. Nous ignorons comment fut terminée cette affaire. Il paraît qu'il y eut de nouvelles contestations entre le sénéchal et le chapitre, au sujet de deux élections d'abbés qui avaient été faites en même temps par le chapitre.

**1395.** — Pierre de St-Martial, archevêque de Toulouse, donna, cette année, une magnifique châsse d'argent, destinée à renfermer le corps de saint Exupère. En reconnaissance de ce bienfait, Aimeric, abbé, assembla son chapitre le jour de Saint-Saturnin de l'an 1399. Il fut délibéré que l'on célébrerait, tous les ans, une messe solennelle du Saint-Esprit pour messire de St-Martial, et après sa mort, une messe des Trépassés.

**1396.** — L'abbé et le chapitre de Saint-Saturnin permettent aux religieux de Grand-Selve de bâtir un oratoire sur la paroisse, pour y faire vénérer le St-Suaire dont ils se croyaient en possession. Cette permission est accordée sous certaines conditions exprimées dans l'acte.

1397. — Antoine de Bruyères de Chalabys est élu abbé de Saint-Saturnin à la place de Pierre Blasini. Cet abbé mourut dans l'année même de son élection.

L'année suivante 1398, Aymeric de Nadal fut élu pour lui succéder. Le roi Charles VI, par lettres-patentes données à Paris le 6 août 1398, prend sous sa protection royale l'abbé, le chapitre, les familiers, et confirme toutes les donations déjà faites à l'abbaye. L'exécution de ces lettres est confiée au sénéchal de Toulouse.

## QUINZIÈME SIÈCLE.

1403. — Le pape Benoît XIII donne une bulle par laquelle il permet à l'abbé et au chapitre de Saint-Saturnin de faire, tous les ans, deux processions générales aux fêtes de saint Saturnin et de saint Exupère : *petitâ facultate ab archiepiscopo Tolosano licet non obtentâ.* Cette bulle montre les immunités de l'abbaye, et sa dépendance directe du St-Siége.

1404. — Le chapitre de la basilique était sujet à

de grandes vexations de la part d'une autorité jalouse de ses prérogatives. Il demanda au St-Siége des défenseurs. Benoît XIII nomma pour juges et conservateurs des personnes et biens de l'abbé et chapitre de Saint-Saturnin, les religieux de Montauban, et certains évêques et abbés. Ce même Pontife réduisit la somme de cinq mille francs d'or à celle de mille écus que devait payer l'abbaye de Saint-Saturnin à la Chambre apostolique. La bulle est datée de Nice le 3 des ides d'avril.

1405. — Benoît XIII confirme pour toujours au chapitre de Saint-Saturnin et à tous les habitants de Toulouse, la coutume qu'ils ont de manger de la viande le jour de Saint-Saturnin, si ce jour est un jour d'abstinence. Il permet à Aymeric, abbé de Saint-Saturnin, d'avoir un autel portatif dans ses voyages pour y célébrer la messe, et lui donne le pouvoir de réconcilier l'église et cimetière de Saint-Saturnin, sans avoir recours à l'Ordinaire du lieu.

1406. — Aymeric Nadal, abbé de Saint-Saturnin, soutint le parti de Pierre Ravot, évêque de St-Pons, contre Vital de Castelmoron. Ce dernier venait d'être nommé par le chapitre de Saint-Etienne à l'archevêché de Toulouse. Benoît XIII annula cette nomination et désigna, pour occuper ce siége, Pierre Ravot, évêque de St-Pons. Celui-ci excommunia Castelmoron, qui lui rendit la pareille. Pendant la dispute des contendants, le Roi fit saisir le temporel des archevêques de Toulouse; mais ce prince ayant rendu l'obédience à Benoît, Ravot se mit en devoir de prendre possession de l'archevêché. L'abbé de Saint-Saturnin, et son lieutenant Jean Corneille, assemblèrent aux Cordeliers une centaine de professeurs, docteurs, religieux, chanoines et écoliers munis d'armes offensives et défensives. Cette formidable armée devait procéder, à Saint-Etienne, à l'installation de Ravot. Le combat fut vif. Les docteurs et les écoliers tirèrent l'épée, et il y eut du sang répandu. Les bulles furent publiés. Plus tard, Ravot fut chassé de la province, et Castelmoron resta en possession de son siége. — L'abbé de Saint-Saturnin reçut une bulle de Benoît XIII, qui l'autorisait à accorder 100 jours d'indulgences lorsqu'il prêchera ou fera prêcher en sa présence. — Jean, duc de Berry, prend sous sa sauvegarde et protection le chapitre de Saint-Saturnin : ses lettres sont datées de Paris.

1407. — Un fâcheux incident jeta le trouble dans le chapitre. Aymeric Nadal venait d'être élevé sur le siége de Condom. Le pape Pie II donna l'abbaye en commande à un cardinal sa créature, nonobstant l'élection qui avait été faite par le chapitre de Jean d'Armagnac. Le chapitre réclama; mais il paraît que cette nomination ne fut suivie d'aucun effet, car le nom de Jean d'Armagnac ne se trouve point inscrit dans la chronologie des abbés de la basilique. — On fit, cette année, une procession générale à cause de la peste qui menaçait la ville. Les religieux de la Daurade firent station à Saint-Saturnin. Il y eut à cette occasion protestation de la part du chapitre contre ces religieux, au sujet sans doute de la préséance.

**1411.** — Bernard d'Aurival est élu abbé de Saint-Saturnin à la place d'Aymeric Nadal élevé sur le siége de Condom. Il mourut l'année suivante, et eut pour successeur Foulques de la Rouère. Ce dernier abbé fut député par la province de Toulouse au célèbre concile de Constance. Il y accompagna l'archevêque de Toulouse et les évêques de Lavaur et Pamiers.

**1419.** — Le pape Martin V réduisit le nombre des chanoines de trente à vingt-quatre. Quelques années plus tard, il confirma les priviléges de l'abbaye et remit les arrérages de deux onces d'or de l'annuelle redevance.

**1423.** — Foulques de la Rouère, abbé de Saint-Saturnin, préside aux magnifiques funérailles d'Antoine Ardouin, conseiller au parlement de Toulouse. L'official du diocèse renouvelle ses attaques contre la juridiction de l'église abbatiale. Les chanoines répondent à l'official par un mémoire détaillé où ils montrent qu'il n'a aucun droit sur les gens de la basilique. Cet official, dont le nom nous est inconnu, était un homme entreprenant qui aurait dû laisser le chapitre jouir en paix de ses prérogatives, et sans porter atteinte à cette maxime sacrée : A chacun son droit.

1429. — Pierre, évêque de Pampelune, avait fait donation à l'église de Saint-Saturnin du prieuré d'Artaxonne ; la collation de ce prieuré pendant la *régularité* de l'abbaye, fut conférée cette année à messire Charles de Bellemont, chanoine de Saint-Saturnin. Plus tard, ce prieuré fut permuté avec le chapitre de Roncevaux, qui donna en échange au chapitre la commanderie de Samatan.

1431. — L'abbé et les religieux du St-Suaire violèrent la défense qui était faite de bâtir aucune église ou chapelle sur le territoire de l'abbaye, sans le consentement du chapitre. Ils construisirent une chapelle auprès de l'église du Taur pour renfermer leur précieuse relique. Ils pensaient sans doute que le chapitre, par égard pour la relique, n'oserait point les attaquer. Ils furent trompés dans leur attente : le procès fut intenté, et les religieux payèrent une indemnité. Le St-Suaire avait été porté à Toulouse l'an 1392 par Bertrand du Moulin, abbé de Cadouin en Périgord. Il fut reçu par Pierre de St-Martial, et placé d'abord dans la chapelle de Saint-Roch, et ensuite dans celle qui fut l'objet du procès dont nous venons de parler. Transporté à Paris, et plus tard porté de nouveau à Toulouse, le St-Suaire fut remis dans l'église du collége de Saint-Bernard, et de là rendu enfin dans son monastère de Cadouin.

**1444.** — L'abbé de Grand-Selve et les religieux de Saint-Bernard surent mieux respecter les priviléges de l'abbaye que les religieux du St-Suaire, puisqu'ils demandèrent au chapitre de la basilique la permission de bâtir une nouvelle chapelle pour leur collége : ce qui fut exécuté. — Du vivant même de Foulques de la Rouïre, Jean de Jeanhac fut désigné abbé de Saint-Saturnin, et prit possession l'année suivante. On pense que Foulques avait donné sa démission en faveur de ce dernier. Ils étaient l'un et l'autre Limousins.

**1446-47.** — Nous trouvons à cette date une bulle d'Eugène IV, qui commet les évêques de Saint-Papoul, de Rieux et de Montauban à la réforme des chanoines de Saint-Saturnin. Quelques abus s'étaient introduits dans l'abbaye, qui cependant était en général beaucoup plus régulière que quelques autres ordres religieux. Nous ignorons quels furent les points principaux sur lesquels devait s'étendre la réforme. — Jean de Jeanhac présida au service funèbre que l'on fit à Toulouse pour le premier président de Bletarens.

**1450-51-52.** — Cet abbé reçut commission du pape Nicolas V, successeur d'Eugène, pour unir la cure d'Auzielle à l'abbaye de Saint-Saturnin.

— Dans la même année, Pierre du Rosier, archevêque de Toulouse, donna une châsse d'argent pour renfermer les reliques de saint Cyr et de sainte Julitte. La démission de Foulques de la Rouïre, en faveur de Jean de Jeanhac, est certaine, puisque nous trouvons un acte d'acceptation de la part du pape Nicolas V. Ce Pontife déclare, en outre, que l'abbé de Saint-Saturnin a prêté serment devant lui. Il fut alors arrêté qu'à la vacance de l'abbaye, on paierait cinq cents florins à la cour de Rome.

**1455.** — Le camayeu dont nous avons déjà parlé, était toujours l'objet d'une vigilance très-active. Cette pierre précieuse, riche de sa beauté et de ses souvenirs, était gardée avec le plus grand soin dans la basilique. On craignit sans doute que quelque main avide ne vînt dérober ce magnifique joyau, puisque nous trouvons, à la date du 17 septembre de cette année, une sentence du sénéchal de Toulouse, par laquelle il est prescrit que le camayeu sera renfermé dans une armoire à quatre clefs, précaution devenue plus tard inutile. Ces quatre fortes serrures s'ouvrirent devant la volonté souveraine de François I$^{er}$, qui s'empara de ce joyau. Les gardiens du trésor de la basilique auraient dû être mieux avisés : on ne montre ses richesses qu'à ses amis.

**1463.** — Nous lisons dans un ancien chroniqueur

que Louis XI, qui cette année fit son entrée solennelle à Toulouse, visita l'église de Saint-Saturnin. Les annalistes ne font point mention de cette visite. Si le Roi ne vint point à Saint-Saturnin, cela prouve qu'il dut jouir d'une santé parfaite pendant son séjour à Toulouse ; il y fût venu, s'il eût été malade.

**1465.** — Pierre-Bernard du Rosier, archevêque de Toulouse, était aussi abbé de Saint-Saturnin, et fit faire en cette qualité de très-grandes réparations à cette église, ainsi que nous l'avons déjà observé. Quoique le chapitre dût être très-flatté d'avoir à sa tête un homme tel que du Rozier, on choisit cependant un administrateur pour l'abbaye. Ce fut Jean cardinal Joffredi qui prêta serment en cette qualité entre les mains des députés du chapitre.

**1473.** — Une peste affreuse désola, cette année, la ville de Toulouse. Les étudiants quittèrent les écoles publiques, et le parlement transporta ses séances à Albi et en d'autres villes voisines. Au milieu de la consternation générale, on ordonna deux processions avec les *Corps Saints* de la basilique. Une messe solennelle fut célébrée à Saint-Saturnin : les Capitouls et le Juge-Mage assistèrent à la cérémonie. Le fléau diminua, et disparut bientôt entièrement.

**1474-75.** — Sixte IV venait d'instituer la célèbre dévotion connue sous le nom de l'*Angelus*, et avait attaché à cette pratique un grand nombre d'indulgences. La bulle de cette institution fut publiée à Toulouse ; et à cette occasion, on fit une procession solennelle avec les reliques de la basilique. — Nous trouvons deux bulles de ce Pontife qui ont rapport à l'abbaye : la première porte collation d'une chantrerie dans le chapitre, et affecte l'église de Maurens à la dignité de grand chantre ; la seconde donne l'abbaye de Saint-Saturnin en commande à Gilles de Laval, qui succéda au cardinal Joffredi. Gilles de Laval eut pour successeur dans le gouvernement de l'abbaye Laurent Lallemand, évêque de Grenoble. Il prit possession de l'abbaye en 1478.

1483-86. — Il paraît que l'abbé de Saint-Saturnin se trouvait, à cette époque, dans un embarras de finances, puisque nous trouvons deux instruments qui semblent l'insinuer : le premier est une sentence donnée par la cour du Sénéchal, en vertu de laquelle l'abbé est condamné à payer, tant aux officiers qu'aux chanoines simples, leurs pensions avec les arrérages ; le second est une procédure faite par le syndic du clergé de Toulouse contre l'abbé et le chapitre, pour avoir paiement de la somme à laquelle ils avaient été taxés pour les réparations des murailles et fossés de la ville de Toulouse. L'un des avantages inestimables qui étaient attachés à l'existence des corporations religieuses, c'est la facilité qu'on avait de les imposer pour supporter les charges publiques, sans qu'il en coûtât rien au peuple. On a beaucoup déclamé contre les richesses amassées dans les monastères par une longue et sage économie, comme si l'on ignorait que ces richesses étaient versées avec profusion quand le besoin de l'Etat le demandait. Le rétablissement des monastères, considéré sous ce point de vue, serait donc à nos yeux une mesure de haute politique.

**1490.** — Si l'abbé et le chapitre de Saint-Saturnin s'étaient momentanément appauvris, la *Table des Corps Saints* s'enrichissait. Un nommé André Fabri la constitua son héritière universelle par son testament daté du 31 juillet.

**1498.** — L'abbé de Saint-Saturnin eut une discussion assez vive avec l'archevêque de Toulouse au sujet de l'Université. Louis XII venait de rendre plusieurs ordonnances pour l'éducation publique. Le Parlement reçut le serment des membres de l'Université pour l'exécution des ordonnances royales; ce fut à cette occasion que l'archevêque disputa à l'abbé le titre de *conservateur* des priviléges de l'Université, titre dont il jouissait depuis longtemps. L'affaire fut portée devant le Parlement qui, par un arrêt solennel, maintint l'abbé de Saint-Saturnin dans ses droits.

## SEIZIÈME SIÈCLE.

**1502-3.** — Au commencement du seizième siècle, les Capitouls furent déclarés gardes des *Corps Saints* de la basilique. Le bruit s'était répandu que des brigands avaient formé le complot d'enlever les reliques ; on en fit alors un inventaire général, et les clefs de toutes les armoires furent remises aux Capitouls, qui prirent ainsi sous leur protection particulière ce sacré dépôt. Dès cette époque, les magistrats n'entraient jamais dans la basilique sans leur chaperon. — On était alors très-jaloux des préséances ; aussi trouvons-nous quelques arrêts qui donnent le pas au chapitre de Saint-Saturnin sur les autres corporations de la ville dans les solennités publiques. — Il y eut aussi quelques contestations dans l'intérieur du chapitre, au sujet des prééminences du vicaire-général de l'abbé. Cette affaire de famille fut terminée à l'amiable.

**1505-6-8.** — Le chapitre de Saint-Saturnin possédait onze prieurés principaux dépendants de l'abbaye. Chacun de ces prieurés renfermait plusieurs cures ; il était nécessaire de déterminer le mode des nominations à ces divers bénéfices, et c'est ce qui fut fait par une transaction passée entre l'abbé et son chapitre. — Les conciles donnaient aux chapitres le droit d'avoir un *précepteur* pour enseigner les lettres humaines aux jeunes clercs. La prébende, affectée à l'entretien du *précepteur*, prenait le nom de prébende *préceptoriale*. Il paraît que les chapitres ne pouvaient user de ce droit qu'à la condition d'une redevance à la ville. C'est ce qui explique la déclaration du chapitre de Saint-Saturnin, par laquelle il offre aux Capitouls 200 livres pour la *préceptoriale*. — L'abbé de Saint-Saturnin, par l'autorité du Siége apostolique, excommunie ceux qui enlèvent des actes des archives, sans avoir fait auparavant promesse de les rendre. — Le pape Jules II confirme plusieurs transactions passées entre l'abbé et le chapitre au sujet de la nomination aux bénéfices dépendants de l'abbaye. — Jacques de Perchai fait une donation au chapitre d'une rente annuelle de certaine quantité de blé.

**1511-12.** — Cette donation venait fort à propos, car les chanoines portèrent, cette année, une plainte en Cour contre leur abbé ou ses agents qui leur donnaient du très-mauvais pain. Il y eut donc arrêt par lequel l'abbé fut condamné de *bailler* tous les jours, à chaque chanoine, certain pain blanc du meilleur blé de l'abbaye. Les agents de l'abbé devaient être du nombre de ces hommes qui ont le talent de faire fortune sur les souffrances ou les privations d'autrui. — On fit, cette année, l'élévation solennelle des reliques de sainte Suzanne et des Apôtres saint Simon et saint Jude. Nous avons parlé plus haut de cette cérémonie.

**1512-13-14-15.** — Plusieurs changements eurent lieu dans le chapitre. Laurent Lallemant permit aux chanoines, qui jusque-là avaient vécu en commun, de vivre en particulier. Léon X approuva cette disposition, d'après laquelle les chanoines avaient chacun leurs revenus, et mangeaient à part. — Le St-Siége supprime les onze prieurés du chapitre, et substitue à la place de ceux qui les occupaient, 4 prêtres, 4 diacres et 3 sous-diacres, pour desservir dans le chœur. Ainsi les revenus de ces prieurés furent réunis à ceux du chapitre.

**1518.** — Nous rapportons ici, sans explication ni commentaire, un fait extraordinaire qui se passa, cette année, dans la basilique. Écoutons Raymond Daydé, greffier audiencier en la sénéchaussée et cour présidiale de Toulouse :

« Le dimanche 14 mars 1518, à neuf heures du
» matin, deux hommes, l'un libraire et l'autre
» chiffonnier, s'étant disputés, prononcèrent d'horribles blasphèmes devant la chapelle où se trouvent les images de Notre-Seigneur et des Apôtres.
» En horreur et détestation de ces blasphèmes, les
» statues de J. C. et des Apôtres s'élevèrent d'un
» pan en haut par trois fois à la vue des assistants,
» et celle de saint Jacques-le-Majeur baissa la tête,
» faisant par trois fois une profonde révérence, de
» manière à faire croire qu'elle tombait à terre ;
» mais une fille la prit et la remit en son lieu. Les

» autres statues, qui étaient près de la terre, se
» remirent en leur place, en se heurtant l'une
» contre l'autre et faisant du bruit comme des gens
» armés ».

Ce fait fut attesté par treize témoins dans un procès-verbal qui fut dressé par messire Fortanier Textor, vicaire-général de l'abbé, à la requête de nobles Vincent de Beauvoir et Henri de Puibusque, bayles des *Corps Saints*. Cette histoire est représentée dans la chapelle où repose le corps de sainte Suzanne.

**1520 à 24.** — Laurent Lallemant, neveu du dernier abbé, lui succéda dans le gouvernement de l'abbaye; il était aussi évêque de Grenoble. — Un affreux incendie réduisit en cendres quatre-vingts maisons dans le quartier des *Salinières*. Le clergé se rendit processionnellement avec le Saint-Sacrement sur le théâtre de l'incendie ; on y porta aussi quelques reliques de Saint-Saturnin. Il faut pardonner aux mœurs du temps la translation de ces objets vénérables et sacrés, et surtout du Saint-Sacrement sur le théâtre de l'incendie. L'Eglise, par de sages réglements, a souvent réprimé les abus qui pourraient résulter de ces dévotions malentendues. — On faisait alors beaucoup de réformes plus ou moins nécessaires dans les couvents de Toulouse; et ce qu'il y a de remarquable, c'est que ces réformes étaient presque toujours sollicitées par des laïques qui avaient un bien plus grand besoin d'être régularisés que les moines. On vit donc le parlement solliciter par arrêt la réforme du chapitre de Saint-Saturnin. Peut-être croirait-on que les chanoines vivaient d'une manière scandaleuse : nullement ; il était seulement question de quelques démêlés entre l'abbé et le chapitre au sujet des pensions, des prieurés, des nominations aux bénéfices, de la présence au chœur. Si tels étaient les scandales que donnait l'abbaye, la réforme était inutile : aussi l'arrêt du Parlement ne fut-il pas exécuté.

1525. — Nous avons déjà rapporté le vœu fait par François I$^{er}$, prisonnier à Madrid, aux reliques de Saint-Saturnin. Le Roi délégua à cet effet Jacques de Minut, premier président au Parlement de Toulouse, qui se rendit à la basilique dans un grand appareil, pour faire ce vœu au nom du prince. Le président déposa au pied du tombeau de Saint-Saturnin plusieurs cierges garnis de fleurs de lys d'or. Ces cierges furent depuis attachés à la grille qui est placée vis-à-vis la chapelle du St-Esprit, derrière le baldaquin.

1526. — Cette année fut mémorable par la sécularisation du chapitre de Saint-Saturnin. Clément VII rendit une bulle par laquelle, après avoir confirmé la suppression des prieurés, et la transaction passée entre l'abbé et le chapitre, il supprime les offices claustraux, sécularise l'abbé et les chanoines, et règle le nombre de ces derniers. Le chapitre adressa au Pape une supplique pour solliciter l'expédition de la bulle. Alors Clément VII commit au doyen de l'église de Notre-Dame de Pamiers, et aux officiaux de Pamiers et de Lavaur l'exécution de cette bulle, et François Ier donna des lettres-patentes pour approuver la sécularisation de l'abbaye. — A cette même époque, le souverain Pontife institua à perpétuité, en l'honneur des reliques qui reposent dans la basilique, un jubilé de cinq en cinq ans. L'ouverture de ce jubilé se fit par une procession générale à laquelle assistèrent tous les ordres de la ville. Ce fut, sans doute, à l'occasion du jubilé que l'archevêque de Toulouse, Louis d'Orléans, visita l'église de Saint-Saturnin. C'est la première visite épiscopale dont il soit fait mention dans les archives du chapitre.

**1527.** — Clément VII donna une bulle au sujet de la division de la *manse* capitulaire et abbatiale. Dans le partage des biens des abbés et des religieux, on donnait le nom de *manse* à la portion des copartageants : ainsi l'on disait *manse* abbatiale et *manse* capitulaire. Ce fut sans doute pour éviter toute discussion, qu'on fit la division des biens de l'abbaye. On dressa des articles au sujet de cette séparation de biens, qui désormais ne furent plus réunis sous une seule et même administration. — Le souverain Pontife expédia une seconde bulle, dans laquelle il traça les règles à suivre dans l'élection de l'abbé, la correction des mœurs, l'assistance aux Offices divins, la convocation du chapitre, l'institution ou destitution du garde des *Corps Saints* et Prêtres obituaires, la collation des canonicats et prébendes, la qualité des chappes, et aumusses de l'abbé et des chanoines, et donne à l'abbé les priviléges dont nous avons déjà parlé. — On place à cette époque la fondation de la chapelle de Notre-Dame *la Belle*, à laquelle les Papes accordèrent beaucoup d'indulgences.

1528. — La peste se manifesta à Toulouse vers la fin d'avril ; plusieurs maisons religieuses en furent infectées ; le Parlement alla tenir ses séances à Grenade. On ordonna des prières publiques, et les Capitouls firent un vœu solennel aux reliques de Saint-Saturnin, pour obtenir la cessation du fléau. En exécution de ce vœu, ces magistrats suspendirent à la voûte du temple un plan en relief de la basilique et de la ville de Toulouse. On l'y voit encore aujourd'hui.

1531 à 33. — Lorsqu'un chanoine était nommé au chapitre de Saint-Saturnin, il payait sa bienvenue. C'était ordinairement quelque riche ornement dont il faisait hommage à l'église. Nous trouvons à cette date une promesse faite par une chanoine de *bailler* une chappe au chapitre pour son droit d'entrée. On pourrait aujourd'hui rétablir cet ancien usage : les métropoles et les cathédrales seraient bientôt richement pourvues. — La basilique de Saint-Saturnin fut, à cette époque, dépouillée de son superbe *camayeu*. François I<sup>er</sup>, pendant son séjour à Toulouse, se rendit à Saint-Saturnin pour y accomplir son vœu et y faire ses dévotions. On lui montra ce fameux *camayeu* qui était gardé depuis plusieurs siècles dans les trésors de la basilique. Le prince le trouva très-beau, admirable, enfin digne de lui. Le Roi quitta Toulouse. Étant à Castelnaudary le 7 août, il écrivit aux Capitouls pour les prier de lui envoyer ce magnifique joyau qu'il désirait montrer au Pape. Il écrivit aussi au chapitre de Saint-Saturnin, et chargea le président Bertrandi de ces deux lettres. Le chapitre s'excusa sur le serment qu'il avait fait de ne jamais rien enlever du trésor de l'abbaye, sans une dispense du Pape. Bertrandi en avertit le Roi, qui étant arrivé à Marseille, envoya de nouveaux ordres à ce magistrat avec la dispense du Pape. Le *camayeu* fut enlevé, remis au Roi, qui le donna à Clément VII. Ainsi ce joyau fut sacrifié à l'imprudence du chapitre, à la complaisance de François I<sup>er</sup>, et à l'indiscrétion de Jules de Médicis. — Pendant que le *camayeu* était porté à Marseille, le Parlement mettait d'accord à Toulouse les deux chapitres de Saint-Etienne et de Saint-Saturnin. Quelques différends étaient survenus entre ces deux corps au sujet de certains droits qu'ils prétendaient avoir dans l'église l'un de l'autre. Il y eut arrêt solennel qui décida que le chapitre de Saint-Etienne pourrait aller à Saint-Saturnin, et celui de Saint-Saturnin à Saint-Étienne, pour y célébrer la messe quand bon lui semblerait.

**1538.** — Depuis quelques années, le luthéranisme avait fait de rapides progrès à Toulouse. Cette erreur s'était introduite par le moyen de divers étudiants étrangers qui suivaient les cours de l'Université de cette ville. Déjà on dogmatisait en public, et la crainte seule du supplice arrêta pour quelque temps le cours de ces prédications. Le 8 décembre, le Roi donna un édit contre les hérétiques et leurs fauteurs, beaucoup plus sévère que tous les autres. Les sectateurs de la nouvelle hérésie furent recherchés. Le frère Louis de Rochette, religieux jacobin et inquisiteur de la foi, qui avait publiquement embrassé la réforme, fut livré par l'archevêque au bras séculier. Cet infortuné fut brûlé vif sur la place du Salin le 10 septembre, après avoir été dégradé par l'abbé de Saint-Saturnin qui était aussi évêque de Grenoble. Laurent Lallemant n'assista pas à la mort de Rochette; il ne prêta son ministère que pour la seule dégradation. Nos mœurs ont changé par rapport aux hérétiques : on prie pour eux ; on ne les brûle pas : l'un vaut beaucoup mieux que l'autre. — Le pape Paul III confirma, cette même année, plusieurs transactions passées entre le chapitre et l'abbé de Saint-Saturnin, au sujet de quelques faits particuliers qui offrent peu d'intérêt.

**1539.** — Il y avait dans le chapitre de Saint-Saturnin des canonicats surnuméraires qui étaient à la nomination du Roi. Une de ces places étant vacante, un nommé *Mignon* ayant fait jouer tous les ressorts de la cabale et de l'intrigue, fut pourvu par le Roi de ce canonicat. Il paraît que cet homme ne méritait pas cet honneur, puisque l'abbé et le chapitre firent une protestation d'appel contre le commissaire qui voulait installer *Mignon*. Nous ne connaissons pas l'issue de cette affaire. Quoi qu'il en soit, cette protestation fut une leçon assez sévère donnée à cet intrigant.

**1545.** — Le 3 des nones de juin, le pape Paul III donna pouvoir au chantre de l'église de Toulouse d'excommunier ceux qui avaient enlevé les titres, exemptions et priviléges de l'église de Saint-Saturnin. Ce fait nous donne la certitude de l'enlèvement de plusieurs titres aux archives, et confirme ce que nous avons déjà observé au sujet de l'authenticité des reliques de la basilique.

**1547 à 1552.** — Nous trouvons à cette époque plusieurs actes émanés de l'autorité royale pour le chapitre de Saint-Saturnin : 1° Henri II confirme par ses lettres-patentes la sécularisation du chapitre; 2° il confirme un arrêt du parlement de Toulouse, portant que le chapitre jouira de l'union de certains bénéfices accordés par le Pape ; 3° il renvoie au même Parlement les procès mus ou à mouvoir au sujet de l'union de ces bénéfices. Il rend une déclaration par laquelle l'abbé de Saint-Saturnin est tenu de fournir au Roi un homme d'armes et deux archers pour le *ban* et l'*arrière-ban*. On entendait par ces mots la convocation de certains membres de l'Etat en temps de guerre.

**1560-61-62.** — Les réformés devenaient de jour en jour plus hardis. Quelques-uns d'entre eux payèrent un peu cher leur hardiesse. Un dimanche matin, pendant que le peuple était assemblé à Saint-Saturnin pour entendre la prédication, un marchand de la ville, nommé *Robert*, interrompit le prédicateur, en s'écriant : *Tu en as menti, cafard de moine*. Aussitôt on se jeta sur lui, et on l'accabla de coups, sans respect pour le lieu saint ; il expira sur la place hors de l'église. Ces excès n'étaient guère de nature à ramener la paix publique. — On connaît l'histoire de la guerre de religion qui, dans l'année 1562, fit de Toulouse un vaste tombeau. Les catholiques se retranchèrent sur plusieurs points, et entr'autres dans le clocher de la basilique d'où ils faisaient feu sur les religionnaires. Ceux-ci s'approchèrent des murs de l'église pour s'en emparer, et faisaient feu sur elle du haut de la tour du collége de Périgord où ils avaient traîné deux pièces de canon. Mais la basilique fut vigoureusement défendue par Pierre *Barravi*, conseiller, à la tête de quelques soldats. Au milieu de cette guerre sanglante, le chapitre demeura tout entier fidèle à l'antique religion, et il ne fut déshonoré par l'apostasie d'aucun de ses membres, plus heureux en cela que plusieurs communautes de Toulouse, qui eurent à gémir sur la défection de quelques religieux. La défense de la basilique coûta de grandes sommes au chapitre, et cette guerre épuisa presque toutes toutes ses ressources. Cependant il put bientôt après réparer ses pertes, puisqu'on fit fondre à cette époque la grande cloche, qui est l'une des plus belles du royaume. La fondation de la messe du St-Esprit, et l'établissement de la procession de la Pentecôte, doivent être placés à cette même époque.

**1563.** — Le Roi nomma gouverneur du Languedoc le maréchal de Damville, fils du connétable de Montmorency. Ce seigneur arriva à Toulouse le 15 mai; il entra par la porte Arnaud-Bernard, sccompagné du cardinal d'Armagnac, du vicomte de Joyeuse et de Montluc. Passant devant la basilique, il s'y arrêta et fut reçu par le chapitre. On le conduisit à l'autel du chœur, pendant qu'un nombreux orchestre exécutait le *Te Deum*. Il visita toutes les reliques et le trésor. — Après la paix d'Orléans, Charles IX résolut de visiter les principales provinces de son royaume. Le Roi partit de Fontainebleau avec la reine Catherine de Médicis et toute la famille royale, à lexception du jeune duc d'Alençon. Charles fit son entrée à Toulouse le 2 février; il demeura dans cette ville jusqu'au

19 mars. La présence du Roi et de la Reine fut marquée par des fêtes magnifiques dont on trouve la pompeuse description dans les annalistes. La veille du départ du Roi, Monsieur, frère du Roi, et Madame Marguerite de France, sa sœur, reçurent à Saint-Etienne le sacrement de Confirmation des mains du cardinal d'Armagnac. Après cette cérémonie, on fit une procession solennelle où furent portées les reliques de la basilique. Le Roi, la Reine et toute la Cour y assistèrent. La procession se rendit à Saint-Saturnin où le Roi entendit les Vêpres et un sermon qui fut prêché par le pèret Finet, supérieur des Minimes.

**1569-70-71-72.** — Nous ignorons à quel titre le chapitre de Saint-Saturnin fut condamné à payer 200 livres de rente aux Jésuites pour la *préceptoriale*; il devait exister quelque raison de cet arrêt. Ces Pères venaient de s'établir à Toulouse où l'on avait créé pour eux une école. La ville leur donna le bel hôtel de *Bernuis* où ils fondèrent leur célèbre collége : c'est aujourd'hui le Collége Royal. — On place à cette époque l'établissement dans la basilique de l'association de la Miséricorde pour les prisonniers, et l'institution de la Maîtrise. — Laurent Lallemant était mort depuis l'année 1561. L'abbaye resta vacante, à cause des guerres dont nous avons parlé, jusqu'à l'année 1571. Jean-Baptiste de Simiane fut alors élu abbé de Saint-Saturnin. Il posséda très-peu de temps cette dignité ; il eut pour successeur François de Simiane, évêque d'Apt, qui eut quelques discussions avec son chapitre. L'abbé mit fin à ces discussions passagères, en fondant dix prébendes dont il laissa la présentation au chapitre. Ce prélat était adroit, il connaissait les hommes, et savait qu'on les gagne bientôt par des faveurs.

1574. — Le massacre de *la Saint-Barthélemy* que la Religon déplora, et qui fut inutile à la politique, venait d'épouvanter la France. La nouvelle en fut portée à Toulouse quelques jours après par une lettre que le vicomte de Joyeuse écrivit aux Capitouls. L'effet de cette lettre fut de mettre la ville en défense contre les attaques des réformés. Plusieurs personnages suspects furent jetés en prison. Les huguenots des villes voisines chassèrent les catholiques. Ceux-ci, arrivant à Toulouse, excitèrent l'indignation publique; on se jeta dans les maisons des protestants; ils furent traînés dans les prisons publiques, et trois cents d'entr'eux furent massacrés de sang froid dans la cour de la conciergerie par quelques écoliers. Les huguenots des provinces voisines s'armèrent; on apprit qu'ils marchaient sur Montauban, et que les chefs du parti avaient formé le dessein de surprendre Toulouse. Un chanoine de Saint-Saturnin, nommé *la Rouaisse*, communiqua aux Capitouls une lettre dans laquelle on l'avertissait que les religionnaires devaient attaquer la ville du côté de la porte Saint-Etienne. Cette porte fut aussitôt murée;

mais ces précautions devinrent inutiles, les huguenots ne s'avancèrent pas.

**1577-78.** — Henri III désirait la paix avec ardeur. Il envoya le maréchal de Biron vers le roi de Navarre et le prince de Condé pour en faire les premières propositions. La ville de Bergerac fut choisie pour les conférences. A la tête des députés que le Roi y envoya, se trouvait le duc de Montpensier. En attendant l'ouverture des conférences, ce prince se rendit à Toulouse pour visiter la basilique. Il y arriva le 5 juillet, et fut reçu avec des honneurs extraordinaires. Le lendemain de son arrivée, le duc, accompagné de toute la noblesse, se rendit à pied du palais archiépiscopal à l'église de Saint-Saturnin où il fit ses dévotions, et visita tous les *Corps Saints*. On ne pouvait se lasser d'admirer l'éminente piété dont il donna dans cette occasion un éclatant témoignage. — La paix fut signée à Poitiers. Ce fut alors que Catherine de Médicis et Marguerite sa fille, reine de Navarre, entreprirent un voyage dans le midi de la France. Les deux Reines arrivèrent à Toulouse le 28 octobre. On fit une procession générale à laquelle furent portées les reliques de la basilique; Catherine y assista. Elle visita ensuite Saint-Saturnin accompagnée de la Reine sa fille; un peuple immense se pressait sur les pas des princesses.

**1581.** — On déployait une grande magnificence

dans la basilique, à l'occasion de la visite des Rois et des grands personnages. Les châsses d'or et d'argent étaient exposées aux regards des nombreux spectateurs. Une de ces châsses tenta la cupidité d'un amateur du beau. Louis *Belette*, né à Amiens, vint un jour se prosterner devant la châsse de saint Exupère, à laquelle se trouvaient attachées des images d'argent. *Belette* les contemplait avec une dévotion intéressée ; et profitant de l'absence du garde des *Corps Saints*, il détacha sept de ces images du poids de neuf marcs, et prit la fuite. Parvenu à la porte Arnaud-Bernard, il s'arrêta pour voir des soldats qui jouaient. Une de ces images qu'il avait cachées sous les plis de son manteau, tomba à terre et décéla son larcin. Il fut aussitôt arrêté, conduit devant les Capitouls, convaincu, condamné et pendu devant les portes de la basilique.

**1587-88.** — La peste fut portée, cette année, à Toulouse par les soldats de l'amiral de Joyeuse. Elle fit des progrès assez rapides : on eut recours aux prières publiques et aux processions pour implorer le secours du ciel. Il fut ordonné que les habitans se rendraient par dixaines à Saint-Saturnin pour y faire célébrer une messe. Cette pratique de dévotion commença le 19 octobre, et fut continuée jusqu'à la fin de février de l'année suivante ; en sorte que dans cet espace de temps, la basilique reçut presque toute la population de Toulouse. — François de Simiane, abbé de Saint-Saturnin, mourut cette année, et eut pour successeur le cardinal de Joyeuse.

**1595-97.** — Au milieu des troubles de la Ligue, et lorsque le duc de Ventadour s'approchait de Toulouse pour la réduire, plusieurs chanoines de la basilique se réfugièrent à Blagnac. Ils prêtèrent ensuite serment de fidélité au nouveau Roi entre les mains du parlement de Toulouse, qui avait été transféré, au moins en partie, à Castelsarrasin. Le chapitre de la basilique demeura entièrement étranger à toutes les guerres civiles qui précédèrent l'avénement d'Henri-le-Grand au trône. — La procession générale de la Pentecôte fut marquée, cette année, par un événement assez singulier. Les Capitouls se plaçaient autour du dais sous lequel était portée la Sainte-Epine; deux le précédaient, quatre autres occupaient les angles du dais, et les derniers étaient placés à la droite et à la gauche du Célébrant. Le Parlement venait ensuite : tel était l'ordre constamment suivi. Il plut à Messieurs du Parlement de s'emparer de la place des Capitouls; ils envoyèrent leurs huissiers pour remplir cette commission dangereuse. Les Capitouls refusent; les huissiers se précipitent sur eux et les jettent à terre. La procession n'était pas encore sortie tout entière ; on ferme les portes de l'église. Le peuple indigné pousse des cris de fureur contre le Parlement qui, saisi de frayeur, prend la fuite. Le lendemain, le conseil de ville s'assembla. Il y fut décidé qu'on porterait des plaintes au Roi sur le sanglant outrage dont les Capitouls avaient été l'objet. Le Parlement prévoyant l'orage, se mit prudemment à l'abri par un arrêt qui rendait justice aux Capitouls, en les maintenant dans leurs droits.

1600. — Le connétable de Montmorency fit son entrée solennelle à Toulouse le 16 mai. Le lendemain il assista à la procession générale des reliques de la basilique, à laquelle se trouvait aussi le cardinal de Joyeuse. La présence des princes et des grands du royaume à ces cérémonies religieuses devait nécessairement produire une très-heureuse impression sur l'esprit des peuples.

### DIX-SEPTIÈME SIÈCLE.

1605. — Cette année fut marquée par un triste événement pour la basilique. Des voleurs ayant trompé la vigilance des gardes de l'église, enlevèrent plusieurs ornements, croix, calices, vases d'or et d'argent. Les perquisitions furent entièrement inutiles pour découvrir les auteurs de cet attentat; c'est ce qui détermina le chapitre à solliciter l'autorité du Siége apostolique dans cette affaire. Cédant à la prière du chapitre, Paul V donna à l'official de Lombez le pouvoir de contraindre par censures ecclésiastiques les auteurs de l'attentat. Nous ignorons si la crainte de ces censures obtint quelque révélation. Il y a bien de l'apparence que ceux qui n'avaient point été arrêtés par les jugements de Dieu, ne le furent point par les censures du Pape.

1607. — La basilique fut défrayée du dommage qu'elle venait d'éprouver, par la munificence de l'un des membres du chapitre. M. Cheynier, chanoine de Saint-Saturnin, fit son testament en faveur de l'abbaye. Ce chanoine était riche, et l'on comprend que les objets volés furent bientôt remplacés à la faveur de cette opulente hérédité. — Jean d'Affis, évêque de Lombez et ancien prévôt de Saint-Etienne, donna une châsse d'argent pour renfermer les ossements de l'Apôtre saint Barnabé. L'élévation solennelle de ces reliques eut lieu le 27 mai. — La basilique vit s'établir dans son sein la célèbre association de Saint-Joseph. Ainsi cette année fut, comme on le voit, assez heureuse pour elle. Elle s'enrichit d'un testament, d'une belle châsse et d'une confrérie.

1610-11. — De temps à autre, le chapitre de Saint-Saturnin avait quelque contestation avec celui de Saint-Etienne : c'est la destinée naturelle de deux corps presque rivaux. Il était question, à ce que nous croyons, de quelque procession générale. — Raymond Daydé, dans son histoire de Saint-Saturnin, raconte un événement incroyable qu'il prétend être arrivé en l'an 1611. Il dit qu'un enfant de 9 à 10 ans, appartenant à une honnête famille du pays, quitta la maison de son père et vint à Toulouse; qu'il alla se cacher dans la basilique dans le dessein de commettre quelque larcin, qu'ayant été surpris, il fut condamné à mort et brûlé vif devant l'église, et que son hôte, à l'instigation duquel on pensait que le petit scélérat avait formé le sacrilége projet, fut fustigé d'importance. On voit, d'après ce récit, que le bon greffier Raymond Daydé est tombé dans une méprise : c'est l'hôte qui sans doute fut brûlé, et le petit scélérat fustigé. il faut nécessairement mettre un peu d'ordre dans cette justice.

**1612-13-14.** — Il y avait dans le chapitre de Saint-Saturnin, comme dans tous les autres, des chanoines qui n'étaient point promus aux ordres sacrés. Il paraît que ces chanoines n'avaient point part à la *manse* canoniale, puisque nous trouvons ici une délibération du chapitre au sujet du paiement des pensions qui devaient leur être payées. — En 1608, un violent incendie avait consumé le couvert en charpente de l'église Saint-Etienne et les boiseries du chœur; le chapitre se vit donc obligé de construire une voûte en pierre qui fût en harmonie avec le reste de l'édifice. La ville, les ordres religieux, le diocèse furent appelés à contribuer à cette dépense. Le chapitre de la basilique fut seul exempt de toute *cotisation*; sans doute à cause des réparations qu'il avait à faire lui-même à son église. — L'association des *Corps Saints* n'était pas toujours d'accord avec le chapitre. Elle voulait, en l'absence de l'abbé et de son vicaire général, être présidée par l'un de ses membres. Le chapitre prétendait, au contraire, avoir le droit de cette présidence : de là, collision et trouble. Cette affaire importante ne put être terminée que par arrêt du Parlement, qui décida en faveur du chapitre.

**1615-16.** — Cette année commença par une délibération du chapitre qui ne dut pas déplaire aux prédicateurs de ce temps. Il fut décidé que le prédicateur, qui remplirait la station du Carême dans la basilique, recevrait cinquante écus pour ses honoraires. Cette somme était assez forte pour ce temps-là, et la ville ne donna guère plus à la princesse Marguerite, sœur de Charles IX, lorsqu'elle vint à Toulouse, en lui offrant des jetons d'argent. Cette délibération fit de la station du Carême dans la basilique, une véritable station de faveur : les prédicateurs abondèrent. Dès-lors ce ne fut plus le vicaire-général de l'abbé qui fut exclusivement chargé de procurer des prédicateurs à Saint-Saturnin, il fut décidé que le choix se ferait en chapitre : chacun avait ses protégés. Il y eut donc délibération capitulaire qui arrêta le choix de M. de Carbonnel, chanoine de Cahors, pour prêcher le Carême de 1617. — Le cardinal François de Joyeuse mourut à cette époque, et eut pour successeur dans la dignité abbatiale Louis de Nogaret cardinal de la Valette.

**1621-22-23.** — Après la levée du siége de Montauban, qu'il n'avait pu réduire, le jeune roi Louis XIII se rendit à Toulouse où il fut reçu avec une magnificence dont encore on n'avait point vu d'exemple. Nous ne décrirons pas ici les arcs de triomphe, les tableaux allégoriques et les emblèmes qui furent élevés, peints et tracés dans cette occasion. Il nous suffit de dire que tous les arts parurent épuiser leurs richesses pour cette brillante réception. Pendant son séjour à Toulouse, le Roi visita l'église de Saint-Saturnin et les précieuses reliques qu'elle renferme. — La paroisse de Saint-Saturnin s'enrichit à cette époque d'un trésor qu'elle possède encore, quoique en un lieu différent : nous voulons parler de l'établissement des religieuses Carmélites, filles de l'illustre sainte Thérèse. Une colonie de ces vertueuses filles s'était rendue de Bordeaux à Toulouse l'an 1616, pour y fonder un monastère de leur ordre. Elles se retirèrent d'abord dans le couvent des religieuses du tiers ordre, jusqu'à ce qu'elles pussent bâtir une maison pour les recevoir. Plusieurs personnes appartenant aux plus illustres familles, et entr'autres les cinq filles de M. de Ressiguier, conseiller au Parlement, se joignirent à elles. Celui-ci voulut être le fondateur de cet établissement. Il sollicita et obtint du chapitre de la basilique l'autorisation nécessaire pour bâtir ce monastère sur le territoire dépendant de l'abbaye. Quand l'édifice fut terminé, les Carmélites se rendirent à la basilique ; elles entendirent la messe qui fut célébrée par l'évêque de Pamiers ; elles furent conduites ensuite processionnellement dans leur nouveau monastère. Cette maison existe encore, mais elle est au pouvoir de l'autorité militaire ; la chapelle seule, qui est d'une grande beauté, a été donnée au grand séminaire de cette ville. — Il paraît que le chapitre de Saint-Saturnin n'aimait pas les suppléants ; car on prit, cette année, une délibération solennelle par laquelle il était défendu au substitut du vicaire-général de présider au chœur, au chapitre, et à l'assemblée de la *Table des Corps Saints*. Le Parlement rendit un arrêt portant que les Bénédictins ne pourraient agrandir leur établissement sur la paroisse Saint-Saturnin, ni remplir aucune fonction du saint ministère au préjudice du chapitre. Il paraît que ces religieux, en reconnaissance de l'hospitalité que le chapitre leur avait donnée, désiraient se rendre utiles aux fidèles, sinon pendant leur vie, au moins après leur mort ; ils procédèrent à plusieurs sépultures et services funèbres dans leur chapelle : leur piété envers les morts fut un peu contrariée par l'arrêt dont nous parlons. — La dévotion aux reliques de la basilique était si grande en ces jours, que l'on ne craignait pas de se rendre coupable de sacrilége en dérobant quelques précieux ossements. C'est ce qui détermina le chapitre à solliciter une bulle d'excommunication contre tous ceux qui oseraient porter une main téméraire sur ce dépôt sacré.

**1626 à 1630.** — On enregistra, cette année, des lettres-patentes du Roi en faveur du chapitre de Saint-Saturnin. Ces lettres n'étaient qu'une confirmation des priviléges et donations de l'abbaye. — Ici commença cette longue opposition des archevêques de Toulouse et du chapitre de l'église abbatiale. Les premiers voulaient user de toute leur autorité dans la basilique, et y paraître avec toutes les marques de leur dignité ; le second prétendait qu'en qualité de chapitre exempt de la juridiction de l'Ordinaire, il ne pouvait abandonner ces priviléges à la merci des prélats. M. de Montchal vint donner la confirmation aux enfants de la paroisse ; mais le chapitre fit signifier par acte notarié à l'archevêque, qu'il ne pouvait entrer avec les marques de juridiction, et notamment avec *sa croix levée*. On consulta les avocats et les conseillers au Parlement, qui parurent décider en faveur du chapitre.

Au milieu de ces contestations qu'on eût pu facilement éviter, la peste désolait la ville de Toulouse. Ce fléau décimait une population effrayée et qui, dans l'accablement où elle était plongée, négligeait d'employer les remèdes naturels pour arrêter la contagion. On fit alors un voeu solennel pour l'élévation des reliques de saint Edmond, roi d'Angleterre. Nous avons décrit plus haut les magnifiques cérémonies qui eurent lieu pour cette élévation, qui fut faite quelque années plus tard avec celle de plusieurs martyrs.

**1632 à 39.** — Le chapitre de Saint-Saturnin était assez sévère sur les égards qui lui étaient dus. Quelques-uns de ses membres ayant fait, à cette époque, une visite à l'évêque de Mirepoix, ce prélat ne les reçut pas avec la distinction qu'ils croyaient mériter. Les chanoines firent part à leurs collègues des procédés de l'évêque, et le chapitre délibéra sur la manière dont l'évêque devait être reçu quand il se rendrait à la basilique. On voulut, à ce qu'il paraît, donner une leçon à ce prélat; nous ignorons s'il s'exposa à la recevoir; c'était une vengeance déplacée : avec un peu moins de hauteur d'un côté, et un peu plus d'humilité de l'autre, on aurait arrangé cette affaire. — La basilique de Saint-Saturnin reçut un illustre tombeau dans son enceinte. Henri II duc de Montmorency, après avoir servi le Roi, se jeta imprudemment dans le parti de Monsieur contre Louis XIII. Il eut une bien malheureuse destinée. Poursuivi par le maréchal de Schomberg, Montmorency fut pris à la fameuse bataille de Castelnaudary, et conduit de là à Lectoure. Le 22 octobre, le Roi, la Reine Anne d'Autriche, et Richelieu, arrivèrent à Toulouse. Louis ordonna au marquis de Brézé de conduire l'illustre prisonnier dans cette dernière ville ; ses ordres furent exécutés, et Montmorency y arriva le 27 octobre. Il fut conduit à l'hôtel-de-ville et renfermé dans une chambre somptueusement meublée, mais dont la cheminée, les fenêtres et la porte avaient été garnies de fortes barres de fer. Toutes les viandes qu'on lui servait étaient hachées, et jamais on ne lui donna ni couteau ni fourchette. Le jour même de son arrivée il subit un interrogatoire devant les commissaires qui avaient été nommés par le Roi pour le juger. Confronté avec plusieurs témoins, Montmorency avoua presque tout. On raconte que dans un second interrogatoire, les juges ayant demandé à François de Comminges, l'un des témoins, s'il avait reconnu le duc au combat de Castelnaudary, celui-ci répondit en versant des larmes : *Le voyant tout couvert de feu, de sang et de fumée, j'ai eu de la peine à le reconnaître ; mais lui ayant vu rompre six de leurs rangs, et tuer des soldats du septième, j'ai jugé que ce ne pouvait être autre que lui.*

Prévoyant le sort qui l'attendait, le duc voulut mourir en héros chrétien. A la prière du cardinal de la Valette, le Roi consentit que le P. Arnoux, jésuite, se rendît auprès du prisonnier, pour lui offrir les consolations de cette religion qui pardonne toujours au repentir. Le vendredi 29 octobre, le duc fit sa confession générale, entendit la messe et communia. Ensuite il régla ses affaires temporelles;

il n'oublia pas Richelieu dans ses dernières dispositions, et lui laissa un tableau d'un grand prix. Il est difficile de porter plus loin la générosité chrétienne. Il écrivit une lettre pleine de grandeur et de sentiment à la duchesse son épouse. Le samedi 30 octobre, les chambres du Parlement s'assemblèrent; le duc fut conduit au palais en carrosse par le comte de Charlus. Au moment où il parut dans la grand-chambre, presque tous les juges couvrirent leurs visages de leurs mains pour cacher leurs douleurs et leurs larmes. Montmorency fut placé sur une sellette au milieu du parquet, les pieds et les mains libres. Il répondit à toutes les questions qui lui furent adressées avec une gracieuse majesté, et s'avoua coupable. Le duc s'étant retiré, il fut condamné à perdre tous ses biens et dignités et à avoir la tête tranchée sur la place du Salin. Dès que l'arrêt fut connu, tous les seigneurs de la Cour se jetèrent aux pieds du Roi pour lui demander la grâce du coupable. Louis XIII demeura inflexible; il accorda seulement que l'exécution aurait lieu dans la cour intérieure de l'hôtel-de-ville.

Arrivé dans sa prison, Montmorency remit son testament à St-Preuil, lui recommandant de le présenter au Roi, et de lui demander pardon de sa part. Il reçut les adieux du cardinal de la Valette, son ami particulier, qui, en se séparant de lui, remplit la prison de ses sanglots. Après avoir remis au comte de Charlus le bâton de maréchal et le cordon du St-Esprit, le duc se dépouilla de l'habit qu'il portait pour se revêtir d'un habit de toile blanche. Il descendit ensuite dans la chapelle de l'hôtel-de-ville, un crucifix à la main, et s'étant mis à genoux il entendit la lecture de son arrêt. Il dit ensuite aux commissaires : « Messieurs, je » vous remercie et toute votre compagnie, à qui je » vous prie de dire de ma part que je tiens cet arrêt » de justice du Roi pour un arrêt de la miséri- » corde de Dieu ; priez Dieu qu'il me fasse la » grâce de souffrir chrétiennement l'exécution de » ce qu'on vient de lire ». Après ces paroles, le grand prévôt le livra à l'exécuteur. Celui-ci lia les bras au duc et lui coupa les cheveux. Alors Montmorency s'avança majestueusement au milieu des gardes jusqu'aux pieds de l'échafaud dressé devant la statue d'Henri IV. Il salua tous ceux qui l'entouraient et qui fondaient en larmes, et plaça sa tête sur le fatal poteau, en disant ces paroles : *Seigneur Jésus, je remets mon âme entre vos mains*. A deux heures, la tête était séparée du corps. Aussitôt les portes de l'hôtel-de-ville furent ouvertes. Une foule immense se précipita autour de l'échafaud, et chacun s'empressait à l'envi de recueillir le sang épanché. On n'entendait de toute part que des cris et des sanglots. Deux ecclésiastiques attachés au cardinal de la Valette conduisirent le corps et la tête du duc jusqu'à l'abbaye de Saint-Saturnin. Là on embauma le corps auquel on avait réuni la tête, et il fut enseveli avec honneur, par un privilége particulier, devant l'autel de saint Exupère, auprès d'une chapelle latérale où l'on voit encore son armorial. Ainsi périt, à l'âge de trente-huit ans, Henri duc de Montmorency et de Damville, pair, maréchal et amiral de France, chevalier des ordres du Roi et gouverneur du Languedoc. L'exquise politesse de ses manières, son affabilité, sa magnificence, le faisaient aimer de tous ceux qui s'approchaient de sa personne, comme sa valeur le rendait redoutable à ses ennemis. Il fut coupable, sans doute ; mais il fut aussi malheureux : et la politique inflexible fit tomber une noble tête que la clémence aurait voulu conserver. La basilique garda ses restes jusqu'à ce que Félicité des Ursins, sa seconde épouse, les fit transporter à Moulins dans l'église de la Visitation, où elle fit élever un magnifique mausolée à sa mémoire.

**1638-39-40.** — La maréchale d'Alcuin donna, cette année, un magnifique reliquaire d'argent pour renfermer les têtes de saint Philippe et de saint Jacques, Apôtres. — L'abbaye perdit le cardinal de la Valette, qui mourut à Rivoli près de Turin, le 28 septembre, à l'âge de 47 ans. Ce prélat avait beaucoup plus de goût pour le fracas des armes que pour les dignités de l'Eglise ; l'épée lui plaisait beaucoup plus que la crosse. Il possédait l'archevêché de Toulouse, l'abbaye de Saint-Saturnin, celle de Saint-Victor de Marseille, de Saint-Vincent de Metz, et le prieuré de Saint-Martin-des-Champs. Il fut en même temps lieutenant-général des armées du Roi, gouverneur d'Anjou et de Metz. Le corps du cardinal fut transporté à Toulouse et enseveli dans la basilique; mais le duc d'Epernon, son père, obtint du Roi l'autorisation de le faire transporter dans l'église de Cadillac. La Valette eut pour successeur dans la dignité abbatiale Jean Coéffier Ruzé d'Effiat, fils d'Antoine d'Effiat, maréchal de France.

**1642-43-44.** — Le chapitre avait accueilli sur son territoire les religieux de Saint-Orens, qui lui disputèrent la possession de quelque fief. L'affaire fut portée au Parlement, qui décida en faveur du chapitre. — Sur ces entrefaites, Jean Taffin, riche marchand de Toulouse, jetait les fondements de la chapelle de *Bonne Nouvelle*, située autrefois dans le cloître de l'abbaye, et Jean Corbin était pendu aux portes de la basilique. Cet homme était né à Leyrac dans le comté de Villemur; il déroba trois grandes lampes d'argent et plusieurs objets destinés au culte; son procès ne fut pas long. — Louis XIV montait sur le trône : on voulut célébrer à Toulouse ce joyeux avènement par une procession générale. Le vicaire-général de l'abbé de Saint-Saturnin refusa d'y faire apporter les reliques qui reposent dans la basilique. On avait manqué à une formalité essentielle : les Capitouls avaient envoyé le syndic, au lieu de venir eux-mêmes, en députation pour demander les reliques. Le syndic prétendait que les Capitouls n'étaient point tenus à cette formalité ; qu'étant gardes naturels des *Corps Saints*, ils n'avaient pas besoin de faire cette demande ; qu'aucun antécédent ne favorisait les prétentions de l'abbaye. Le vicaire-général, au contraire, soutenait qu'il était en droit de faire cette réclamation, et qu'il ne pouvait sacrifier ainsi les priviléges du chapitre aux caprices d'un syndic. Le premier président fut obligé d'intervenir en cette affaire. L'histoire ne dit pas comment elle fut terminée.

**1645-46.** — Le corps du duc de Montmorency fut transporté à Moulins. Les vicaires-généraux de l'archevêque de Toulouse rendirent une ordonnance pour procéder à l'exhumation ; mais le chapitre prétendit qu'ils n'en avaient pas le droit, et refusa de livrer le corps. L'autorité civile fut obligée de se mêler de cette exhumation, et le chapitre ne céda que lorsqu'on eut rempli toutes les formalités requises à son égard. — M. de Montchal avait appelé à Toulouse, en 1634, les religieuses de Notre-Dame de Charité du Refuge, dont l'institut avait été fondé à Caen par le célèbre Père Eudes, chef de la congrégation des Eudistes; institut admirable, destiné à servir d'asile à de pauvres pécheresses qui veulent expier dans les larmes de la pénitence les égarements de la vie. Ces pécheresses sont placées dans les maisons de l'Ordre sous la surveillance de religieuses respectables qui forment l'institut, et se consacrent à cette œuvre dont la sublimité, aux yeux de la Religion, égale l'utilité, à ceux de la société tout entière. Ces vénérables filles s'établirent, en l'année 1646, sur le territoire de l'abbaye, et nous avons une transaction passée entr'elles et le chapitre au sujet de leur établissement, qui se fit à certaines conditions.

**1648.** — Le chapitre de la basilique eut, cette année, un long démêlé avec l'archevêque de Toulouse. L'autorité de ce dernier fut ouvertement méconnue, et ce scandale ne dut être attribué qu'à la précipitation avec laquelle fut conduite une affaire peu importante en elle-même, mais dont les conséquences auraient pu entraîner une entière rupture entre un chapitre vénérable et un illustre archevêque. Une misérable querelle de valets fut la cause de ce scandale. Le jour de la fête de saint Mathias, le domestique d'un chanoine et la servante d'un capitaine se prirent de paroles. Le premier se porta à des voies de fait contre la seconde. Le capitaine, averti, survint aussitôt, et vengea la servante des coups qu'elle avait reçus. Il y eut du sang répandu; l'alarme fut grande dans la basilique, et bientôt l'église fut changée en un champ de bataille. Dans la première surprise que causa cet événement, on regarda d'abord l'église comme polluée. Le chapitre oubliant qu'une bulle expresse de Benoît XIII autorisait l'abbé de Saint-Saturnin à procéder à la réconciliation de l'église si le cas advenait, demanda par son syndic aux vicaires-généraux de l'archevêque de Toulouse le pouvoir de réconcilier l'église. Cette demande ne fut pas plutôt adressée, qu'on se souvînt au chapitre de l'existence de la bulle, et du pouvoir qu'elle donnait, en cas d'absence de l'abbé, de s'adresser à tout autre évêque pour opérer la réconciliation. Dès-lors le syndic s'adressa à plusieurs évêques qui refusèrent d'accéder aux désirs du chapitre. Les vicaires-généraux rendirent une ordonnance qui déclarait l'église polluée et interdite; mais les théologiens du chapitre, en docteurs habiles, publièrent une thèse en bonne forme pour prouver que l'effusion du sang n'avait pas été assez abondante, pour que l'église eût besoin d'être réconciliée. Les choses en étaient là lorsque l'archevêque de Toulouse publia un mandement qui mettait l'église en complet interdit. Nous ignorons comment se termina cette terrible lutte; toutefois les enquêtes qui furent faites, et les dépositions des témoins que nous avons sous les yeux, nous font supposer qu'on reconnut que l'église n'avait pas été véritablement polluée.

La chapelle destinée à la sépulture des comtes fut réparée, cette année, par les soins des Capitouls. Ce fut à cette époque que l'on grava au-dessus de la porte l'inscription que nous avons déjà transcrite.

**1650.** — Les religieuses de la Visitation, fondées par saint François de Sales, évêque de Genève, s'établirent cette année à Toulouse sur la paroisse Saint-Saturnin. Une transaction fut passée entre le chapitre et ces religieuses au sujet de leur établissement qui se fit à certaines conditions mentionnées dans l'acte.

Un spectacle assez singulier fut, cette année, donné aux fidèles qui visitaient la basilique. Un ermite nommé Jérôme Menguet, né à Leyde, arriva à Toulouse et se rendit à la basilique. Il y passait les journées entières, la tête et les pieds nus, constamment appuyé contre l'un des piliers de l'église, ne parlant à personne, récitant son chapelet, et tenant ses yeux toujours fixés vers le ciel. Ce dévot personnage attira bientôt la curiosité publique : les bonnes femmes se tenaient devant lui comme en extase, et Raymond Daydé fut assez heureux pour lui faire rompre son long silence. Ce bienheureux ermite lui dit qu'il était venu des extrémités de la terre pour visiter la basilique; que saint Saturnin était fort célèbre en Turquie, et que les Turcs lui avaient assuré qu'il avait été disciple de saint Jean-Baptiste. C'est sans doute sur la parole de ce béat, que Daydé a avancé ce fait dans son histoire. Personne ne se serait attendu à trouver l'existence de saint Saturnin au premier siècle appuyée sur les traditions turques. Cet ermite disparut, ajoute

Daydé, sans qu'on pût savoir ce qu'il était devenu.

**1655 à 56.** — L'élévation solennelle du corps de saint Raymond eut lieu à cette époque avec toutes les circonstances que nous avons rapportées à l'article des reliques de ce Saint. Ces années furent remplies par les différents actes émanés de l'autorité du chapitre et des Capitouls, à l'occasion de l'élévation de ce corps. Cette solennité fut décrétée pour obtenir la cessation de la peste qui depuis long-temps désolait la ville de Toulouse. A la peste succéda la misère. Sur l'invitation des Capitouls, les maisons religieuses s'imposèrent extraordinairement ; le chapitre de Saint-Saturnin se montra très-généreux dans cette circonstance critique. — On doit placer en l'an 1655 l'établissement des religieuses hospitalières sur la paroisse Saint-Saturnin, par suite d'une transaction passée entre elles et le chapitre.

**1659.** — Le mariage de Louis XIV avec l'infante d'Espagne ayant été arrêté, ce prince traversa la France pour se rendre à Fontarabie. Il arriva à Toulouse le 14 octobre. Trois jours après, il se rendit à la basilique, accompagné de la Reine sa mère, du duc d'Anjou et de Mlle de Montpensier. Le Roi visita ce magnifique édifice dans le plus grand détail, et se prosterna avec toute sa cour devant les reliques des Saints qui y sont renfermées.

M. de Marca, nouvellement nommé à l'archevêché de Toulouse, visita aussi, cette année, la basilique; on ne lui en permit l'entrée qu'après qu'il eut déclaré par acte public qu'il respecterait les priviléges de l'abbaye. — Le pape Alexandre VII donna une bulle pour permettre à l'abbé et au chapitre de Saint-Saturnin de faire hommage au grand-maître de Malte d'une parcelle des reliques de Saint-Saturnin. Nous avons mentionné plus haut cette bulle, pour montrer l'authenticité des reliques de la basilique.

**1661 à 63.** — Si ces reliques étaient portées solennellement dans l'enceinte de la ville pour éloigner les calamités publiques, elles l'étaient aussi pour remercier le ciel des bienfaits accordés à la patrie. Ainsi, cette année, on fit une procession générale avec toutes ces reliques, en reconnaissance de la naissance du dauphin. Tous les corps de la ville assistèrent à cette brillante cérémonie. — Nous trouvons à cette époque plusieurs actes relatifs à l'établissement du séminaire de Saint-Charles sur la paroisse Saint-Saturnin. Ce séminaire, dirigé par les prêtres de Saint-Sulpice, était une propriété particulière de cette compagnie.

**1672-74-78.** — M. de Bonsy, archevêque de Toulouse, fait son entrée à la basilique après les protestations d'usage. — On construit le jubé pour l'orgue : nous avons parlé plus haut de cette construction. — M. de Carbon, qui avait succédé à M. de Bonsy, visite la basilique. Ce prélat, moins accommodant que ses prédécesseurs, eut à cette occasion un démêlé assez vif avec le chapitre, puisque nous trouvons, en 1682, un acte en forme de protestation du chapitre contre cet archevêque. — M. d'Effiat, qui était à cette époque abbé de Saint-Saturnin, n'était pas dans les ordres. Le chapitre voyant avec peine à sa tête un simple abbé minoré, il y eut commission du grand conseil pour faire assigner M. d'Effiat aux fins de se faire promouvoir aux ordres sacrés. — Cette époque devint mémorable dans la basilique par l'institution et la première célébration d'une solennité particulière, pour honorer toutes les reliques conservées dans son enceinte. Cette fête fut instituée par autorisation des vicaires-généraux de l'archevêque de Toulouse.

1681 à 98. — Les religieuses Salenques de l'ordre de saint Bernard s'établirent sur la paroisse de Saint-Saturnin : elles étaient gouvernées par une abbesse. — M. de Colbert, archevêque de Toulouse, visita la basilique après avoir déclaré, par acte public, qu'il n'entendait pas attaquer les prérogatives de l'abbaye. — Le chapitre de Saint-Saturnin prit une délibération assez singulière : il fit défense au maître de chapelle d'introduire des violons dans l'orchestre ; sans doute les chanoines jugèrent que cet instrument n'offrait pas assez de gravité dans ses sons pour être entendu dans une église. Les chapitres ne sont pas aujourd'hui aussi difficiles. — François Sanguin de Livry succéda à M. Ruzé d'Effiat dans la dignité abbatiale. Il occupa cette place l'espace de trente années.

### DIX-HUITIÈME SIÈCLE.

**1701.** — La basilique fut visitée cette année par deux princes de la maison royale : les ducs de Bourgogne et de Berry, au retour d'Espagne où ils s'étaient rendus pour accompagner leur frère, arrivèrent à Toulouse le 14 février ; les princes allèrent faire leurs dévotions à Saint-Saturnin et visitèrent toutes les reliques qui y sont honorées.

**1705.** — Depuis longtemps les communautés d'hommes se rendaient à la basilique à l'époque des processions générales, pour porter les reliques : cette année, elles voulurent se dispenser de ce religieux devoir. Le chapitre porta ses plaintes au Parlement qui, par un arrêt solennel, ordonna à ces communautés de se rendre, comme par le passé, à Saint-Saturnin pour porter les châsses des Saints. Cet arrêt ne pourrait être expliqué, si on ne regardait le transport de ces châsses dans les processions générales comme un service public.

**1706 à 1714.** — Le chapitre de la basilique eut à cette époque un démêlé assez vif avec celui de la métropole. Il était question d'une ordonnance qui appelait à Saint-Etienne tout le clergé de la ville pour des prières solennelles, à l'occasion de la santé du Roi. Le chapitre de Saint-Saturnin refusa de se rendre, prétendant que cette ordonnance était contraire à ses priviléges. — Il paraît que les prêtres de la congrégation de la Mission cherchèrent à s'établir sur le territoire de l'abbaye, puisque nous trouvons aux archives plusieurs actes et transactions passés entre eux et le chapitre de Saint-Saturnin, au sujet de leur établissement qui devait se faire à la condition expresse d'une redevance annuelle d'un cierge de cire blanche du poids d'une demi-livre. Le droit d'établissement n'était pas cher.

**1715 à 1720.** — M. de Beauveau, archevêque de Toulouse, fait son entrée solennelle à Saint-Saturnin, après avoir déclaré que son intention formelle était de respecter toujours les priviléges du chapitre. — M. de Burta, chanoine fait la fondation d'une Mission qui doit être donnée de cinq en cinq ans dans toute l'étendue du territoire de l'abbaye. — Plus tard, M. Georges de Cambolas, chanoine, fit une fondation semblable. Nous avons cru devoir consacrer ici le souvenir de ces institutions pieuses, si utiles aux yeux de la Religion, et dont il faudrait aujourd'hui renouveler, soutenir et perpétuer l'existence. — La station du Carême, à Saint-Saturnin, était celle qui était toujours la plus suivie ; les prédicateurs les plus éloquents s'y faisaient entendre ; la noblesse et les communautés religieuses avaient leurs places réservées, et on trouve aux archives une requête présentée au chapitre par le proviseur du collége de St-Bernard, pour avoir une place dans l'auditoire pendant tout le cours de la station. — Plus le chapitre de Saint-Saturnin était jaloux de ses prérogatives, et plus on se montrait rigoureux à son égard quand on croyait qu'il outre-passait ses droits. Ainsi, un chanoine de l'abbaye s'étant rendu à Saint-Etienne pour administrer le sacrement du baptême au fils de M. Caulet, et ayant fait porter avec lui le bougeoir et l'aumusse, il y eut acte de la part du syndic du chapitre métropolitain contre l'ambitieux chanoine, qui montra au pointilleux syndic qu'il n'y avait pas d'usurpation dans son fait. Heureux temps où l'on se disputait pour une aumusse !

1720 à 1730. — M. de Némond, archevêque de Toulouse, fait son entrée dans la basilique, et promet sur le seuil de l'édifice de ne jamais porter atteinte aux priviléges de l'abbaye. Les actes déposés aux archives donnent de très-grands détails sur les visites des archevêques de Toulouse dans la basilique, et offrent l'exposé fidèle du long cérémonial observé dans ces circonstances. Nous avons pensé que le récit de toutes ces réceptions particulières intéresserait peu nos lecteurs. —

D'après un ancien usage, le chapitre se rendait tous les ans, après les premières vêpres de saint Exupère, processionnellement au Capitole pour y recevoir la redevance des 24 livres de cire que les Capitouls donnaient à la basilique. On servait une collation aux chanoines, et les Capitouls les accompagnaient ensuite à l'église. Cet usage était depuis longtemps tombé en désuétude, lorsque le syndic de la ville chercha à le rétablir ; il ne fut pas heureux dans son dessein. Le chapitre persista dans son refus, et une ordonnance royale vint mettre mettre un terme à ce différend en faveur du chapitre. — M. Senguin de Livry venait de mourir, et il eut pour successeur dans la dignité abbatiale Henri de Rosset de Ceilhes de Roscoel.

**1730 à 1740.** — Les titres des archives ne nous présentent, à cette époque, que les mémoires concernant les dépenses qui furent faites pour le baldaquin actuel et la décoration du sanctuaire. Pour couvrir ces dépenses, qui se montèrent à la somme de six mille livres, on vendit la coupe générale des forêts de Castelginest, Samatan et St-Caprais. Nous avons donné plus haut la description de ce baldaquin, qui n'est point en harmonie avec le reste de l'édifice.

**1740 à 1791.** — Peu de faits, dignes de l'intérêt du lecteur, se rencontrent dans ce long espace de vingt-neuf années. — M. de Laroche Aymon, archevêque de Toulouse, visita l'église de Saint-Saturnin après les protestations d'usage. On fait plusieurs fondations en faveur des pauvres de cette paroisse. — M. de Fleurigny est nommé abbé de Saint-Saturnin et succède à M. de Roscoel. Cet abbé fit faire de très-grandes fouilles dans la basilique, pour acquérir la certitude que cet édifice n'était pas bâti sur pilotis. Ces fouilles, conduites avec beaucoup de soin dans toute l'étendue de la basilique, montrèrent la fausseté de cette opinion populaire, qui avait cru que le temple était bâti sur un vaste lac. — Nous trouvons aux archives plusieurs actes relatifs au séminaire de St-Charles et au chapitre, tels que transactions, contrats d'accords et d'opposition passés entre ces deux parties. — Messire Benoît d'Héliot, abbé du Parray-Neuf, laisse dans son testament un legs considérable pour l'entretien de pauvres ecclésiastiques désignés par le chapitre de la basilique. — M. de Narbonne Lara succède à M. de Fleurigny dans la dignité abbatiale. Il a été le dernier abbé de Saint-Saturnin.

Monsieur, comte de Provence, frère de Louis XVI, arriva à Toulouse en 1777. Pendant son séjour dans cette ville, ce prince visita la basilique de Saint-Saturnin et honora toutes les reliques qu'elle renferme.

**1791 à 1800.** — Nous touchons aux jours de

la révolution française, époque fatale où la Divinité fut bannie de ses temples, et où tout ce qui portait un caractère religieux tomba sous les coups des séïdes de l'impiété. La conservation presque miraculeuse des reliques de la basilique dans ces jours de spoliation sacrilége, les respects dont ces reliques furent entourées par les dépositaires même du pouvoir alors existant, sont à nos yeux une preuve nouvelle et éclatante de leur authenticité. Tous les faits que nous allons rapporter sont extraits textuellement du procès-verbal général et authentique qui fut dressé par ordre de M. l'archevêque de Toulouse en l'année 1807. Cette pièce de haute importance, conservée jusqu'à ce jour aux archives de l'archevêché, nous a été délivrée. Nous avons donc sous nos yeux les dépositions de tous les témoins ; et il est impossible de trouver des faits qui aient en leur faveur un plus haut degré de certitude.

La constitution civile du clergé venait d'être publiée. En vertu de cette constitution, le Père Hubert, provincial des Minimes, fut nommé curé de Saint-Saturnin. M. Castillon, pasteur légitime de la paroisse, cessa les fonctions de son ministère au mois de mai 1791. Depuis cette époque jusqu'au 27 février 1794, les châsses, bustes et reliquaires demeurèrent dans leur état primitif sans aucune espèce de fracture ou de violation. Cependant, le 11 octobre 1792, les commissaires du district s'étaient rendus à la basilique et avaient opéré le déplacement de la plaque d'argent qui recouvrait le tombeau de Saint-Saturnin, et du petit caisson renfermé dans le buste du Saint. Mais ces commissaires ayant reçu l'ordre de discontinuer leurs opérations, après leur départ la plaque fut replacée devant le tombeau, et le caisson renfermé de nouveau dans le buste.

Le 11 octobre 1794, les commissaires du district vinrent à Saint-Saturnin pour retirer toute l'argenterie de l'église. Ils appelèrent auprès d'eux le Père Hubert. Celui-ci, revêtu d'un surplis et d'une étole, à mesure qu'on dépouillait les bustes et les reliquaires de leur argenterie, en retirait les reliques et les remettait entre les mains du sieur Aubert, *mande des Corps Saints* depuis vingt-cinq ans. Ce dernier plaçait avec soin les reliques dans les armoires où l'on tenait les bustes et reliquaires, observant de les placer à droite ou à gauche, absolument à la même place qu'elles occupaient auparavant : Aubert fermait aussitôt à clef chacune de ces armoires. La sainte Epine, renfermée dans un tube de cristal, fut retirée du reliquaire de vermeil sans aucune *fracture*, et placée dans le tabernacle de la chapelle du Saint-Esprit. Quant aux grandes châsses de bois, on se contenta de les dépouiller de leur argenterie ; les châsses revêtues de feuilles de cuivre, furent laissées aussi entièrement intactes. L'orfèvre qui démontait les châsses, bustes et reliquaires, prit à la première levée 700 marcs d'argent, et plus de 1700 à la seconde.

Le dimanche 16 mars 1794, la basilique fut fermée, et tout culte cessa dans son enceinte. Quelque temps après, le Père Cassé, religieux de saint François de la grande observance, messieurs Gabriel Pierre Limes et François-Médard Pontié, laïques délégués par M. Dubourg, vicaire-général de M. de Fontanges, cherchèrent à préserver les reliques renfermées dans la basilique d'une profanation qui paraissait imminente. A cet effet, ils se rendirent dans la maison du sieur Passerieux, sacristain du chapitre. A sept du soir, ils pénétrèrent dans la basilique par la porte du cloître dont le sacristain s'était procuré la clef; ils étaient accompagnés des époux Passerieux et des époux Labat. Ayant trouvé les clefs nécessaires dans la sacristie, ils ouvrirent toutes les chapelles et armoires où les reliques avaient été renfermées à l'époque de la spoliation des bustes. Prenant successivement chaque paquet de reliques, ils l'enveloppaient dans un linge attaché par les quatre angles et scellé, ayant le soin de numéroter chaque paquet, et désignant la place d'où il avait été pris. Ils transportèrent ensuite dans la sacristie des *Corps Saints* toutes les grandes châsses, les rangeant par ordre, et plaçant au-dessus le nom du Saint auquel elles appartenaient. Toutes les reliques qu'ils avaient trouvées furent renfermées dans un coffre, et transportées d'abord à la maison de M. Pontié, et ensuite dans l'hôtel de Comminges. Le lendemain du jour où se fit l'enlèvement des reliques de la basilique, les mêmes personnes voulurent faire une seconde tentative, à l'effet d'enlever les grandes châsses; mais elles trouvèrent la porte fermée en dedans.

Le 22 juillet 1795, la liberté du culte fut rendue momentanément aux catholiques. Alors les trois commissaires ci-dessus désignés se rendirent à l'hôtel de Comminges pour procéder à la vérification des reliques et les placer dans des *capsules*, afin de faciliter leur translation à la basilique. Cette vérification se fit en présence de madame de Comminges, de mademoiselle Lelong, et M^lle de Poucharramet, pendant que ces pieuses Dames récitaient les Litanies des Saints. Le lendemain, M. Dubourg se rendit à l'hôtel de Comminges, accompagné des commissaires. Les *capsules* furent distribuées aux élèves de la pension de M. Pontié, qui les transportèrent à la basilique. Les reliques furent reçues solennellement par M. Dubourg; on les déposa sur le grand autel du chœur. Alors les commissaires prêtèrent le serment solennel entre les mains du vicaire-général, et aux pieds des autels, que les reliques qu'ils présentaient étaient absolument les mêmes que celles qu'ils avaient enlevées de la basilique, et qu'ils garantissaient sur la religion du serment l'intégrité et l'authenticité de ce précieux dépôt. Après la prestation du serment, les *capsules* furent replacées dans les armoires où se trouvait chaque relique avant le premier enlèvement ; on retrouva les autres reliques que les commissaires n'avaient point eu le temps d'enlever aux mêmes lieux où le Père Hubert les avaient placées. Enfin les grandes châsses furent aussi retrouvées intactes dans la sacristie des *Corps Saints*, et dans le même ordre qui y avait été établi lors de l'enlèvement nocturne opéré par les commissaires. Après cette première opération, M. Dubourg délégua messieurs Jean-Etienne-Margueritte Vidal et Jean-Denis Cailhive, prêtres, à l'effet d'apposer sur toutes les reliques les sceaux de M. de Fontanges.

Cette opération eut lieu dans l'après-midi du même jour. Les ecclésiastiques scellèrent successivement les *capsules* et les châsses, ainsi que toutes les autres reliques qui n'avaient point été enlevées de la basilique.

Au mois d'octobre 1795, l'église fut de nouveau enlevée aux catholiques et rendue aux constitutionnels qui y demeurèrent jusqu'au 14 novembre 1802. Les temps étaient devenus beaucoup plus calmes; on n'avait plus à craindre une profanation. Toutefois, pour préserver ces reliques de toute atteinte, dès que les constitutionnels eurent pris possession de la basilique, on apposa les sceaux de la république sur la plus grande partie des *capsules* et des châsses, et ce cachet demeura empreint sur elles jusqu'à l'époque de la vérification solennelle de toutes les reliques qui fut faite en 1807 ; en sorte que ce fut l'autorité publique elle-même qui veilla, pendant sept années, à la garde de ce précieux trésor.

### DIX-NEUVIÈME SIÈCLE.

**1807**. — Le fait le plus important de ce siècle, par rapport à la basilique, fut sans doute la vérification de toutes les reliques qui étaient renfermées dans son enceinte. Cette opération eut lieu dans l'année 1807. On tint onze séances dans les mois de juin, juillet et août, qui furent toutes présidées par M. de Barbazan, vicaire-général de Mgr. l'archevêque de Toulouse. M. Mathieu, curé de la paroisse, MM. les vicaires, les membres de la fabrique, les commissaires qui avaient opéré l'enlèvement des reliques en 1794, et plusieurs ecclésiastiques, assistèrent comme témoins à toutes ces séances, et signèrent en cette qualité le procès-verbal détaillé qui fut dressé à cette occasion [1].

---

(1) Voici les noms des signataires du procès-verbal. † M. J. Ph. évêque de Limoges. — MM. Barbazan, vicaire général. — Mathieu, curé de St-Sernin. — Mathieu, vicaire. — Flory, chanoine de St-Sernin. — Vidal, prêtre. — Cailhive, prêtre. — Papillon, reli-

**1808.** — Plusieurs membres de l'académie des sciences opérèrent des fouilles considérables dans la basilique, dans le désir d'obtenir la même certitude qu'on avait déjà obtenue sur l'absence totale d'un lac souterrain au-dessus duquel on prétendait que l'église avait été construite. Ces fouilles ne servirent qu'à constater l'existence de quelques allées souterraines déjà découvertes à l'époque où M. de Fleurigny avait ordonné de semblables fouilles.

**1812.** — La famille de Montmorency adressa, cette année, une demande à Mgr. l'archevêque de Toulouse, tendant à faire relever dans la chapelle de ce duc, située dans la basilique, l'ancien monument qui y existait autrefois. Ce monument était destiné à renfermer le cœur du maréchal. Le prélat renvoya la pétition de MM. Matthieu et Eugène de Montmorency au ministre des cultes, qui répondit qu'il accéderait à la demande de la famille, pourvu qu'elle s'engageât à payer à l'église une rente annuelle. Cette rente ne fut pas fixée par le ministre, mais il paraissait insinuer que la somme devait être assez élevée. La famille de Montmorency fit choix d'un honorable commissaire, qu'elle pria

---

gieux Feuillant. — Garrigou, prêtre. — Bruno Du Bourg. — Malpel. — Espigat. — Ruotte. — Gounon. — Limes. — Burc. — Ladevese, prêtre. — Lafont, prêtre. — Duprat. — Larrey, docteur en médecine. — Amouroux, secrétaire de l'Archevêque.

de prendre toutes les dispositions nécessaires avec l'autorité ecclésiastique et la fabrique de la paroisse, pour l'exécution de ce projet, la création de la rente, et la fondation d'un certain nombre de messes pour le repos de l'âme du maréchal. La famille pensait que le ministre des cultes avait mal appliqué la loi au sujet de la création de la rente, et ne paraissait vouloir l'accorder qu'à titre d'entretien du monument; le titre importait peu dans le fonds, pourvu que la rente fût créée. Le projet de la famille de Montmorency ne fut suivi d'aucune exécution.

**1814 à 1823.** — Le zèle du clergé de la basilique cherchait à réparer toutes les ruines de cet antique sanctuaire, et à effacer jusqu'aux dernières traces du vandalisme révolutionnaire. Alors on fit confectionner de nouvelles châsses et restaurer les anciennes. De simples feuilles d'or furent appliquées sur ces *capsules*, que recouvraient autrefois d'épaisses lames d'argent enrichies de brillantes pierreries. La basilique ne possède plus aujourd'hui les immenses richesses que la piété des Souverains, des Pontifes et des peuples avaient réunis dans son enceinte; mais elle est encore belle, et chaque année vient lui apporter un nouvel éclat. — Dans cette période de huit années, plusieurs grands personnages ainsi que quelques princesses ont visité l'antique basilique; on distingue parmi elles la noble fille de Louis XVI, Marie-Thérèse, et la princesse Amélie de Saxe, reine des Espagnes et des Indes.

1822. — Mgr. le cardinal de Clermont-Tonnerre avait eu l'idée de faire transporter une des principales reliques qui reposent dans la basilique dans l'un des établissements religieux de son diocèse. Il adressa, à ce sujet, une demande à l'autorité municipale. Le 18 avril, le conseil municipal, extraordinairement assemblé, répondit à Mgr. l'archevêque. Cette réponse est digne de remarque, et par la justesse des observations et par le sentiment de haute convenance qui y règne : nous rapportons ici les principales dispositions de cette réponse. « Le conseil municipal considérant que l'église de » Saint-Saturnin, recommandable par l'antiquité » de son origine, a toujours été en possession d'un » grand nombre de reliques ; que la forme de sa » construction annonce même cette destination » particulière ; que ce précieux dépôt a constam- » ment été confié à la surveillance des autorités ec- » clésiastiques et civiles, représentées autrefois par » l'abbé de Saint-Saturnin et les Capitouls, actuel- » ment par Mgr. l'archévêque de Toulouse et le » Maire ;

» Considérant que cette précieuse collection, » qui est en général le résultat des dons faits par » des Papes, des Rois, des Princes, excite la piété » non-seulement des habitants de la ville, mais

» même des étrangers qui viennent la visiter ; que,
» sous ce rapport, la ville a intérêt à sa conserva-
» tion intégrale ;

» Considérant que si on accordait cette trans-
» lation, chaque paroisse, maison religieuse ou
» congrégation réclamerait la relique de son patron
» ou fondateur ; que d'après l'exemple donné, il
» n'y aurait pas de motif de refus ; et qu'ainsi
» les caveaux de la basilique n'offriraient plus au
» public que des sujets de regrets et de plaintes ;

» PAR CES MOTIFS,

» Le conseil municipal ne peut qu'exprimer à
» Monseigneur l'Archevêque le désir de conserver
» dans la basilique toutes les reliques qui y sont
» renfermées.

» *Le Maire de Toulouse,*

» Baron DE BELLEGARDE. »

Le cardinal reconnut la vérité de toutes ces considérations, et n'insista pas.

**1830 à 1840.** — Dans cette dernière période des annales, a eu lieu la restauration intérieure de la basilique. Une teinte uniforme, entièrement semblable à la couleur antique, a été jetée sur les murs et les voûtes, et donne maintenant à l'intérieur de l'édifice un aspect sévère. Deux piliers de la grande nef ayant été ébranlés, il a fallu les reprendre en sous-œuvre et les reconstruire. Ce travail a été exécuté à grands frais, et toutes les dépenses ont été supportées par la ville.

Au moment moment ou nous traçons ces lignes le tombeau de saint Saturnin reçoit un embellissement remarquable ; les marches de pierre qui conduisent au baldaquin sont remplacées par des marches de marbre, et les murs latéraux sont recouverts de revêtements aussi de marbre ; on prépare encore une très belle mosaïque de marbre qui doit servir de pavé à la voute des cryptes sur laquelle s'élève le baldaquin.

Ici se terminent nos annales. Il est beaucoup de faits qu'il nous a été impossible de rapporter à cause de l'incertitude des dates. Il en est d'autres que nous avons cru devoir passer sous silence, soit à cause de leur peu d'importance, soit parce qu'ils n'avaient qu'un rapport assez éloigné avec la basilique ou l'abbaye : tels sont, par exemple, les faits qui regardent le collége de St-Raymond et la communauté des Dames chanoinesses de Saint-Saturnin. La marche que nous avons suivie en classant les faits année par année, nous a paru la plus naturelle. S'il y avait eu plus de continuité dans les événements, nos annales auraient pu être beaucoup plus étendues ; mais les interruptions fréquentes qui se sont présentées dans la série des faits rendant impossible l'emploi des transitions, il a fallu nécessairement se renfermer dans les bornes que l'histoire elle-même nous a prescrites.

# Pièces
## JUSTIFICATIVES.

# CATALOGUE

DES

TITRES ORIGINAUX ET AUTHENTIQUES,

FORMANT LA COLLECTION

## DES ARCHIVES DE LA BASILIQUE

TELLE QU'ELLE EXISTE EN 1840.

---

Les archives de la basilique occupent une salle carrée située à l'extrémité des galeries supérieures du côté du midi ; une porte en fer en ferme l'entrée. Les archives ne sont point classées par ordre chronologique, mais bien par ordre de matières. On peut les diviser en archives fermées et en archives ouvertes ; les premières sont contenues dans quatre grandes armoires à clef, divisées en 24 étagères portant autant de numéros. Sous chacun de ces numéros, sont compris des sacs et des liasses qui renferment à leur tour des titres aussi numérotés. Les autres archives se composent d'une infinité d'atres titres beaucoup moins importants que ceux des premières. Nous donnerons plus bas leur classification.

### 1re DIVISION DES ARCHIVES (fermées).

Cette division comprend 24 numéros. Il y a peu de

liasses ou sacs qui conservent aujourd'hui la totalité de leurs titres ; c'est ce qui nous a déterminé à ne pas suivre ici cette subdivision. Nous nous arrêterons seulement à la grande division générale par les numéros marqués sur les armoires et dans leur ordre.

## N° 1.

— Charte originale de Charles-le-Chauve en faveur des églises de Saint-Saturnin, de Saint-Etienne et la Daurade, enfermée dans une boîte de ferblanc.

— Donations anciennes faites en faveur du chapitre de Saint-Saturnin de plusieurs biens et dîmes (*liasse* 1).

— Priviléges et exemptions accordés par divers Rois de France et comtes de Toulouse à l'abbé et chapitre de Saint-Saturnin, avec quelques actes concernant Raymond, comte de Toulouse, comme excommunié. (*liasse* 2).

— Priviléges et exemptions accordés par divers Papes à l'abbé et chapitre de Saint-Saturnin. (*liasse* 3).

— Priviléges et exemptions accordés par divers Papes à l'abbé et chapitre de l'église de Saint-Saturnin (*liasse* 4).

— Priviléges et exemptions accordés par divers Papes à l'église de Saint-Saturnin (*liasse* 5).

— Priviléges et exemptions accordés aux chanoines de l'église de Saint-Saturnin par divers Papes (*liasse* 6).

— Divers mémoires concernant les priviléges et exemptions accordés à l'abbé et chapitre de Saint-Saturnin par divers Papes et Rois de France. (*Sac* A, *liasse* 1).

— Mémoires et arrêts sur le droit qu'a le chapitre de Saint-Saturnin, *sede vacante*, de conférer les canonicats qui sont de la nomination de l'abbé. (*Sac* A, *liasse* 2).

— Arrêt du parlement de Paris, qui maintient messire Michel d'Azemar en pleine possession du canonicat de M. de Tarraube contre M. Louis Lacase qui le contestait. (*Sac* A, *liasse* 3).

— Transactions par lesquelles le chapitre de Saint-Saturnin donne permission à divers religieux et religieuses de bâtir des églises et couvents dans la paroisse de Saint-Saturnin sous certaines redevances. (*Sac* A N, *liasse* 1).

— Procès entre le chapitre de St-Saturnin et les prêtres de la congrégation de la Mission, pour l'établissement desdits prêtres sur la paroisse Saint-Saturnin. (*Sac* A N, *liasse* 2).

— Titres de garde gardienne et de *committimus* aux requêtes du palais à Toulouse, en faveur du chapitre de Saint-Saturnin. (*Sac* B C).

— Pièces du procès sur la modération de la taxe de la Chambre apostolique pour la vacance de l'abbaye, et la taxe que l'abbé doit payer à ladite chambre. (*Livre* 2).

## N° 2.

— Extraits des bulles des papes Jean XXII, Paul III, Paul IV et autres papes, en faveur du couvent de Saint-Orens. (*liasse* 3).

— Protestations faites par le chapitre de Saint-Saturnin contre l'archevêque de Toulouse et le chapitre de Saint-Etienne, au sujet des processions. (*liasse* 7).

— Titres concernant les différends entre l'archevêque de Toulouse et le chapitre de Saint-Saturnin, au sujet des droits de procuration et autres faits. (*liasse* 8).

— Titres communs entre l'abbé de Saint-Saturnin et

chapitre, comme transactions, au sujet des collations des bénéfices. Présentations aux cures. (*liasse* 9).

— Sécularisation et division des manses avec des transactions sur la collation des bénéfices et autres faits. (*liasse* 10).

— Protestations et délibérations du chapitre de Saint-Saturnin contre divers archevêques de Toulouse; ordonnances des archevêques au sujet des processions; arrêts au sujet des différends entre le chapitre de Saint-Saturnin, de Saint-Etienne et religieux de la Daurade. (*Sac* B).

— Procès entre l'archevêque de Toulouse et le chapitre de Saint-Saturnin au sujet de la réconciliation de l'église dudit, la bénédiction des ornements et le portement de la croix devant l'archevêque. (*Sac* C).

— Déclarations des archevêques de Toulouse au chapitre de Saint-Saturnin; actes communs à ce chapitre et à celui de Saint-Etienne. (*Sac* E).

— Ordonnance contre ceux qui tirent des titres des archives, avec les monitoires contre les détenteurs de ces titres. (*Sac* F).

— Lettres-patentes des rois François Ier et Henri II en faveur de la sécularisation du chapitre de Saint-Saturnin; division de la manse de l'abbé et du chapitre; transactions entre ces deux parties et autres faits. (*Sac* G).

— Titres concernant la sécularisation et division des manses de l'abbé et chapitre de Saint-Saturnin. (*Sac* H).

— Procès de la réformation du chapitre de Saint-Saturnin. (*Livre* 1).

— Procès entre l'administrateur de l'abbaye de Saint-Saturnin et le chapitre, pour raison de certaines pensions canoniales. (*Livre* 2).

— Prise de possession par le chapitre des prieurés et offices dépendants de l'abbaye. ( *Livre* 3 ).

## N° 3.

— Transactions concernant les droits de chapelle dus par l'abbé de Saint-Saturnin lors de sa réception. ( *liasse* 11 ).

— Amortissement des biens acquis par l'abbé et le chapitre de Saint-Saturnin faits par divers Rois de France. ( *liasse* 12 ).

— Titres concernant le droit de chapelle de l'abbé de Saint-Saturnin, avec une transaction au sujet de l'entretien de l'orgue et des réparations de l'église. ( *Sac* J ).

— Quittances de finances pour droits d'amortissement avec des procédures, consultations, mémoires, déclarations du Roi, arrêts du grand conseil concernant lesdits amortissements. ( *Sac* L ).

— Hommages et dénombrement faits au Roi par le chapitre de Saint-Saturnin, le chantre et par le commandeur de Samatan. ( *Sac* M ).

## N° 4.

— Donations, présentations et autres titres concernant le prieuré de Vic-de-Sos. ( *liasse* 13 ).

— Arrêts en faveur du chapitre au sujet du possessoire du prieuré de Vic-de-Sos. ( *liasse* 14 ).

— Titres concernant le prieuré de Martres et le four banal que le prieur a le droit d'avoir dans ledit lieu. ( *liasse* 15 ).

— Titres concernant le prieuré de Martres-Toulousaines et du four banal dudit lieu. ( *Sac* O, *liasse* 1 ).

— Actes concernant le couvent de Bonnefond, avec un mémoire pour le chapitre de Saint-Saturnin. ( *Sac* O, *liasse* 2 ).

— Enquête faite suivant l'arrêt du Parlement de Bordeaux, au sujet du prieuré de Vic-de-Sos. ( *Livre* 1 ).

— Arrêt du 12 mai 1554, ou maintenue du prieuré de Vic-de-Sos. ( *Livre* 2 ).

## N° 5.

— Titres concernant le prieuré de Bayou au diocèse de Rieux. ( *liasse* 16 ).

— Titres concernant le prieuré de Saverdun et ses dépendances. ( *liasse* 17 ).

— Autres titres concernant le même prieuré. ( *liasse* 18 ).

— Procédure faite par le syndic du chapitre de Saint-Saturnin contre la veuve de Guillaume Thalazac, pour ce qu'il devait audit chapitre pour la ferme du prieuré de Montoussin. ( *Sac* P, *liasse* 1 ).

— Pièces du procès du chapitre de Saint-Saturnin et du curé de Montoussin, au sujet de sa portion congrue et celle de son vicaire. ( *Sac* P, *liasse* 2 ).

— Transaction passée entre le chapitre de Saint-Saturnin et le curé de Montoussin, au sujet de la portion congrue. ( *Sac* P, *liasse* 3 ).

— Titres et procès concernant le prieuré de Bayou au diocèse de Rieux. ( *Sac* Q ).

— Titres concernant le prieuré de Saverdun et ses dépendances. ( *Sac* R ).

— Pièces du procès entre le syndic du chapitre de Saint-Saturnin et le fermier-général des domaines de France. ( *Sac* S ).

— Procès de la réformation du chapitre. ( *Livre* 1 ).

— Procès entre l'administrateur de l'abbaye de Saint-Saturnin et le chapitre, pour raison de certaines pensions canoniales. ( *Livre* 2 ).

— Prises de possession par le syndic du chapitre des prieurés et offices dépendants dudit chapitre. ( *Livre* 3 ).

## No 6.

— Titres concernant le prieuré de Calmon. ( *liasse* 19 ).

— Titres concernant le prieuré d'Ancilloux, dépendant du prieuré de Calmon. ( *liasse* 20 ).

— Titres concernant le prieuré de Lavelanet et ses dépendances. ( *liasse* 21 ).

— Autres titres concernant le prieuré de Calmon. ( *Sac* F ).

— Arrêt en faveur du chapitre de Saint-Saturnin contre M. de Château-Verdun, et maintenue des métairies de Béguilhac et Nauriolle. ( *Sac* V ).

— Titres et procès concernant le prieuré de Lavelanet et ses dépendances, et le prieuré de la Roque d'Olmes. ( *Sac* X ).

## No 7.

— Procès contre Jean Nagoa et Jean Coque, emphythéotes du prieuré de Goulard. ( *liasse* 9 ).

— Titres concernant le prieuré d'Artaxonne en Espagne. ( *liasse* 23 ).

— Titres concernant la commanderie de Samatan. (*liasse* 24).

— Titres concernant la permute du prieuré d'Artaxone avec la commanderie de Samatan. (*liasse* 25).

— Titres concernant le prieuré de Mauvezin. (*liasse* 26).

— Titres concernant le différend entre le chapitre de Ronceveaux et les cordeliers de Samatan. (*Sac* A A, *liasse* 1).

— Autres titres sur le même objet. (*Sac* A A, *liasse* 2).

— Vérifications et relations d'experts, polices et autres actes concernant l'état et réparations de l'église de Samatan. (*Sac* A A, *liasse* 3).

— Sentence arbitrale et jugement de requête concernant le prieuré de Samatan. (*Sac* A A, *liasse* 4).

— Pièces d'un procès entre le chapitre de Saint-Saturnin et le chapitre de Lombez. (*Sac* A A, *liasse* 5).

— Titres et mémoires concernant le prieuré de Mauvezin. (*Sac* C C).

— Titres concernant le prieuré d'Artaxonne. (*Sac* Y).

— Titres relatifs à la commanderie de Samatan. (*Sac* Z).

— Censives du prieuré de Mauvezin. (*Livres* 1 et 2).

— Reconnaissances du lieu de Goulard. (*Livre* 3).

## N° 8.

— Titres concernant le prieuré de Blagnac. (*liasse* 27).

— Arrêts et actes en faveur du chapitre de St.-Saturnin contre l'archevêque de Toulouse, au sujet de Blagnac. (*liasse* 28).

— Titres concernant le prieuré d'Auzielles, Préserville et Gauré. (*liasse* 29).

— Autres titres concernant le prieuré de Blagnac. (*Sac* D D).

— Autres titres concernant les prieurés d'Auzielles, Préserville et Gauré. (*Sac* E E).

— Verbal d'exécution d'arrêt qui maintient le chapitre de Saint-Saturnin dans le prieuré de Blagnac. (*Livre* 1).

### N° 9.

— Arrêt du grand Conseil, qui maintient le chapitre de Saint-Saturnin en possession du prieuré de Layrac. (*liasse* 30).

— Titres concernant le prieuré de Robillon au diocèse d'Agen. (*liasse* 31).

— Titres concernant le prieuré de Lavelanet, et enquête contre le prieur de Saint-Jean-de-Jérusalem de Toulouse, au sujet des dîmes du terroir de Cavalar et de Rey. (*liasse* 32).

— Titres concernant les dîmes du chapitre de Saint-Saturnin touchant les églises de St-Anatoly, St-Jeory, St-Martin de Fanjoue. (*liasse* 33).

— Titres concernant le prieuré de Rouillon au diocèse d'Agen. (*Sac* F F).

### N° 10.

— Titres concernant la seigneurie de Castelginest, et conventions faites entre l'abbé de Saint-Saturnin et les habitants dudit lieu. (*liasse* 34).

— Titres concernant le lieu de Val-Segur et ses dépendances. (*liasse* 35).

— Titres concernant Castillon et Vilaigo. (*liasse* 36).

— Titres concernant les justices de Castelginest, Gratentour, Vacquiés, Grizolles, St-Sauveur, et Labastide-St-Sernin. (*liasse* 42).

— Procès entre le chapitre de Saint-Saturnin et Pierre Marqué, obituaire de l'obit fondé par M. Forestier. (*Sac* G G).

— Actes concernant le lieu de Val-Segur. (*Sac* HH).

— Mandements faits par les auditeurs des comptes au sujet des aumônes. (*Sac* J J, *liasse* 1).

— Titres concernant la seigneurie de Castelginest. (*Sac* J J, *liasse* 2).

— Mémoires concernant les enterrements des membres du chapitre. (*Sac* J J, *liasse* 3).

— Autres titres concernant la seigneurie de Castelginest. (*Sac* Y Y).

— Répertoire des titres de Castelginest et des censives dues au chapitre. (*Livre* 1).

— Vente faite par l'abbé de Saint-Saturnin au chapitre de la seigneurie de Castelginest. (*Livre* 2).

— Taille de Castelginest. (*Livre* 3).

## N° 11.

— Titres concernant la seigneurie de Gratentour. (*liasse* 37).

— Autres titres concernant la même seigneurie. (*liasse* 38).

— Titres concernant la seigneurie de Vacquiés et Grisolles. (*liasse* 39).

— Procédures contre divers emphytéotes. (*Sac* B F).

— Ordonnances du grand-maître des eaux-et-forêts pour la coupe des bois dont le prix est destiné au baldaquin; à la perfection de l'autel et sanctuaire du chœur de l'église de Saint-Saturnin. ( *Sac* J O ).

— Police passée entre les commissaires du chapitre et le sieur Moisset, au sujet de la chapelle d'argent de l'autel du chœur. ( *Sac* L F ).

— Titres concernant la seigneurie de Gratentour. ( *Sac* L L, *liasse* 1 ).

— Procès du syndic du chapitre de Saint-Saturnin contre M. de Viguerie, au sujet de la justice de Gratentour. ( *Sac* L L, *liasse* 2 ).

— Achat fait par divers particuliers de certains fonds sis à Gratentour. ( *Sac* LL, *liasse* 3 ).

— Procédure du chapitre de Saint-Saturnin contre les habitants de Gratentour. ( *Sac* L L, *liasse* 4 ).

— Divers exploits contre divers emphytéotes en faveur du chapitre de Saint-Saturnin, au sujet du lieu de Gratentour. ( *Sac* L L, *liasse* 5 ).

— Nominations consulaires de Gratentour, présentées au chapitre de Saint-Saturnin. ( *Sac* L L, *liasse* 6 ).

— Polices passées avec les marbriers et autres pour la décoration de l'autel du chœur avec leurs quittances et reçus. ( *Sac* L T, *liasse* 1 ).

— Compte des ouvriers au sujet du bas-relief et anges de l'autel du chœur. ( *Sac* L T, *liasse* 2 ).

— Actes concernant la seigneurie de Gaffelage. ( *Sac* M M ).

— Titres seigneuriaux de Grizolles. ( *Sac* N N ).

## No 12.

— Lettres de sauvegarde du roi Charles, en faveur de l'abbé et chapitre de Saint-Saturnin, avec le procès-verbal concernant la métairie de Montisalguié (Saint-Caprasy). (*liasse* 9).

— Titres concernant le prieuré de Quint. (*liasse* 40).

— Titres concernant les droits du chapitre de Saint-Saturnin sur le lieu de Puybusque. (*liasse* 51).

— Titres concernant l'hommage dû au chapitre de Saint-Saturnin par M. de Castelnau. (*liasse* 52).

— Achat fait par l'abbé de Saint-Saturnin de plusieurs arpents de terre au lieu de Montisalguié. (*liasse* 59).

— Titres concernant la métairie de Montisalguié. (*Sac* A S).

— Titres concernant l'hérédité de M. Dulot, chanoine de Saint-Saturnin. (*Sac* B L).

— Mémoires sur les fonctions curiales sur la paroisse du Taur. (*Sac* F F).

— Extraits mortuaires des membres du chapitre; pièces du procès contre Jean Larrieu, vicaire perpétuel. (*Sac* M M M).

— Procès entre le chapitre et le curé de Pechbonieu. (*Sac* O O, *liasse* 1).

— Exploits contre divers emphytéotes en faveur du chapitre de Saint-Saturnin ; du lieu de Belvèse et la Cournaudrie. (*Sac* O O, *liasse* 2).

## No 13.

— Titres concernant la distraction des décimes des

prieurés que le chapitre possède dans plusieurs diocèses. (*Sac* Q Q, *liasse* 1).

— Procès entre le chapitre de Saint-Saturnin et celui de Pamiers, à raison des décimes. (*Sac* Q Q, *liasse* 2).

— Quittances des décimes payées par le chapitre de Saint-Saturnin pour les bénéfices qui en dépendent. (*Sac* Q Q, *liasse* 3).

— Mémoires du chapitre touchant le tour de messieurs les chanoines pour l'entrée au bureau diocésain. (*Sac* Q Q, *liasse* 4).

— Procès de M. de Saget, chantre du chapitre de Saint-Saturnin, contre ledit chapitre, au sujet de la députation au bureau diocésain. (*Sac* Q Q, *liasse* 5).

— Titres concernant la distraction des décimes du chapitre de Saint-Saturnin au diocèse de Rieux. (*Sac* R R, 3 *liasses*).

— Titres concernant la distraction des décimes que le chapitre de Saint-Saturnin possède sur divers biens au diocèse de Pamiers. (*Sac* S S).

— Titres concernant la distraction des décimes du chapitre de Saint-Saturnin au diocèse de Lombez. (*Sac* V V).

— Titres concernant la distraction des décimes du chapitre de Saint-Saturnin aux diocèses de Mirepoix et de Montauban. (*Sac* X X).

— Verbal de la distraction des décimes au diocèse de Toulouse. (*Livre* 1).

— Procès-verbal de l'assemblée générale du clergé de France. (*Livre* 2).

— Recette des décimes au diocèse de Toulouse. (*Livre* 3).

— Cotisation des décimes au diocèse de Toulouse. ( *Livre* 4 ).

— Comptes rendus de l'affranchissement de la capitation du chapitre au diocèse de Toulouse. ( *Livre* 5 ).

### N° 14.

— Titres concernant les reliques et la Table des Corps Saints. ( *liasse* 43 ).

— Titres concernant messieurs les chanoines, tant en général qu'en particulier, et monsieur le chantre. ( *liasse* 44 ).

— Arrêts et transactions entre le chapitre de Saint-Saturnin et les prébendés dudit. ( *liasse* 45 ).

— Quittances de rentes payées par le chapitre à plusieurs particuliers ; mémorial de ce que l'abbé de Saint-Saturnin payait au chapitre pendant la régularité ; déclaration faite par le camérier du chapitre aux commissaires apostoliques des fruits et revenus de sa charge ; attestations données par les professeurs aux chanoines de Saint-Saturnin étudiants en l'Université ; pièces fixant la présence aux études et grades de l'Université. ( *Sac* A B, *plusieurs liasses* ).

— Lettres de divers chapitres sur le cérémonial des abbés, l'enterrement des chanoines, et autres faits. ( *Sac* A B *bis* ).

— Lettres concernant le grand chantre du chapitre de Saint-Saturnin. ( *Sac* A C ).

— Titres concernant les différends entre le chapitre et les prébendés. ( *Sac* A D ).

— Mémoire contre le syndic de la Table des Corps Saints, au sujet de la prestation du serment par lui demandée au chapitre. ( *Sac* B S ).

— Titres concernant la Table des Corps Saints, les reliques, et autres matières curieuses. (*Sac* Y Y).

— Autres titres concernant la Table des Corps Saints et les reliques. C'est dans ces sacs que se trouvent en grande partie les procès-verbaux touchant l'élévation de plusieurs reliques. (*Sac* Z Z).

— Arrêts concernant l'abbé, la Table des Corps Saints, le bois de Belbosc, et le four banal de Vacquiés. (*Livre* 1).

## N° 15.

— Actes concernant les Dames chanoinesses de Saint-Saturnin. (*liasse* 46).

— Actes concernant le collége de Saint-Raymond. (*liasse* 47).

— Actes concernant l'établissement des Augustins dits de Saint-Orens à Toulouse, par l'abbé et chapitre de Saint-Saturnin. (*liasse* 78).

— Actes concernant le monastère des Dames chanoinesses de Saint-Saturnin ; actes concernant le collége Saint-Raymond, sa fondation, ses statuts ; l'élévation des reliques de ce Saint. (*Sac* A F, *plusieurs liasses et livres*).

— Titres concernant plusieurs rentes faites par l'abbaye de Grand-Selve au chapitre de Saint-Saturnin ; baux à ferme faits par le vicaire-général de l'abbé de Grand-Selve en faveur du chapitre de Saint-Saturnin. (*Sac* B A, *plusieurs liasses*).

— Titres concernant la fondation de l'église de Saint-Saturnin, l'orgue, l'horloge, la sacristie du chapitre, la maîtrise, les œuvres pies, le bouillon des pauvres et autres faits. (*Sac* B F, *plusieurs liasses*).

— Constitutions de rentes en faveur du chapitre de Saint-Saturnin sur plusieurs hôtels, maisons et biens des particuliers. ( *Sac* B R ).

— Mémoire concernant les fonctions curiales au collége Saint-Raymond. ( *Sac* O O ).

— Cartulaire contenant les donations anciennes, priviléges et exemptions, et autres titres fondamentaux concernant l'église de Saint-Saturnin et ses dépendances. ( *Livre* 1 ).

## N° 16.

— Actes contre Jean Larrieu, vicaire perpétuel, et ses prédécesseurs, ( *liasse* 48 ).

— Pièces concernant les différends entre le chapitre et les vicaires perpétuels du Taur. ( *Sac* A J, *plusieurs liasses et livre* ).

— Productions contre M. le vicaire perpétuel au sujet de ses titres et autres faits. ( *Sacs* A G. A H ).

— Titres concernant la chapelle de Notre-Dame de Bonne-Nouvelle ; Notre-Dame la Belle ; la fondation de la messe du Saint-Esprit ; la pierre précieuse nommée *camayeu* ; la confrérie de Saint-Joseph, et les Missions fondées sur la paroisse de Saint-Saturnin. ( *Sac* A L ).

— Indultaires et brevetaires concernant la jouissance des fruits des prébendes canoniales. ( *Sac* A M ).

— Procès entre le chapitre et M. de Resseguier, vicaire perpétuel, au sujet de sa portion congrue. ( *Sac* A P ).

— Notifications des grades faites au chapitre par les étudiants en l'Université. ( *Sac* B D ).

— Pièces concernant l'administration des Sacrements et les sépultures dans le cloître et cimetière de la paroisse ; procès de M. Larrieu. ( *Sac* O A, *plusieurs liasses* ).

— Actes en faveur du chapitre et curés primitifs contre les vicaires perpétuels. ( *Sac* O E ).

— Certificats de plusieurs chapitres et églises abbatiales touchant le cérémonial des abbés et l'enterrement des chanoines ; statuts sur les droits honorifiques de l'abbé de Saint-Saturnin ; pièces concernant les instructions du chapitre contre M. de Ceilhes, abbé de Saint-Saturnin, touchant plusieurs actes de l'administration du culte ; lettres-patentes qui règlent la prestation du serment de l'abbé en qualité de conseiller-clerc au Parlement ; réponse du chapitre au mémoire de l'abbé sur les droits honorifiques. ( *Sac* P P P ).

### N° 17.

— Arrêt de condamnation pour certains particuliers nommés aux actes, pour payer les arrérages d'une rente due. ( *liasse* 40 ).

— Plusieurs liasses contenant les actes concernant les fiefs que le chapitre de Saint-Saturnin possédait dans les appartenances de Toulouse. Les noms des fiefs sont marqués aux titres.

### Nos 18 et 19.

— Ces numéros se composent exclusivement de titres et actes concernant les fiefs que le chapitre de Saint-Saturnin possédait dans les appartenances de Toulouse. Le nom des fiefs est marqué aux titres.

### N° 20.

— Plusieurs liasses renfermant les titres relatifs aux

actes concernant encore les fiefs du chapitre de Saint-Saturnin dans les appartenances de Toulouse.

— Pièces concernant les différends du chapitre et les colléges de Mirepoix, de Saint-Bernard ; actes concernant plusieurs baux à fiefs. ( *Sac* A F ).

— Pièces du procès du chapitre contre M. de Périer ; jugements en faveur du chapitre contre plusieurs particuliers ; procès du chapitre et les religieux de Saint-Roch. ( *Sac* A S ).

— Actes contre divers emphytéotes. ( *Sac* A V ).

— Titres concernant l'hérédité de M. Andrieu, prébendé de Saint-Saturnin. ( *Sac* A Y ).

### N° 21.

— Titres concernant les dimes du chapitre dans la paroisse Saint-Saturnin. ( *liasse* 73 ).

— Titres divers, extraordinaires et sans suite. ( *liasse* 79 ).

— Titres étrangers qui peuvent servir en certaines occasions. ( *liasse* 80 ).

— Actes concernant les droits des décimes dans la paroisse. ( *Sac* A X ).

— Titres divers, extraordinaires et sans suite ; relation de la réception des ducs de Bourgogne et de Berri à Toulouse ; du feu d'artifice et autres choses remarquables que le chapitre de Saint-Saturnin fit à la naissance du duc de Bretagne ; Arrêts au sujet des offices des conseillers-clercs ; procès entre le syndic du chapitre et le fermier des droits patrimoniaux de Toulouse ; convention entre le chapitre et le sieur Casseyrol, procureur au Parlement. ( *Sac* B G, *plusieurs liasses* ).

— Statuts du chapitre de Saint-Saturnin sur le vestiaire des chanoines, leur réception, leur enterrement, et divers autres faits. ( *Sac* B J ).

— Titres concernant le chapitre de Saint-Etienne. ( *Sac* C H ).

— Plusieurs cadastres et mémoires de reconnaissance. ( *Sac* C G ).

— Procès entre le syndic du chapitre de Saint-Saturnin et les religieux de la Merci. ( *Sac* Y Z ).

### N° 22.

— Fondations des chapellenies ou obits, faites par divers particuliers dans l'église Saint-Saturnin. ( *plusieurs liasses* ).

— Fondation faite par M. d'Augouste, prébendé de Saint-Etienne.

### N° 23.

— Reconnaissances en matière féodale par des particuliers en faveur du chapitre Saint-Saturnin. ( *liasse* 30 ).

— Déclarations du Roi et arrêts du grand Conseil touchant les exemptions des ecclésiastiques de la province du Languedoc. ( *Sac* B H ).

— Répertoire et inventaires du chapitre en matière féodale ; édits du Roi réglant les droits des féodistes et plusieurs autres matières. ( *Sac* B L ).

— Recueil de pièces concernant les droits seigneuriaux ; recettes et ventes faites par le trésorier du chapitre. ( *Sac* O Y ).

N° 24.

— Plusieurs liasses contenant les plans de tous les fiefs et terres du chapitre de Saint-Saturnin.

— Plusieurs sacs contenant les actes concernant l'aliénation des biens du chapitre.

— Actes concernant l'hérédité de MM. Rudelle et Valette, chanoines de Saint-Saturnin.

2e **DIVISION DES ARCHIVES** (ouvertes).

Cette Division comprend plusieurs Catégories que nous allons indiquer.

PREMIÈRE CATÉGORIE.

*Les Terriers.*

Les terriers sont des registres qui renferment le catalogue des héritages seigneuriaux ; le détail des droits, cens et rentes attachés aux terres seigneuriales. Cette catégorie renferme environ trente à trente-cinq registres distingués entre eux par les lettres de l'alphabet, quelquefois doublées. Les terriers occupent la partie droite des archives, située près la porte d'entrée.

2e CATÉGORIE.

*Les Liéves.*

On entend par le mot de liéves des extraits des registres terriers pour servir de mémoire au receveur, afin de faire payer les cens et rentes des terres seigneuriales. Cette catégorie renferme peu de liéves, elle occupe la partie droite des archives près la porte d'entrée.

### 3e CATÉGORIE.

#### Cadastres et Arpentements.

Ces mots sont connus : cette catégorie est encore peu nombreuse ; elle occupe la même partie des archives que les précédentes.

### 4e CATÉGORIE.

#### La Pointe.

Cette catégorie, très-peu importante, est composée de grands registres où l'on marquait, jour par jour, l'absence des chanoines et des prébendés aux offices du chœur ; elle occupe la même partie des archives que les précédentes.

### 5e CATÉGORIE.

#### Recettes et Dépenses.

Cette catégorie renferme tous les registres des recettes et des dépenses du chapitre de l'église abbatiale ; de la Table des Corps Saints, et des autres confréries établies dans la basilique, elle est composée d'un assez grand nombre de livres dont la plupart sont dans un état complet de vétusté. Cette catégorie occupe la même partie des archives que les précédentes.

### 6e CATÉGORIE.

#### Les Procès.

Cette catégorie renferme les pièces de tous les

procès soutenus par le chapitre, ou intentés contre lui, depuis sa fondation jusqu'à la révolution. Ces pièces sont renfermées dans des sacs distincts et numérotés jusqu'au nombre 100. Chaque numéro renferme plusieurs liasses. Cette catégorie offre quelques lacunes ; elle occupe les étages numérotés qui sont placés vis-à-vis les grandes armoires.

### 7e CATÉGORIE.

#### *Délibérations capitulaires.*

Dans cette catégorie se trouvent toutes les délibérations du chapitre de Saint-Saturnin, classées année par année: elles sont inscrites dans de petits registres qui sont placés à côté des pièces des procès.

### 8e CATÉGORIE.

#### *Les Comptes rendus.*

Cette catégorie est sans doute la plus nombreuse de la seconde division des archives ; elle renferme tous les comptes rendus par les divers trésoriers du chapitre, depuis les temps les plus reculés jusqu'à la destruction de ce corps. Les pièces qui la composent sont renfermées dans des sacs distincts et numérotés année par année. Ces sacs sont placés en partie au-dessus des étages, et en partie suspendus à de longues chevilles dans la partie supérieure autour de la salle.

### 9e CATÉGORIE.

#### *La Quotidienne.*

Cette catégorie renferme les cahiers où se trouve consigné le relevé général de la distribution manuelle ou des petits émoluments provenant des obits et fondations ; cette catégorie est très-peu importante. Les cahiers sont renfermés pour la plupart dans des sacs qui sont placés au-dessus des grandes armoires.

## 10e CATÉGORIE.

### Le Notulaire.

On entend par ce mot une collection de notules ou petites notes servant d'éclaircissement à d'autres écrits. Ce notulaire renferme un nombre considérable de papiers sur différentes matières.

Ces papiers sont classés année par année. Cette catégorie n'est point complète et offre peu d'intérêt. Le notulaire occupe des étages placés vis-à-vis les grandes armoires.

Les archives renferment encore 1º des livres de chant, dont quelques-uns sont de très-beaux manuscrits sur parchemin vélin et en grand format ; 2º plusieurs missels romains et livres d'église en assez mauvais état ; 3º un manuscrit en vélin, relié en maroquin noir avec ornements, coins et fermoirs de cuivre. Ce manuscrit renferme la collection de tous les priviléges et instruments qui regardent la Table des Corps Saints ; là on trouve plusieurs anciens inventaires des joyaux, châsses, reliquaires, bustes d'or et d'argent et ornements de la basilique ; plusieurs bulles des Papes et donations, et l'histoire de l'élévation des Corps Saints. Ce manuscrit est très-précieux, et nous a été très-utile pour la partie de notre ouvrage qui traite des reliques honorées à Saint-Saturnin ; 4º deux caisses longues renfermant les offices imprimés des saintes reliques.

# ADNOTATIONES

### RUINARTII

## IN ACTA S. SATURNINI

#### Episcopi Tolosani et Martyris.

Tolosa, Galliæ civitas multis titulis clara, atque in metropolim à Joanne vigesimo secundo, summo Pontifice erecta, primum antistitem habuit sanctum Saturninum qui anno circiter 255 in eam civitatem adveniens aliquanto post tempore ibidem gloriosum martyrium consummavit.

Ejus acta sincera ex codice Fossatensi ( St-Maur des Fossés ) qui ad annos 900 accidit cum multis aliis codicibus manuscriptis surianâque editione collata proferimus : quorum auctor etsi rebus gestis non interfuerit ; cùm tamen paulò post, id est quinquagesimo indè anno, ut habet codex Fossatensis, hæc scripserit, integram fidem meretur.

Quæ verò de ejusdem beati martyris translatione in iisdem actis referuntur, videntur esse priori narrationi adsuta circà seculi quinti initium quippè non longè post obitum beati Exuperii Episcopi Tolosani. ( Hùc usque Ruinartius ).

Nobis autem acta illa hìc prætermittenda esse visum est, tùm quia sive in collectione Ruinartianâ, sive in breviario Tolosano, in festis martyrii et translationis sancti Saturnini reperiuntur, tùm quia initio hujusce operis gallicè à nobis translata fuerunt. De actis à Maceda presbytero Pompelonensi è riccardianâ bibliothecâ collectis silendum quoque est ; cùm jam ostendimus ipsa infirmioris esse auctoritatis apud peritos.

## VARIORUM SCRIPTORUM IN SANCTUM SATURNINUM TESTIMONIA.

Sidonius Appollinaris, Arvernorum Episcopus, in epistola decima sexta, libr. 9, ad Firminum, de sancto Saturnino hæc habet, postquàm pollicitus est se non nisi de sanctis martyribus carmina ulterius editurum ;

*E quibus primùm mihi psallat hymnus,*
*Qui Tolosatem tenuit Cathedram*
*De gradu summo Capitoliorum*
  *Præcipitatum.*
*Quem negatorem Jovis ac Minervæ,*
*Et crucis Christi bona confitentem,*
*Vinxit ad Tauri latus injugati*
  *Plebs furibunda.*
*Ut per abruptum, bove concitato,*
*Spargeret cursus lacerum cadaver*
*Cautibus tinctis calida soluti,*
  *Pulte cerebri.*

Venantii honorii clementiani fortunati pictavorum episcopi, in laudem S. Saturnini poemata.

#### POEMA PRIMUM.

*Janua celsa poli terra pulsante patescit,*
*Et recipit natos quos generavit humus.*

*Admiranda hæc est occasio facta salutis,*
  *Ut de morte sua præmia lucis emant:*
*Saturninus enim cupiens se nectere Christo,*
  *Carnali in habitu noluit esse diù.*
*Vincula corporei dissolvere carceris optans,*
  *Pleniùs ut Domino se sociaret homo.*
*Tempore maturo cùm jam spes esset adulta,*
  *Sumpserunt pretium vota beata suum.*
*Dùmque Sacerdotio frueretur in urbe Tolosa,*
  *Et populis Christum panderet esse Deum.*
*Ostendens verbis, addens miracula factis,*
  *Ut quod sermo daret consequeretur opus.*
*Gentiles animas rapiens de fauce tyranni,*
  *Subdebat Regi qui dedit arma sibi.*
*Sed vitiata malis, et plebs infecta venenis,*
  *Curari effugiens, ægra jacere volens,*
*Comprendit malesana virum, ad Capitolia duxit,*
  *Atque suo medico vulnera plura dedit.*
*Pro pietate dolum, pro melle venena rependens,*
  *Contrà tutorem noxia bella movet.*
*Subligat indomiti Sanctum ad vestigia Tauri,*
  *Et stimulat, fieret ne fuga tarda feri.*
*Pessima mens hominum diri nova bestia monstri,*
  *Nec Tauri domiti sufficit ira tibi.*
*Naturæ rabidæ feritatem adjungere nosti;*
  *Quod per se nescit te stimulante furit.*
*Turba cruenta, nocens, hujus te vulnere perdis,*
  *Et si non illi, parcere disce tibi.*
*Hic ferus impatiens mox curva per avia raptus,*
  *Passim membra pii fudit in urbe viri.*
*Tùm mulier collegit ovans, et condidit artus,*
  *Solâ unâ famulâ participante sibi.*
*Hæc fuit insignis rapiendæ causæ coronæ,*
  *Gloria martyrii sic celebrata nitet.*
*Ante sepulchra pii dantur modò dona salutis,*
  *Et corpus lacerum corpora multa fovet.*

*Dic ubì mors inimica jaces? ubì victa recumbis,*
   *Quandò vides Sancti funere vota dari?*
*Quem malè credebas obitu finire salutem,*
   *Dat vitam multis, et tenet ipse suam.*
*Nunc captiva cubas, quæ te regnare putabas*
   *Invadendo peris, teque furendo necas.*
*Te tua pœna premit, tua te fera vincula torquent,*
   *Quos dare vis gemitus, ipsa ferendo gemis.*
*Martyr ovans cœlos retinet, tu livida, tristis*
   *Mors, inimica tibi Tartara nigra colis.*
*Florigera nunc sede manet sine fine beatus,*
   *Inter odoratos thure calente choros.*
*Non aliquas metuit placato judice causas,*
   *Præmia sed miles victor habenda petit.*
*Digna triumphantem, quæ restat palma, sequetur;*
   *Pro te, Christe, mori est gloria, vita, quies.*

## POEMA SECUNDUM.

*Laudibus humanis reliquorum corda resultent;*
   *At mihi de justis commemorare vacet.*
*Nam pietatis opus victores texere libris,*
   *Admonet ingenium res ratione duplex;*
*Una quod est habilis, de magnis magna fateri,*
   *Nam bona qui reticet criminis auctor erit.*
*Altera causa monet, quoniam succensus amore,*
   *Et meliora cupit, qui sua facta legat.*
*Saturninus enim Martyr venerabilis orbi,*
   *Nec latet egregii palma beata viri,*
*Qui cùm Romana properasset ab urbe Tolosam,*
   *Et pia Christicoli semina ferret agri.*
*Hunc vesana cohors Domini comprendit amicum*
   *Instituitque pii membra terenda trahi.*
*Implicitus Tauri pede posteriore pependit,*
   *Tractus in obliquum dilaceratus obit.*
*Ac pede de terris animam transmisit Olympo,*

*O felix cujus funere mors moritur.*
*Sed locus ille quidem quo sanctus vincula sumpsit,*
  *Nullius templi cultus honore fuit.*
*Launeboldes enim, post secula longa, Ducatum*
  *Dùm gerit, instruxit culmina sancta loci.*
*Quod nullus veniens Romanâ gente fabrivit,*
  *Hoc vir barbaricâ prole peregit opus.*
*Conjuge cum propria Berethrude clara decore,*
  *Pectore quæ blando clarior ipsa nitet.*
*Cui genus egregium fulget de stirpe potentum,*
  *Addidit ornatum vir venerando Deum.*
*Quæ manibus propriis alimonia digna ministrat,*
  *Pauperibus tribuens se satiare cupit,*
*Indefessâ spe Christum per templa requirit,*
  *Jugiter excurrens ad pietatis opus.*
*Nudos veste tegit, sitienti pocula profert,*
  *Se magìs æterno femina fonte replet.*
*Proficit hoc etiam quidquid gerit illa marito,*
  *Anxia pro cujus vota salute facit.*

---

### Gregorius Turonensis de Sancto Saturnino.

1º Sub Decio verò imperatore multa bella adversùm nomen christianum exoriuntur, et tanta seges de credentibus fuit ut nec numerari queant. Hujus tempore septem viri Episcopi ordinati ad prædicandum in Gallias missi sunt, sicut historia passionis sancti Saturnini denarrat. Ait enim : Sub Decio et Grato consulibus, sicut fideli recordatione retinetur primum ac summum Tolosana civitas sanctum Saturninum habere ceperat sacerdotem. Hi ergò missi sunt : Turonicis Gatianus episcopus, Arelatensibus Trophimus episcopus ; Narbonæ Paulus episcopus ; Tolosæ Saturninus episcopus ; Parisiacis Dyonisius episcopus ; Arvernis Stremonius episcopus ; Lemovicinis Martialis est destinatus episcopus......... Saturninus verò jam securus de martyrio dicit duobus presbyteris suis : Ecce ego jam immolor, et tempus meæ resolutionis instat. Rogo ut usquè dùm debitum finem impleam, à vobis penitùs non relinquar. Cùmque comprehensus ad Capitolium duceretur, relictus ab his, solus adtrahitur. Igitur cùm se ab illis cerneret derelictum, orasse fertur : Domine Jesu Christe, exaudi me de cœlo sancto tuo, ut nunquàm Ecclesia de his civibus mereatur habere Pontificem insempiternum. Quod usquè nunc in ipsá civitate itá venisse cognovimus. Hic verò Tauri furentis vestigiis alligatus, ac de Capitolio præcipitatus, vitam finivit. ( *Hist. lib*. 1. n° 30 ).

2° Narrat auctor sanctum Saturninum cuidam Aredio lemovicensi apparuisse cum pluribus sanctis aliis quorum nomen traditur. ( *Hist. lib*. 10. n° 29 ).

3° Après la défaite de Clodomir, l'armée réparait ses pertes et dévastait la Bourgogne. Les soldats mirent le feu à une basilique où étaient gardées quelques reliques de saint Saturnin ; elles furent délivrées des flammes par le courage d'un homme qui les enleva. Ces reliques furent ensuite placées dans l'église de Noyon. ( *Miraculorum, lib*. 1 ).

Saturninus verò martyr, ut fertur, ab Apostolorum discipulis ordinatus, in urbem Tolosatium est directus. Qui impulsu paganorum bovis petulci religatus vestigiis, per gradus Capitolii præcipitatus, præsentem finivit vitam capitis compage dispersâ. Cujus reliquiæ cùm à quibusdam religiosis in regionem alteram transferrentur, itineris ordo tulit, ut Privatensis pagi situm in Arverno territorio terminum præterirent. Sole quoque ruente, ad hospitium cujusdam pauperis divertunt ; mansionis postulando necessitatem. Recepti quoque ab homine, quid exhibeant narrant. At ille humanitatis intuitu et Dei timore commonitus , capsam cum reliquiis in sellam penariam ponit, ac super annonam quæ erat in vase condita , locat.

Manè quoque dato , viri acceptis pignoribus gratias agentes homini , iter quod ceperant abierunt. Sequenti verò nocte admonitus vir ille , per visum dicente sibi quodam : Sine, ne maneas in hoc loco ; sanctificatus est enim à pignoribus martyris Saturnini. Ille quoque parvi pendens visionem , nihil de his , ut habet rusticitas, quibus admonitus fuerat retractavit. Nec mora , irruit in tædium , ac parvitas facultatis ejus cœpit paulatim minui ; uxor verò illius ab alio languore tabescere. Quid plura ? Infrà unum annum in tantam redactus est exiguitatem , ut nihil ei undè ali aut tegi posset, sicut humana deposcit necessitas remaneret. Tandem conversus ad se dixit ad conjugem : Peccavi coram Deo et Sanctis ejus , qui ab hoc hospitiolo sicut sum admonitus , non recessi ; et scis quod ob hoc nobis mala quæ patimur accesserunt. Nunc autem pareamus visioni quam vidimus et removeamus hoc hospitiolum à loco isto, ut salvemur; tunc amoto tugurio, oratorium ex ligneis formatum tabulis collocavit ; in quo quotidiè orationem fundens , opem beati martyris flagitabat.

Tandem cessantibus plagis, aptanti manus ad operam, tanta fructuum consequentia fuit, ut in modico temporis spatio , ampliùs quàm perdiderat, repararet. Hæc infrà nostrum territorium gesta sunt. Sed nec hoc silebo ad comprimendam malorum superbiam , quod Plato quidam Clotarii Regis tempore ad Pauliacense monasterium accedens, in cujus oratorio hujus Sancti reliquiæ continentur, pro eò quòd munus aliquod ab abbate non accepisset, dixisse fertur : Ego faciam de hac ecclesia domum Regis , in cujus uno angulo equites alantur ; et cum furore discedens , dùm ad principem abire disponit ; comprehensus à febre , die tertiâ spiritum exhalavit, descendensque velociter ad infernum ; domum Dei reliquit ad cultum ejus, cujus priùs fuerat nomine consecrata.

---

*De translatione S. Saturnini ad S. Dyonisium.*

Legitur in chronicis quæ habentur in monasterio S. Dyonisii, quod regnante Dagoberto rege Francorum, qui cœpit anno Domini 622 et regnavit annis ferè 16, translatum fuit corpus S. Saturnini martyris, primi Episcopi Tolosani, in ecclesiam B. Dyonisii sociorumque ejus. In cujus absentia Provincia Tolosana occulto, sed justo Dei judicio adeò gravi plaga percussa est, ut nec fœminæ eorum possent parere, nec animalia. Qua necessitate Tolosani compulsi cœnobium B. Dyonisii humiliter adierunt, suppliciter obsecrantes, ut ad relevandum et tollendum infortunium tantæ ac talis plagæ, corpus sui primi Pontificis vellent concedere, pro tamen habita recompensatione justa atque condigna. Abbas verò et conventus Monachorum misericordia commoti eorum petitionibus præbuere consensum. Accepto igitur corpore almi Pontificis et Martyris Saturnini qui venerant cum gaudio ad propria remearunt. Quo in sede sua restituto miserante Deo sanata est plaga illa, cœperuntque parere mulieres et animalia. Tolosani verò suæ promissionis non immemores, nec ei ingrati ; volentes etiam indignationem et iram evitare Regis Dagoberti qui ecclesiam et cœnobium S. Dyonisii præ cæteris diligebat, vice recompensationis ad præfatum S. Dyonisii cœnobium transtulerunt corpora B. Patrocli martyris et B. Romani de Blavia Presbyteri et Monachi, et sanctissimi Hilarii Gabalitanæ urbis Episcopi et Confessoris. Facta autem est translatio sanctissima regni Dagoberti anno 14. ( *Falsitatem illorum chronicorum demonstrat* Vaissète, *in suâ Occitaniæ historiâ. Tom.* 1 ).

---

*Charte de Charles-le-Chauve en faveur de l'Eglise dè Saint Satùrnin et autres.*

In nomine sanctæ et individuæ Trinitatis. Carolus, gratiâ Dei Rex omnibus Episcopis, Abbatibus, Ducibus, Comitibus, Vicariis, Centenariis, Actionariis, Missis discurrentibus. Notum sit quia si petitionibus sacerdotum ac servorum Dei pro oportunitatibus locorum sanctorum congruè accommodamus aurem, et ad effectum perducimus, regiam consuetudinem exercemus, et nobis ad mercedem, vel stabilitatem Regni nostri proficere non ambigimus. Igitur cognoscat utilitas ceu solertia omnium fidelium nostrorum tam præsentium quàm et futurorum, quia vir venerabilis Samuel, Tolosanæ Ecclesiæ civitatis Episcopus, quæ est constructa in honorem S. Stephani ceu et S. Jacobi Apostoli, indicavit serenitati nostræ emunitates Domni, et genitoris nostri Lndovici memoriæ serenissimi Imperatoris, et Regum prædecessorum nostrorum, qualiter ipsam sedem, cum Monasterio sanctæ Mariæ, quod est infrà muros ipsius civitatis cum omnibus appenditiis suis, necnon et Monasterium sancti Saturnini Martyris procul ab eadem urbe constructum, ubi et corpore requiescit, cum omnibus rebus et hominibus ibidem aspicientibus, propter amorem Dei et reverentiam eorumdem sanctorum sub plenissima semper defensione, et emunitatis tuitione habuissent. Tamen pro firmitatis studio petiit idem Episcopus ut circà prædicta loca sanctorum denuò Claustra pro mercedis nostræ augmento concedere et confirmare deberemus. Cujus petitionem renuere noluimus, sed in omnibus et concessimus et volumus ut fideles sanctæ Dei Ecclesiæ et nunc et in futuro, omnia à nobis confirmata esse cognoscant. Insuper et per ejus petitionem tale beneficium ex nostra clementia ergà ipsa memorata loca sanctorum concessimus, ut nullus index publicus, neque quislibet ex indiciaria potestate, nec aliquis ex fidelibus nostris in Ecclesias, aut loca, vel agros, ceu reliquas possessiones prædictarum Ecclesiarum quas moderno tempore in quibuslibet Pagis, aut territoriis infrà ditionem regni nostri justè habere ac possidere cognoscuntur, quidquid etiam deinceps in jure ipsorum locorum sanctorum Dei voluerit divina pietas augeri, ad causas audiendas, vel freda exigenda, aut mansiones, vel paratas faciendas, nec fidejussores tollendos, aut homines ipsarum Ecclesiarum tam ingenuos quàm servos qui super terram earum residere videntur justè destringendos, nec ullas redhibitiones, aut illicitas occasiones inquirendas ullo unquàm tempore ingredi audeat, vel exactare præsumat, sed liceat memorato Præsuli suisque successoribus sub emunitatis tuitione quieto tramite possidere et nobis fideliter deservire, et unà cum Clero et Populo sibi subjecto Domini misericordiam exorare. Et ut hæc auctoritas futurisque temporibus Domino peragente valeat inconvulsa manere, manu propria subter firmavimus et annulo nostro sigillari jussimus. Signum Caroli Gloriosissimi Regis, annus incarnationis octingentesimus quadragesimus quartus.

*Donation de Guillaume de Poitiers en faveur de Saint Sernin.*

Pro amore omnipotentis Dei, et pro salute animarum nostrarum et remissione peccatorum nostrorum, ego

Wilielmus Comes Pictavensis et uxor mea Philippia suscepimus in defensione nostra et tutela ecclesiam beati Saturnini Martyris in Tolosano suburbio constitutam, et liberam ab omnibus statuimus sicut melius eam deliberavit Papa Urbanus cum suis Episcopis in consecratione sua, et in Concilio Nemausensi. Et quia nefarii persecutores eam destruxerunt in diebus nostris, ut restituatur donamus ei de bonis nostris, ego Wilielmus Comes et uxor mea Philippia nomine, filia Wilielmi comitis Tolosæ villam scilicet sancti Petri de Blagnaco cum ipsa ecclesia et quidquid ad illam pertinet in allodium absque alicujus rei retentione, homines et fæminas, Casalia et silvas, prata et aquas et molendinos, et quæcumque ibi Wilielmus consul, vel justè vel injustè habuit et tenuit, et alii ab eo, quæ est sita super fluvium Garumna. Absoluimus etiam immissionem de Candelis quæ antè nos dabantur Consulibus, sicut melius reliquit decessor noster Raimundus Comes. Et quia maligni homines totius Provinciæ dementati ad destruendam Ecclesiam sancti Saturnini insurrexerunt, ab illis deinceps pensionem extrahimus, et Clericis suprà scriptæ ecclesiæ pro servitio persolvi habemus hoc modo : ut quicumque posteà inhabitantes in suburbio vel in civitate allatam annonam amodò vendiderint, de uno quoque cestario sanctus Saturninus et Canonici sui unam junctatam suscipient, ut quidquid invasione hujus ecclesiæ deliquerint, hoc modo satisfactione corrigant. Item quidquid antecessores nostri ei loco benignè contulerint concedimus, et concedendo nostræ mentis optima voluntate confirmamus et adquietamus. Hoc beneficium Canonici recognoscentes necessitatibus nostris expenderunt de thesauris sancti Saturnini priùs quatuor libras et dimidiam de auro purissimo, et posteà octingentos solidos Tolosanos monetæ decentis. Quæ dona superiùs denominata atque nostra benigna voluntate concessa in amore Dei omnipotentis, ego Wilielmus Comes Pictavensis, et uxor mea Philippia donamus Ecclesiæ sancti Saturnini et Canonicis ibidem ad serviendum constitutis, et hoc totum concedimus, et damus pro salute nostrarum animarum, et pro salute totius nostri progeniei, tam præteritæ quàm successuræ.

Hoc donum facimus in præsentia Bernardi Vicecomitis Bitterensis et Ademari Vicecomitis Tolosani, et confirmamus in testimonio eorumdem, et Domino annuente imposterum nos hoc donum ad melius perducturos esse promittimus. Facta carta in mense Julio, sub die Dominica, regnante Philippo Rege, anno 1098. Signum Petri Præpositi, signum Guilielmi Raimundi, signum Raimundi Capiscol. S. Petri Joannis. S. Petri Pontii. S. Arnaldi Joannis. S. Vitalis. S. Geraldi Rigaldi. Hoc signum Wilielmi Comitis Pictaviensis et Tolosæ. Hoc signum uxoris ejus Philippia, S. Ademari Vicecomitis.

*Donation du comte Alfonse I*er *en faveur de l'abbaye.*

In nomine sanctæ et individuæ Trinitatis, ego Ildephonsus gratiâ Dei Tolosæ Comes, non alicujus pretii, non alicujus pecuniæ cupiditate seductus, sed pro animæ patris mei remedio, et peccatorum meorum indulgentia compunctus, terram quam pater meus felicis et piæ memoriæ Comes Raymundus in consecratione Ecclesiæ sancti Saturnini nostri eidem Ecclesiæ devotus obtulit, et posteà Bertranus Comes tyrannide et violentiâ abstulit Canonicis ejusdem Ecclesiæ tam præsentibus quàm futuris, devotus restituo, et volo ut liberè et absque ulla inquietudine habeant, teneant atque possideant. Si quis autem (quod absit) eam violenter fraude et violentiâ abstulerit in infernum detrudatur, et ibidem pœnas et cruciatus sine fine patiatur, Amen, Amen, Amen. Facta est donatio ista viij. Kal. Maii in die sabbati, anno ab Incarnatione Domini millesimo centesimo vigesimo sexto, Ludovico Francorum Rege regnante in Francia, Amelio in Tolosa Episcopante. Testes sunt Canonici, Dominus Amelius, Tolosæ Episcopus, et Dominus Raimundus, Abbas.

---

*Donation de Bertrand comte de Toulouse à l'église de Saint-Saturnin.*

Notum sit omnibus hanc scripturam audientibus et legentibus quod Bertranus Comes Tolosanus, filius Raimundi firmavit claustrum sancti Saturnini quod nunquàm infringeret et violaret illud vel aliquis ex suis, et si aliquis homo vel fæmina faceret ipse constringet eum, donec emendaret sicut antiquitus emendatum fuit : prætereà reddidit Ecclesiam Isarno Episcopo et Priori Munioni et Ugoni decano liberam et ingenuam cum omnibus ad se pertinentibus, et firmavit quod nunquàm aliquà occasione deinceps quidquam ex ea dirueret quandiù salva fidelitate Episcopi et Comitis Prior et Decanus eam tenuerint. Similiter firmavit quod ex Canonicis regularibus Beati Saturnini vel ex Clericis vel ex laicis aliquem non sustineat aut defendat contrà voluntatem Episcopi et Prioris vel Decani, sed potiùs persequatur eum et constringat donec ad emendationem coactus veniat. Super omnia promisit et firmavit quod nunquàm ampliùs aliqua occasione Canonîcos ab Ecclesia Beati Saturnini expelleret, nunquàm monachos introduceret, atque facere si aliquis tentaverit ipse adjutor et defensor Canonicorum pro posse suo extiterit, omnium honorem prædictæ Ecclesiæ suscepit in sua defensione ac promisit et firmavit quod nunquàm malum usum in ipso honore ponet vel positum retineret. Facta Carta in mense Februario, regnante Philippo Rege, signum Bertrandi Comitis qui hanc cartam manu sua firmavit et firmare fecit : S. Jordani qui fidejussor extitit, testis Amelius Abbas juxensis, et Prior Fredelacensis, et Bernardus præpositus Montis Salvii.

*Charte de Louis XII en faveur de Saint-Sernin.*

Ludovicus Dei gratiâ Francorum Rex ad perpetuam rei memoriam. Regum et Principum potestas sublimis apud Deum, et homines extollitur celebrius, uberius proficit, salubrius extitit, et felicius prosperatur, dùm sacro cultui divinoque officio dedicatis religiosa præsertim sanctimonia præfulgentibus viris adinvenerit et consolidaverit incrementis ; et si Ecclesiarum et monasteriorum regni nostri sustentationi libenter faveamus ; eis tamen libentius opem ferre consuevimus, quæ comperiuntur antiquiora loca prestantiori famositate insigniora, regia potissimè fundatione constructa, et ampliori copia corporum ac reliquiarum Sanctorum perornatiora et sanctiora. Notum igitur facimus quod nos ferventiorem nostræ devotionis aciem convertentes ad egregium monasterium sancti Saturnini Tolosæ, ordinis sancti Augustini quod gloriosæ recordationis Carolus Magnus prædecessor noster fundavit, et in quo pretiosa corpora sex Apostolorum ac plurium aliorum Sanctorum collocavit ; concupientes ipsius gloriosi Caroli Magni saluberrimis vestigiis salubriter inhærere, et Deo ipsisque Apostolis et Sanctis ejus condignè complacere ac spiritualium hujusmodi sacerrimi loci participes effici promoveri ; dilectis nostris Religiosis, Abbati et conventui ipsius monasterii voragine belli, caristiæ, mortalitatis, inundationibus incendiis, et aliis pestilentiis multipliciter attritis, ac suis obventionibus attenuatis et facultatibus exhaustis,

26

eorum piæ supplicationi nobis indè porrectæ favorabiliter inclinantes, centum libras turonenses annui et perpetui reditus acquisitas vel acquirendas de nostra certa scientia et speciali gratia, plena potestate regia, tanquàm res mortuas et Deo dicatas ac in manu mortua tentas et habitas, plenè et pacificè perpetuò habeant et possideant. Eis deniquè rebus sic amortisatis gaudeant et perfruantur, absque eo quod de cætero teneantur aut compelli possint ad ipsum dimittendum vel extrà manus suas ponendum, nec nobis aut successoribus nostris propter hoc solvendum aliquam financiam. Quam quidem financiam nos præmissuros consideratione eisdem Religiosis, Abbati et Conventui dedimus et quittamus de gratia speciali ordinationibus ac prohibitionibus ad hoc contrariis nonobstantibus. Quocircà harum tenore damus in mandatis dilectis, fidelibusque nostris gentibus computorum nostrorum et thesaurariis et Senescallo Tolosæ, cæterisque justiciariis et officiariis nostris, quatenùs prædictos Abbatem et Conventum S. Saturnini nostra præsenti amortisatione voluntate et concessione uti et gaudere plenè et pacificè faciant et permittant. Datum Tolosæ die sextà mensis Junii, anno Domini millesimo quadringentesimo sexagesimo tertio, et regni nostri secundo.

# DE TRANSLATIONE

## CORPORIS SANCTI THOMÆ AQUINATIS.

*Bulla Urbani Papæ quinti.*

Urbanus Episcopus servus servorum Dei ad perpetuam rei memoriam.

1. Copiosus in misericordia Dominus, et in cunctis operibus suis gloriosus insuficentiæ nostræ, universalis Ecclesiæ Sponsæ suæ inclitæ regimen pia dignatione commitens, collo debilitatis nostræ jugum imponens apicem servitutis ad hoc solum excelsum nos ascendere voluit, ut libenter et solerter exequamur quod Divini nominis gloriam et honorem tendere dignoscuntur. Ut tanquàm de supremi vertice montis nostrum ad infima inferentes intuitum, quid singularum personarum Ecclesiasticarum commodis, earumque statui conveniat perspiciamus attentius : et qualiter nos ipsos quorumlibet litigiorum vepribus radicitùs amputatis, dilectio sincera permaneat, et vigeat soliditas charitatis solertiùs attendamus.

2. Ad hoc enim vocati sumus à Domino, ad hoc nostras quotidiè diffundimus cogitatùs, ad hoc nostri pectoris studia desideranter exponimus. Et ut Sanctorum Reliquiæ honorabiliter collocentur, hujusmodi personarum Ecclesiasticarum status perseveret pacificus quietis ubertate labatur et dirigatur ad existentiam salutarem sollicitudines nostras libenter impendimus et labores.

Dudum siquidem contrà omnes et singulos, *qui Corpus*

*Beati Thomæ de Aquino*, quod olim in Monasterio Fossæ Novæ Cisterciensis Ordinis Terracinensis Diecœsis quiescebat, de ipso Monasterio receperant, eorumque receptatores, fautores, et defensores, ad dilectorum filiorum Abbatis et Conventûs dicti Monasterii instantiam, varios processus, diversas Excommunicationis, suspensionis, et interdicti sententias, et alias pœnas, continentes fecimus, et etiam fieri concessimus.

3. Cùm autem, sicut fide dignorum relatione percepimus, et processibus ipsis gravia scandala et magna pericula sequi, nisi celeri remedio succurratur, præsumantur verisimiliter in futurum. Nos processus ipsos, et quidquid est ex eis, vel ob eos, ex concessione prædicta, penitùs revocamus, et eos haberi volumus penitùs pro infectis ; et insuper Christi Fidelium adaugeri et ipsorum Fidelium animorum Profectum, quam ex subscriptis indubiè, provenire speramus, promovere salubriter intendentes ; ac decens reputantes et congruum, ut dictum Corpus gloriosi Sancti, qui, dùm vixit, Ordinis FF. Prædicatorum Professor existens, tanquàm *Doctor egregius* per sua profunda et salutifera documenta *universalem illustravit Ecclesiam*, eam decorando virtutibus, et moribus informando, cum iisdem Fratribus collocetur.

4. Ex certa nostra scientia, ad eamdem laudem Deî, Exaltationem Ecclesiæ, fidelium Salutem, tenore præsentium statuimus et etiam ordinamus, quod *Corpus Prædictum ad Domum FF. Prædicatorum, Tolosam*, transferatur, et ibidem collocetur, et honorabiliter perpetuò veneretur.

5. Volumus autem, quod si Magistro, ac Capitulo Generali dicti ordinis proximè celebrando placuerit, ejusdem Corporis dextrum brachium Priori et Fratribus dicti Ordinis Parisiorum, ad decus et honorem totius Studii Parisiensis, in quo idem Gloriosus Sanctus sua facundia Cœlestis irrigui gratiam influente,

scripturarum Enigmata reseravit, solvit nodos, obscura dilucidavit, dubiaque declaravit, ad augendam Devotionem Fidelium transmittatur, et in ipsa domo honorificè perpetuis temporibus veneretur. Nulli ergo hominum liceat hanc paginam nostræ revocationis Constitutionis, Ordinationis et voluntatis infringere, vel ausu temerario ei contrario, etc. Datum apud Montem Fiasconem 16. Calendas Julii Pontificatûs nostri anno 6.

*Caput sancti Doctoris transfertur cum corpore.*

1. Cumque Magister Sacri Palatii qui illuc venerat cum Ordinis Magistro, instaret plurimùm supplicans Pontifici, ut Corpus B. Thomæ ob reverentiam Domini Regis Franciæ, et Universitatis Parisiensis ( de cujus gremio dictus Sanctus inibi fuerat ) transferretur D. Papa eidem Magistro Palatii respondit subitò negativè. Et tunc Magister Sacri Palatii convertit se ad supplicandum pro brachio dextro, petens quod saltem illud *D. Regi Franciæ* mitteretur Parisiis, ubi S. Thomas dicto suo brachio plura salutifera scripserat, honorabiliter collocandum; de quo Magister Ordinis etiam humiliter supplicavit. D. autem Papa hoc concessit : supposito quod ad hoc accederet consensus immediatè sequentis Capituli Genralis.

2. Facta autem hac concessione *de brachio*, D. Papa ad Magistrum Ordinis specialiter se convertit, ipsum sic interogans : *Habes tu Capnt S. Thomæ ?* cui Magister : *Beatissime Pater*, *Non*. Tunc D. Papa scis ubi est ? cui Magister *B. Pater*. Scio. Ubi est, inquit D. Papa ? cui Magister : B. Pater, in Piperno, in domo D. Abbatis Fossæ Novæ sub fortissima custodia, quia sub 4. clavibus clauditur; quarum unam tenet dictus Abbas, aliam

potestas de Piperno, vel consilium; et aliæ per Monachos conservantur. Tunc subjunxit D. Pp. : *EGO DO TIBI DICTUM CAPUT B. THOM.*, *ut ipsum simul cum corpore deferas Tolosam.*

3. Tunc Magister Ordinis, gaudens in Deo, *in S. Thoma*, et in D. Papa exultavit, et gratias, quas potuit, maximas egit.

Post hæc D. Papa dixit multum esse deliberandum, quomodò et qualiter caput posset veraciter sine periculo et scandalo et dubio haberi de dicto loco; et fuit conclusum per ipsum et per dictum D. Cardinalem Sabinensem quòd D. Papa sequenti nocte dignaretur super hoc cogitare, et ipse etiam Cardinalis cum Magistro Ordinis de hoc tractarent, et in crastino ad D. Papam reverterentur.

4. Erat ibi præsens *D. Guillelmus de Lordato origine Tolosanus*, ac collector Apostolicus in partibus campaniæ principalis, dilector Magistri Ordinis specialis, cui commissio crastina die data est juxtà intentionem D. Pp. et desiderium Magistri Ordinis; ut à dicto castro de Piperno asportaretur sacrum Caput : quarè sine dilatione de consilio dicti D. Cardinalis, Magister illum D. Pp. præsentavit tanquàm ad id paragendum. Cui igitur *D. Guillel.* D. Papa specialem, cum magna auctoritate fecit ad hoc commissionem in qua ordinabat Pontifex, ut Caput cum Corpore Sancto ad ipsum D. Papam integraliter transferrentur. De quo specialis erat Bulla, cujus auctoritate dictus Guillelmus Magistrum Ordinis et Fratres ejusdem Ordinis ac Sæculares ad revelandum ubi erat Corpus *B. Thomæ* et Caput, astringebatur.

5. Auctorite hac fretus *dictus Guillelmus*, cum sua mirabili prudentia, ac sollicita diligentia à Conventu Fundorum nostri Ordinis *Corpus S. Thomæ*, in et cum capsâ argenteâ deauratâ pretiosâ recepit solemniter et publicè; et ab Abbate Fossæ Novæ et Communitate de

Piperno recepit consimiliter Caput ejusdem Sancti, in et cum capsâ argenteâ deauratâ pretiosâ, cum Abbate dicto, et certis notabilibus viris de Piperno in Montem Fiasconem ad Dominum Papam deportaverunt, Deo disponente, per curam pervigilem Magistri Ordinis super hoc specialiter. Idem etiam Magister unà cum Fr. Stephano de Cumba Procuratore Ordinis fuit præsens personaliter coram D. Papa in hora in qua dictus *D. Guillelmus*, cum dicto Abbate et prædictis viris notabilibus de Piperno Corpus et Caput obtulerunt. Quæ cùm D. Papa decenti reverentia suscepisset, et statim ibidem in Capella sua fecit solemniter collocari. Tunc Magister Ordinis D. Papæ humiliter supplicavit, quatenùs prædicta Corpus et Caput dare et concedere Prædicatorum Ordini de sua specialissima gratia dignaretur. Et tunc Dominus Papa liberaliter hoc concessit : fecitque ibidem immediatè ( quarta die videlicet Augusti ) anno Domini 1368. Pontificatûs sui anno 6. Realiter tradi de dicta Capella Apostolica, Corpus videlicet et Caput, Magistro Ordinis, per Dominos Cardinales *Moriensem* et *Marcum* Ordinis Minorum Biterbiensem : præsentibus multis Prælatis et solemnibus personis.

---

Nous n'avons reproduit dans les pièces justificatives, en général, que les titres qui ne se trouvent point dans les Archives de la Basilique. Quant aux Bulles des papes, aux Priviléges des rois, et aux Procès-verbaux concernant l'élévation des Reliques nous les avons mentionnés dans la partie des Annales. Il eût été beaucoup trop long de transcrire ici tous ces actes ; d'ailleurs on a la facilité de consulter les originaux en se servant du Catalogue des Archives qui se trouve en tête des Pièces justificatives.

FIN.

# TABLE DES MATIÈRES.

Indication des sources où l'Auteur a puisé pour la composition de son ouvrage.

Chap. 1. Authenticité des actes du Saint. — Auteurs qui l'ont célébré dans leurs écrits. *Pag.* 1.

Chap. 2. Patrie du Saint inconnue. — Epoque précise de son entrée dans les Gaules déterminée. 4.

Chap. 3. Saint Saturnin est envoyé dans les Gaules par saint Fabien. — Célèbre mission dont il fait partie. 8.

Chap. 4. Saint Saturnin entre dans les Gaules. — Evénements qui ont précédé son arrivée à Toulouse. 11.

Chap. 5. Histoire abrégée de Toulouse depuis sa fondation jusqu'à l'établissement du Christianisme dans son sein. 13.

Chap. 6. Saint Saturnin à Toulouse. — Commencement de son apostolat. — Il opère quelques conversions. 16.

Chap. 7. Histoire du voyage de saint Saturnin à Pampelune. — Fondation de l'église d'Euse. 19.

Chap. 8. Mort de saint Saturnin. — Actes authentiques de son martyre. 22.

Chap. 9. Examen de quelques passages des actes du martyre de saint Saturnin. 27.

Chap. 10. Première sépulture de saint Saturnin. — Saint Hilaire construit un oratoire sur son tombeau. 32.

Chap. 11. Saint Sylve commence la basilique de Saint-Saturnin. — Saint Exupère l'achève. — Translation première des reliques du Martyr  35.
Chap. 12. Evénements arrivés à Toulouse depuis la mort de saint Exupère jusqu'au duc Launebolde.  40.
Chap. 13. Le duc Launebolde fait bâtir une église en l'honneur de saint Saturnin.  45.
Chap. 14. De la prétendue translation des reliques de saint Saturnin à Saint-Denis en France.  49.
Chap. 15. Destruction de la basilique bâtie par saint Exupère. — Charlemagne et Louis-le-Débonnaire la reconstruisent. — Plusieurs reliques sont apportées dans cette église. — Fondation de l'abbaye de Saint-Saturnin.  54.
Chap. 16. La basilique reconstruite par les princes Carlovingiens est détruite. — Pierre Roger, évêque de Toulouse, la relève de ses ruines sur le plan qui existe aujourd'hui. — Saint Raymond, Chanoine de saint Sernin, la continue.  62.
Chap. 17. Saint Raymond continue la basilique, Urbain II la consacre.  72.
Chap. 18. Guillaume de Poitiers et Philippia sa femme donnent de grands biens pour terminer la basilique. — Calixte II consacre un autel dans l'église de Saint-Saturnin.  76.
Chap. 19. Elévation solennelle des reliques de saint Saturnin au treizième siècle. — Erection du premier mausolée.

|   |   |
|---|---|
| — Division des reliques du saint martyr. | 85. |
| CHAP. 20. Description de la basilique. | 93. |
| CHAP. 21. Chroniques et légendes des reliques des saints qui reposent dans la basilique. | 107. |
| — Saint Honorat, deuxième évêque de Toulouse. | 112. |
| — Saint Hilaire, troisième évêque de Toulouse. | 116. |
| — Saint Sylve, cinquième évêque de Toulouse. | 120. |
| — Saint Exupère, sixième évêque de Toulouse. | 122. |
| — Saint Papoul, disciple de saint Saturnin. | 136. |
| — Saint Honest, disciple de saint Saturnin. | 138. |
| — Saint Jacques le Majeur. | 141. |
| — Saint Philippe et saint Jacques. — Saint Simon et saint Jude, apôtres. | 147. |
| — Saint Barnabé. | 150. |
| — Saint Raymond, chanoine de Saint-Saturnin. | 154, |
| — Sainte Suzanne de Babylonne. | 157. |
| — Saint Georges, martyr. | 163. |
| — Saint Cyr et sainte Julitte. | 168. |
| — Saint Asciscle et sainte Victoire. | 171. |
| — Saints Claude, Nicostrat, Symphorien, Castor et Simplice. | 175. |
| — Saint Edmond, roi d'Angleterre. | 177. |
| — Saint Gilles, abbé. | 185. |
| — Saint Gilbert, abbé en Angleterre. | 188. |
| — Saint Thomas d'Aquin. | 193. |
| — Epine de la couronne du Sauveur. | 201. |
| — De la robe de la Sainte Vierge. | 204. |

— Fragments de Reliques. 205.
— Objets précieux. 209.
Chap. 22. Examen critique de l'authenticité des Reliques qui reposent dans la basilique. 217.
Chap. 23. Institutions religieuses établies dans la basilique. — Indulgences accordées par les Souverains Pontifes. 228.
Chap. 24. De l'abbaye de Saint-Saturnin. — Chronologie de ses abbés. — Priviléges, donations. 232.

## ANNALES DE LA BASILIQUE ET DE L'ABBAYE.

Quatrième siècle. *Page* 245.
Cinquième siècle 246.
Sixième siècle. 248.
Septième siècle 250.
Huitième siècle. 251.
Neuvième siècle. 252.
Dixième siècle. 256.
Onzième siècle. *idem.*
Douzième siècle. 266.
Treizième siècle. 278.
Quatorzième siècle. 286.
Quinzième siècle. 299.
Seizième siècle. 309.
Dix-septième siècle. 327.
Dix-huitième siècle. 246.
Dix-neuvième siècle, 356.
Pièces justificatives. 365.

FIN DE LA TABLE DES MATIÈRES.

www.ingramcontent.com/pod-product-compliance
Lightning Source LLC
Chambersburg PA
CBHW071112230426
43666CB00009B/1926